DIEDERICHS
GELBE REIHE

敬摹曲阜縣石刻孔聖真像

Kungfutse
Schulgespräche Gia Yü

Aus dem Chinesischen übersetzt
von Richard Wilhelm

Herausgegeben von Hellmut Wilhelm

Eugen Diederichs Verlag

CIP-Kurztitelaufnahme der Deutschen Bibliothek
CONFUCIUS:
Schulgespräche = Gia Yü / Kungfutse.
Aus d. Chines. übers. von Richard Wilhelm.
Hrsg. von Hellmut Wilhelm. – Neuausg.
Düsseldorf ; Köln : Diederichs, 1981.
(Diederichs Gelbe Reihe ; 36 : China)
Einheitssacht.: Chia-yü ⟨dt.⟩
ISBN 3-424-00696-3
NE: GT; Wilhelm, Richard [Übers.]

Neuausgabe 1981
© 1981 by Eugen Diederichs Verlag, Düsseldorf · Köln
Alle Rechte vorbehalten
Umschlaggestaltung: Eberhart May, Bergisch Gladbach
Gesamtherstellung: Friedrich Pustet, Regensburg
ISBN 3-424-00696-3

INHALT

EINLEITUNG 9

1. KAPITEL: SIANG LU
   Beamter in Lu 15

2. KAPITEL: SCHI DSCHU
   Die erste Hinrichtung 21

3. KAPITEL: WANG YEN GIE
   Ausführungen über die Königsworte 24

4. KAPITEL: DA HUN GIE
   Ausführungen über die feierliche Ehe 25

5. KAPITEL: JU HING GIE
   Ausführungen über den Wandel der Schriftgelehrten 25

6. KAPITEL: WEN LI
   Die Fragen nach der Sitte 25

7. KAPITEL: WU I GIE
   Ausführungen über die fünf Stufen des Menschen 25

8. KAPITEL: DSCHI SI
   Gedankenschau 31

9. KAPITEL: SAN SCHU
   Dreifache Wechselseitigkeit 45

10. KAPITEL: HAU SCHENG
    Liebe des Lebens 51

11. KAPITEL: GUAN DSCHOU
    Die Reise nach der Dschouhauptstadt 60

12. KAPITEL: DI DSI HING
    Der Wandel der Jünger 66

13. KAPITEL: HIEN GÜN
    Der beste Fürst 66

14. KAPITEL: BIEN DSCHENG
    Diskurse über die Regierung 74

15. KAPITEL: LIU BEN
    Die sechs Grundlagen 82

16. KAPITEL: BIEN WU
    Naturkundliches 95

17. KAPITEL: AI GUNG WEN DSCHENG
    Die Fragen des Fürsten Ai über die Regierung 95

18. KAPITEL: YEN HUI 95

19. KAPITEL: DSI LU TSCHU DIEN 99

20. KAPITEL: DSAI O
    In Bedrängnis 105

21. KAPITEL: JU GUAN
    Eintritt in die amtliche Laufbahn 107

22. KAPITEL: KUN SCHI
    Erzwungener Eid 107

23. KAPITEL: WU DI DE
    Über die Kraft der fünf Herrscher 109

24. KAPITEL: WU DI
    Die fünf Herrscher 109

25. KAPITEL: DSCHI PE
    Zügelhaltung 109

26. KAPITEL: BEN MING GIE
    Erklärung der ursprünglichen Bestimmung 109

27. KAPITEL: LUN LI
    Über die Sitte 110

28. KAPITEL: GUNG SCHE
    Über Gautrinken und Schützenfeste 116

29. KAPITEL: GIAU WEN
    Über das Angeropfer 120

30. KAPITEL: WU HING GIE
    Ausführungen über die fünf Strafen 123

31. KAPITEL: HING DSCHENG
    Strafen und Regieren 126

32. KAPITEL: LI YÜN
    Die Entwicklung der Sitte 130

33. KAPITEL: GUAN SUNG
    Die Männerweihe 130

34. KAPITEL: MIAU DSCHI
    Einrichtung der Ahnentempel 133

35. KAPITEL: BIEN YÜO GIE
    Über die Musik 134

36. KAPITEL: WEN YÜ
    Über den Nephrit 135

37. KAPITEL: KÜ DSIE GIE
    Beugung der Grundsätze 140

38. KAPITEL: TSI SCHI ÖRL DI DSI GIE
    Die 72 Jünger 147

39. KAPITEL: BEN SING GIE
    Der Stammbaum des Meisters 156

40. KAPITEL: DSCHUNG GI GIE
    Das Ende des Meisters 160

41. KAPITEL: DSCHENG LUN GIE
    Richtigstellung der Reden 161

42. KAPITEL: KÜ LI DSI GUNG WEN
    Die Fragen des Dsi Gung nach den Einzelsitten 181

43. KAPITEL: KÜ LI DSI HIA WEN
    Die Fragen des Dsi Hia nach den Einzelsitten 194

44. KAPITEL: KÜ LI GUNG-SI TSCHI WEN
Die Fragen des Gung-Si Tschi nach den Einzelsitten 205

ANMERKUNGEN 211

ANHANG

KUNGFUTSE ÜBER DEN TOD 224

BIBLIOGRAPHIE 228

NAMENREGISTER 230

EINLEITUNG

Die Bedeutung der Konfuzianischen Schulgespräche

Die Gia Yü oder die Konfuzianischen Schulgespräche bilden eine Sammlung von 44 Kapiteln. Sie enthalten teils Geschichten aus dem Leben des Meisters Kung, teils Anekdoten, Gespräche, Urteile über Zeitgenossen und historische Persönlichkeiten, teils endlich Ausführungen größeren Umfangs über verschiedene Lebensfragen. Sie geben sich als Aufzeichnungen von Jüngern. Von den Lun Yü unterscheiden sie sich im allgemeinen stilistisch. Die Lun Yü enthalten das Material geschliffen zu einzelnen Aphorismen. Der Anlaß der einzelnen Aussprüche ist oft nur noch stichwortartig vorausgestellt, so daß – ähnlich wie bei Goethes Sprüchen in Prosa – der Zusammenhang des Erlebens, aus dem heraus der Gedanke sich kristallisiert hat, zwar nicht ganz getilgt ist, aber doch aufs äußerste komprimiert. Die Schulgespräche sind in diesem Stück umfangreicher, geben mehr Einzelheiten, mehr Ausmalung der Lage, der Stil ist breiter, ausgeführter.

Aber eben deshalb bietet dieses Werk mehr allgemein zugängliche Seiten als jene aufs äußerste vereinfachten Sentenzen der Lun Yü, deren verständliche Übersetzung unter Wahrung ihres Stils fast zu den Unmöglichkeiten gehört. In mancher Hinsicht sind die Schulgespräche eine überaus wertvolle Ergänzung der Lun Yü, da sie unvermitteltes Licht auf manch einen der dunklen Aussprüche jenes Werkes werfen, der im Schein dieses Lichtes nun erst recht frisches Leben gewinnt.

Gewiß hat sich in diesen Geschichten ein geistiges Element an der Gestaltung beteiligt, formend und den Sinn deutlicher herausarbeitend, als er im unmittelbaren Erlebnis zutage trat. Dieser Geist, der so die einzelnen Stücke gestaltet, ist der Geist der konfuzianischen Schule. Der Vorgang, der uns hier entgegentritt, ist nichts anderes als die Gestaltung einer konfuzianischen Wirklichkeit höherer Ordnung aus den Vorgängen der geschichtlichen Wirklichkeit heraus. Etwas von dieser geistigen Assimilation der unmittelbaren Wirklichkeit finden wir ja in der Atmosphäre jedes wahrhaft großen Mannes, und es wäre ein verkehrtes Streben, es anders haben zu wollen; denn jeder Große kann nur dann ganz von uns aufgefaßt werden, wenn wir die geistigen Wirkungen, die von ihm ausgehen, mit zu seinem Bilde hinzunehmen. Man kann geradezu sagen, daß je weniger Mythos sich um einen Mann bildet, desto weniger er uns zu geben vermag. Nur gibt es für den Mythos sozusagen Tonarten. Nicht jeder Mythos ist gleichwertig. Im höchsten Sinne wahr ist nur der Mythos, der den tiefsten Regionen des menschlichen Wesens entspricht.

Daß der Mythos, der Kungs Bild umgibt, etwas ungemein Rationelles an sich hat, läßt oft eine Täuschung darüber aufkommen, als ob es sich hier nicht um einen Mythos handelte. Aber nur deswegen konnte dieses Menschenbild so lange Jahrhunderte hindurch so vielen Menschen so lieb und teuer sein. Und gerade daß dieser Mythos des Konfuziusbildes etwas so Naheliegendes ist, das nirgends über die Grenzen einer maßvollen Mitte hinausgeht, das ist der Grund, daß er eine harmonische Lebensgestaltung leichter gemacht hat als manches andere Ideal mit größerer Spannweite.

Die Tradition des Textes

Die heutige Version der Schulgespräche geht auf Wang Su zurück. Er soll, so will es die Tradition, den Text ediert und mit Anmerkungen versehen haben. Die Persönlichkeit des Wang Su ist wohlbekannt. Er war ein Gelehrter und Staatsmann des dritten nachchristlichen Jahrhunderts am Hofe der We-Kaiser, die unmittelbar auf die Handynastie folgten. Throneingaben kulturpolitischen Inhalts von seiner Hand sind erhalten; erhalten ist auch, jedenfalls in Teilen, eine Diskussion über dogmatische Fragen, die er mit den Vertretern einer ihm zuwideren Schule des Konfuzianismus geführt hat. Es ist von ihm berichtet, daß er in den Riten

und den Klassikern außerordentlich beschlagen war – er
soll eine Reihe von ihnen kommentiert haben –, daß seine
Interpretation jedoch von der damals herrschenden Meinung, die auf Dscheng Hüan zurückging, stark abwich.
Der heutige Text der Schulgespräche enthält eine Einleitung und ein Nachwort. Die Einleitung wird Wang Su
zugeschrieben und in ihr wird erzählt, daß er das Manuskript der Schulgespräche von einem Nachkommen des
Konfuzius erhalten habe, und daß es ihm in seinem Kampf
gegen die Dscheng Hüan Schule ein wirksames Hilfsmittel
gewesen sei. Das Nachwort soll ursprünglich ein Teil des
von Wang Su empfangenen Manuskripts gewesen sein und
erzählt einiges über die Vorgeschichte der Texttradition.
Es macht nicht den Eindruck, als sei es von einer Hand
geschrieben, jedenfalls nicht von der, auf die die Einleitung
zurückgeht.
Von der chinesischen Textkritik sind die Angaben der Einleitung und des Nachworts starken Zweifeln unterworfen
worden. Viele sind so weit gegangen, zu behaupten, daß
die Schulgespräche eine Fälschung des Wang Su seien, deren
er in seinem Kampf gegen die Dscheng Hüan Schule bedürftig gewesen sei. Ich glaube, es kann heute als nachgewiesen
gelten, daß dem nicht so ist. Wir werden aber wohl gut
daran tun, die Angaben der Einleitung und des Nachworts,
wenn überhaupt, so nur mit der größten Vorsicht zu benutzen.
Der Vorwurf der Fälschung stützt sich insbesondere auf das
Argument, daß fast zu allen Abschnitten der Schulgespräche
Parallelstellen in anderen frühen Schriften existieren, namentlich daß alle Hinweise auf Konfuzius in verschiedenen
dieser Schriften auch in den Schulgesprächen wieder auftauchen.* So wird argumentiert, daß Wang Su die gesamte
Konfuziustradition seiner Zeit außerhalb der Lun Yü zusammengestellt und in einer Weise umgeschrieben habe, die
seinen polemischen Zwecken nützlich war. Eine genauere

---

* Ein vollständiges Verzeichnis dieser Parallelstellen befindet sich in
dem Buch von R. P. Kramers, K'ung Tzu Chia Yü, The School Sayings of Confucius. Leiden 1950, S. 361-379

Untersuchung der Parallelstellen gibt jedoch dieser Argumentation keine Stütze. In fast allen Fällen weicht tatsächlich die Version der Schulgespräche von der der Parallelstellen zum Teil sogar recht erheblich ab. In keinem Fall können jedoch diese Abweichungen damit erklärt werden, daß sie die polemische Position des Wang Su unterstützt hätten. In keinem Fall läßt sich ferner einwandfrei nachweisen, daß Wang Su von diesen Parallelstellen, oder daß diese Parallelstellen von den Schulgesprächen abgeschrieben haben. Es hat vielmehr im allgemeinen den Anschein, daß es sich hier um voneinander unabhängige Traditionen desselben Materials handelt.

Selbst wenn wir die ganze Tradition der Schulgespräche als zweifelhaft beiseite lassen, ergeben sich aus inneren Gründen die folgenden Punkte mit größter Wahrscheinlichkeit:

1. Dem Wang Su lag eine unabhängige Materialsammlung vor, die er ediert und kommentiert hat.
2. Diese Materialsammlung war das Traditionsgut einer der beiden Schulen innerhalb des Konfuzianismus der Hanzeit, von der Wang Su in seiner Zeit der tatkräftigste Verfechter war. Diese beiden Schulen werden in der Regel als die Schule der älteren Texte und die Schule der neueren Texte bezeichnet. Sie wichen nicht nur in der Auswahl der von ihnen als maßgeblich angesehenen Klassiker voneinander ab, sondern auch in wichtigen kulturpolitischen und politischen Fragen und insbesondere in dem von ihnen geprägten Konfuziusbild. Daß es sich bei den Schulgesprächen um eine Materialsammlung der Schule der älteren Texte handelt, ergibt sich aus der Tatsache, daß sich Parallelen zu diesem Material insbesondere in von dieser Schule als maßgeblich angesehenen Texten – z.B. dem Dso Dschuan, den Schang Schu Da Dschuan und Maus Kommentar zum Schï Ging – oder in Kompilationen von anerkannten Vertretern dieser Schule – z.B. dem Buch der Sitte des älteren Dai oder dem Schuo Yüan des Liu Hiang – wiederfinden. Demgegenüber sind die Traditionen der Schule der neueren Texte in den Schulgesprächen fast überhaupt nicht vertreten. Ein-

zelne Gedankengänge des großen Begründers dieser Schule, Dung Dschung Schu, klingen zwar gelegentlich an, die für Dung Dschung Schu bezeichnenden Teile seiner Lehre sind jedoch in den Schulgesprächen nicht enthalten oder sogar direkt bekämpft. Auch die Konfuziustradition der sogenannten zehn Flügel des Buchs der Wandlungen kommt in den Schulgesprächen nicht vor, obwohl Wang Sus Biographie bemerkt, daß er seines Vaters Kommentar zum Buch der Wandlungen fertiggestellt habe.

3. Das in dieser Sammlung enthaltene Material kann nicht zu einer Zeit entstanden, sondern muß während verschiedener Perioden zusammengetragen worden sein. Die Entstehung des Konfuziusmythos setzte ja schon unmittelbar nach dem Tode des Meisters ein. Teile der Schulgespräche stehen in Geist und Ausdrucksweise den Lun Yü sehr nahe. Andere Teile müssen zu Ende der Dschoudynastie entstanden sein in einem geistigen Klima, in dem das Buch Mongdsï entstand, mehr noch als das aber in einer Umgebung, aus der das Lü Schï Tschun Tsiu und das Buch Sündsï hervorgewachsen sind. Namentlich dem letzteren verdanken die Schulgespräche viel. Sün King ist ja dann der Dschoumeister des Konfuzianismus geworden, den die Schule der älteren Texte am höchsten verehrte. Weitere Teile der Schulgespräche können nicht vor der Hanzeit entstanden sein. Es finden sich darin Ideen, die herkömmlicherweise dem Lu Gia und dem Gia I zugeschrieben werden. Und viele der Episoden sind in einen institutionellen und ideologischen Rahmen gesetzt, der zur Dschouzeit noch nicht bestand, sondern erst mit der Monopolisierung des Beamtenstandes durch die Konfuzianer unter dem Kaiser Wu der Han seine Gültigkeit erlangte. Auch Beimischungen des Gedankenguts nichtkonfuzianischer Schulen, der Taoisten, der Schule der Politiker, der Schule der Rechtslehrer etwa, waren dem Konfuzianismus der ausgehenden Dschouzeit noch nicht in dem Maße eigen.

In der zweiten Hälfte des zweiten oder der ersten Hälfte des ersten vorchristlichen Jahrhunderts scheint jedoch diese Materialsammlung im wesentlichen abgeschlossen gewesen zu sein. Anders läßt es sich nicht erklären, daß das Gedankengut des Yang Hiung, aus dessen Schule Wang Su hervorgegangen ist, sich in den Schulgesprächen nicht vertreten findet. Es ist natürlich wahrscheinlich, daß spätere Verwalter dieses Materials in Einzelheiten an den vorhandenen Episoden und Abhandlungen weitergearbeitet haben. Und Wang Su mag einer von diesen gewesen sein.

Zur Übersetzung

Bald nachdem Richard Wilhelm in Tsingtau die Konfuzius-Gesellschaft gegründet hatte, nahm er sich die Übertragung der Gia Yü, der konfuzianischen Schulgespräche, vor. Das in den Jahren 1914/15 angefertigte Manuskript besteht aus 31 Heften, die die vollständige Übersetzung sämtlicher 44 Kapitel des Originals enthalten und textvergleichende und erläuternde Anmerkungen geben in der Art, wie sie mein Vater auch sonst seinen Übersetzungen angefügt hat. Auch der Apparat, das Parallelstellenverzeichnis, ein Namen- und Sachregister lagen vor und der Entwurf einer Einleitung, die allerdings unvollständig geblieben ist. In späteren Arbeiten ist mein Vater mehrfach auf die Schulgespräche zurückgekommen. Sein Buch »Kungtse, Leben und Werk« (Stuttgart 1925) basiert weitgehend auf den Angaben der Gia Yü, das Buch »Kungtse und der Konfuzianismus« (Slg. Göschen 1928, im folgenden als Wilhelm 1928 zitiert) enthält eine Probeübersetzung; namentlich in seiner Bearbeitung des Buchs der Sitte (Li Gi), in dem viele Abschnitte den Gia Yü sehr nahe stehen, hat er die Version der Gia Yü zum Vergleich herangezogen.
Für die vorliegende Ausgabe habe ich seine Übersetzung der Gia Yü nochmals Satz für Satz mit dem Original verglichen. Da sich nun zu fast allen Abschnitten der Gia Yü Parallelstellen in anderen frühen Schriften finden, u.a. in Frühling und Herbst des Lü Bu We (Lü Schi Tschun Tsiu) und im Buch der Sitte (zitiert nach der Erstausgabe Jena 1930), sind solche Abschnitte hier fortgelassen, selbst wenn die Version der Gia Yü von der Parallelstelle abweicht.

I. KAPITEL

SIANG LU / *Beamter in Lu*

Das erste Kapitel bringt Biographisches aus der Zeit von Kungs Amtstätigkeit. Daß Kung eine Reihe höherer Ämter in seinem Heimatstaat Lu bekleidet habe, war zur Hanzeit ein feststehender Bestandteil der konfuzianischen Tradition. Im Schrifttum der neueren Zeit sind starke und zum Teil begründete Zweifel darüber geäußert worden, bis zu welchem Grade diese Tradition auf historischen Tatsachen beruht. Es ist meines Erachtens unrichtig, Kungs Amtstätigkeit völlig in das Gebiet der Fiktion zu verweisen. In den zuverlässigsten und frühesten Quellen wird berichtet, daß er in einem nahen Verhältnis zu seinem Fürsten stand, und in der Literatur der ausgehenden Dschouzeit wird seine Amtstätigkeit mehrfach erwähnt. Anders als durch intime persönliche Erfahrung kann auch Kungs Beschlagenheit in den Riten des amtlichen Verkehrs nicht erklärt werden. In seinem Buch »Kung-tse, Leben und Werk« (Stuttgart 1925) hat mein Vater versucht, die Tradition über Kungs Amtstätigkeit in ein sinnvolles Bild seines Lebens einzubauen. Im Hinblick auf die entscheidende Rolle, die der Han-Konfuzianismus in der Organisation des Beamtentums zu spielen unternahm, war es natürlich von Bedeutung, die Tradition über Kungs Amtstätigkeit aufzubauen und auszuschmücken.

Einzelheiten aus den ersten beiden Abschnitten finden sich u. a. in zum Teil abweichenden Versionen in Dso Dschuan, Ding 1 (Legge S. 745), im Lü Schï Tschun Tsiu (Lü Bu We S. 248), im Kapitel Tan Gung des Li Gi (Legge S. 150) und in der Biographie des Konfuzius im Schï Gi. Die dramatische Fürstenzusammenkunft im Jahre 500 ist in der älteren Literatur häufig dargestellt. Sie wird erwähnt im Tschun Tsiu (Ding 10. Jahr) und ist danach ausführlicher beschrieben im Gu Liang, in einer Glosse zum Gung Yang und im Dso Dschuan (Legge S. 776, Couvreur 3,558). Im Schï Gi wird sie dreimal beschrieben: in den Annalen von Tsi (Chavannes 4, 77f.), in denen von Lu (Chavannes 4, 127) und ausführlicher in der Biographie des Konfuzius (Chavannes 5, 319ff., Wilhelm 1928 S. 13ff.). Auch das Sin Yü des Lu Gia (2. Jh. v. Chr.) enthält eine Schilderung (Annemarie von Gabain in Ostasiatische Studien 1930, 37f.). Alle diese Texte einschließlich des Gia Yü Texts wurden analysiert von Granet, Danses et légendes de la Chine ancienne 2, 171 ff. Danach ist die Version des Gia Yü in einem oder mehreren der früheren Texte belegt. Sie zeigt jedoch in der Anordnung des Stoffs und in einzelnen Formulierungen Selbständigkeit. Die Reduktion der Stadtmauern der Adelsgeschlechter ist im Tschun

Tsiu unter diesem Jahr erwähnt. Das Dso Dschuan (Legge S. 781, Couvreur S. 571f.) und nach ihm das Schī Gi (Chavannes X. 324ff., Wilhelm 1928 S. 15f.) enthalten eine ausführliche Schilderung. Der Ausspruch des Kung am Anfang des Abschnitts ist im Gung Yang unter diesem Jahr aufgezeichnet. Der letzte Abschnitt findet sich im Sün Dsī, Kap. Ju Hiau (Dubs S. 94f.) und im Sin Sü des Liu Hiang, Kap. 1 und 5. Die segensreichen Folgen seiner Wirksamkeit, zum Teil eine Wiederholung des ersten Abschnitts, finden sich auch im Schī Gi.

1. Stadthauptmann in Dschung Du

Meister Kung trat seine amtliche Laufbahn an als Stadthauptmann von Dschung Du[1]. Er schuf feste Ordnungen für die Ernährung der Lebenden und die Bestattung der Toten. Alte und Junge hatten verschiedene Nahrung[2], Starke und Schwache hatten verschiedene Berufe, Männer und Frauen gingen getrennt auf den Wegen. Auf den Straßen kam Verlorenes nicht weg. Geräte waren nicht mit täuschendem Zierat geschmückt. Die Innensärge waren vier Zoll dick, die Außensärge waren fünf Zoll dick. Natürliche Bodenerhebungen wurden als Gräber benutzt, kein Grabhügel wurde aufgehäuft und keine Bäume wurden gepflanzt.
Nachdem er ein Jahr also gewirkt hatte, da nahmen ihn die Fürsten der westlichen Gegenden[3] zum Vorbild.
Fürst Ding[4] redete zu Meister Kung und sprach: »Wie wäre es, wenn wir für die Regierung des Staates Lu Eure Maßregeln anwendeten?« Meister Kung entgegnete: »Für die ganze Welt würden sie taugen, nicht nur allein für Lu.«

2. Aufseher der öffentlichen Arbeiten

So ging es zwei Jahre lang, da ernannte ihn Fürst Ding zum Aufseher über die öffentlichen Arbeiten[5]. Da teilte er das Land in fünf Klassen nach der Art des Bodens[6], und jedes Gewächs erhielt den Standort, auf dem es am besten gedieh, so war jedes an seinem Platz.
Vormals hatte das Haupt der Familie Gi den Fürsten Dschau südlich abseits von der fürstlichen Gräberstraße beerdigen lassen. Meister Kung ließ diesen Ort durch einen Graben in

den Bereich des fürstlichen Begräbnisfeldes einbeziehen[7]. Er äußerte darüber zu Gi Huan Dsï: »Einen Fürsten zu brandmarken, so daß die eignen Sünden noch deutlicher hervortreten, ist nicht der Ordnung gemäß. Ich habe nun dieses Grab mit den andern wieder vereinigt und so den Vorwurf von Eurem Vater genommen, daß er nicht als treuer Diener seines Herren gehandelt.«

Vom Aufseher der öffentlichen Arbeiten wurde Kung zum obersten Richter von Lu gemacht. Als solcher schuf er Gesetze, die aber nicht angewandt zu werden brauchten, da es keine Leute gab, die sie übertraten.

3. Die Fürstenzusammenkunft in Gia Gu

Fürst Ding hatte eine Zusammenkunft mit dem Fürsten von Tsi[8] in Gia Gu. Meister Kung, der das Amt des Kanzlers versah, sprach: »Ich habe gehört, daß man bei friedlichen Verhandlungen stets auf den Krieg vorbereitet sein muß und in kriegerischen Verwicklungen stets auf den Frieden vorbereitet sein muß. In alter Zeit hatten die Fürsten, wenn sie ihr Land verließen, stets Beamte jeder Art im Gefolge. Darf ich bitten, den ersten und zweiten Marschall mitzunehmen.«

Fürst Ding folgte dem Rat. Als man zum Ort der Zusammenkunft kam, war eine Terrasse vorbereitet, zu der drei Erdstufen hinaufführten. Man begrüßte sich nach dem einfachen Begegnungszeremoniell. Mit einer Verbeugung bot man sich gegenseitig den Vortritt an und stieg dann hinauf. Als die Zeremonie des Zutrinkens und Wiedertrinkens beendigt war, ließ der Fürst von Tsi Laibarbaren[9] herbeikommen, um sich unter dem Lärm der Waffen und Trommeln des Fürsten Ding zu bemächtigen.

Meister Kung eilte die Stufen hinauf, ließ den Fürsten zurücktreten und rief: »Soldaten vor zum Angriff! Unsere beiden Fürsten kommen in freundlicher Absicht zusammen, und diese Sklaven von wilden Grenzstämmen wagen sie mit

Waffen zu stören! Das ist nicht die Art, wie der Fürst von Tsi sich unter den Herrschern durchsetzen könnte. Die Grenzvölker haben sich nicht um China zu kümmern, die Wilden dürfen China nicht stören, Sklaven geht ein Bundesschwur nichts an, Waffen dürfen sich in freundliches Zusammentreffen nicht einmischen. Das wäre den Göttern gegenüber unheilvoll, dem eignen Wesen gegenüber ein Unrecht und unter den Menschen eine Sittenwidrigkeit. Ein Fürst handelt nicht so.«

Der Fürst von Tsi kam in Verlegenheit und winkte ihnen ab.

Nach einer Weile ließ Tsi Haremsmusik machen, zu der Gaukler und Zwerge vor der Terrasse tanzten. Meister Kung eilte herbei, stieg die Stufen bis auf die oberste hinauf und sprach: »Daß solches Gesindel Fürsten zu behelligen wagt, ist ein Frevel, der den Tod verdient. Ich bitte, daß der zweite Marschall sofort die Strafe an ihnen vollziehen wolle.« Da wurden die Zwerge zusammengehauen, daß Hände und Füße umherflogen. Der Fürst von Tsi geriet in Furcht und zeigte Beschämung.

Als man an den Bundesschwur ging, wurde von Tsi aus folgende Bestimmung in die Schwurformel eingefügt: »Wenn die Heere von Tsi ins Feld ziehen und Lu nicht dreihundert Kriegswagen stellt, so geschehe ihm dem Bundesschwur entsprechend.« Meister Kung ließ durch Dsï Wu Süan erwidern: »Wenn Tsi ohne unser Gebiet nördlich vom Wenfluß zurückzugeben uns Befehle erteilt, so möge ihm ebenso geschehen.«

Der Fürst von Tsi wollte noch ein Gastmahl zurichten lassen. Da sprach Meister Kung zu Liang-kiu Gü[10]: »Wie kommt es, mein Herr, daß Ihr von den alten Bräuchen zwischen Lu und Tsi nichts gehört habt? Nachdem die Geschäfte beendigt sind, nun noch ein Gastmahl halten zu wollen, wäre unnötige Bemühung des Personals. Außerdem verlassen die festlichen Trinkgeräte nicht das Heiligtum,

und die festliche Musik paßt nicht fürs Freie. Wäre beim Festmahl alles vollzählig vorhanden, so wäre es ein Mißbrauch der Sitten, wenn aber die Vorbereitungen nicht vollständig wären, so wäre es Lolch (statt Weizen). Lolch (statt Weizen) zu bieten wäre eine Beschimpfung des Fürsten. Die Sitten zu mißbrauchen brächte in schlechten Ruf. Warum habt Ihr das nicht bedacht? Auch soll ein Festmahl dazu dienen, die gute Absicht zum Ausdruck zu bringen. Wenn die nicht zum Ausdruck kommt, so ist es besser, die Sache sein zu lassen.« So kam denn das Festmahl nicht zustande.
Als der Fürst von Tsi heimgekehrt war, machte er seinen Dienern Vorwürfe. Er sprach: »In Lu gehen sie ihrem Fürsten zur Hand mit den Sitten des Edlen. Ihr aber habt mir geraten, nach der Weise der Barbaren zu handeln, so daß ich ins Unrecht gesetzt wurde.«
Darauf gab er die von Lu geraubten vier Städte und das Gebiet nördlich vom Wenfluß[11] wieder zurück.

4. Schleifung der Stadtmauern der drei Adelsgeschlechter

Meister Kung sagte zum Fürsten Ding: »Die Adelsgeschlechter sollen keine Rüstung im Vorrat halten. Ihre Städte sollen keine Mauern von 300 dschï[12] haben. Das ist die Ordnung des Altertums. Heutzutage aber haben die drei Geschlechter diese Ordnung übertreten. Ich bitte, daß alles das auf das richtige Maß zurückgeführt wird.« Dschung Yu[13], der Amtmann war im Dienst der Familie Gi, wurde beauftragt, die Befestigungen der drei Städte niederzulegen.
Ein jüngerer Sohn aus dem Geschlechte Schu-sun[14] war in Unfrieden mit dem Haupt des Geschlechtes Gi. Er verband sich mit Gung-schan Fu-jau, dem Stadthauptmann von Bi, und führte die Leute von Bi an, die Hauptstadt von Lu zu überfallen.
Meister Kung hatte mit dem Fürsten sowie den Häuptern der Geschlechter Gi-sun, Meng-sun und Schu-sun sich in

das Schloß des Geschlechtes Gi begeben und war auf den Turm des Wu-dsï gestiegen. Da machten die Leute von Bi einen Angriff und kamen bis zu dem Turm. Da befahl Meister Kung dem Schen Gü-sü und Yüo Ki, die Soldaten gegen sie hinabzuführen und sie zu züchtigen. Die Leute von Bi wurden geschlagen. Infolge davon wurden die Befestigungen der drei Städte niedergelegt[15].
So wurden das Fürstenhaus gestärkt und die Adelsgeschlechter geschwächt, der Herrscher kam zu Ansehen, und die Diener wurden erniedrigt. Dadurch gewann die Regierung sehr an Einfluß.

5. Handel und Wandel

Früher gab es in Lu einen Schafhändler namens Schen Yu, der pflegte frühmorgens seine Schafe zu tränken, um die Leute auf dem Markt zu täuschen. Ein Mann namens Gung Schen hatte eine Frau von leichtsinnigem Lebenswandel, die er frei gewähren ließ. Ein andrer namens Schen Hui war verschwenderisch und üppig in einem Maße, das den Gesetzen widersprach. Die Viehhändler in Lu pflegten ihre Tiere künstlich herzurichten, um die Preise in die Höhe zu treiben.
Als Meister Kung die Regierung ausübte, da getraute sich Schen Yu nicht mehr, seine Schafe frühmorgens zu tränken, Gung Schen verstieß seine Frau, Schen Hui verzog über die Grenze nach auswärts. Nach drei Monaten trieben die Pferde- und Viehhändler die Preise nicht mehr in die Höhe, und die Händler von Lämmern und Ferkeln richteten ihre Tiere nicht mehr besonders her. Männer und Frauen gingen auf verschiedenen Seiten der Wege; was auf den Straßen verlorenging, kam nicht weg. Die Männer strebten nach Treue und Wahrhaftigkeit, die Frauen nach Keuschheit und Gehorsam. Von allen Seiten kamen Fremde ins Land. Sie brauchten sich nicht erst an die Polizei zu wenden; denn es war, als seien sie zu Hause.

2. KAPITEL

SCHĪ DSCHU / *Die erste Hinrichtung*

Das zweite Kapitel bringt wieder Episoden aus Kungs amtlicher Laufbahn. Der 1. Abschnitt ist ebenfalls in Kungs Biographie im Schī Gi belegt (Chavannes 5, 327, Wilhelm 1928 S. 16). Die Hinrichtung des Schau-dscheng Mau ist ausführlich erzählt im Sündsī, Kap. Yu Dso, im Yinwendsi, Kap. 2 (siehe Masson Oursel in T'oung Pao 15, 1914, S. 589ff.), und im Schuo Yüan, Kap. Dschī Wu; erwähnt ist sie im Schī Gi a.a.O., im Huainandsī, Kap. Fan Lun, und im Po Hu Tung, Kap. Dschu Fa. Die Erzählung wird jetzt allgemein als apokryph angesehen. Es handelt sich wohl um einen zur Anekdote umgewandelten Ausspruch des Konfuzius. Es ist jedoch von Bedeutung, daß zur Hanzeit Sittenstrenge und Energie im Handeln Charakterzüge des Kung waren, die besonders herausgestellt wurden. Der dritte Abschnitt findet sich ebenfalls im Sündsī, Kap. Yu Dso, ferner im Han Schī Wai Dschuan, Kap. 3 (Hightower S. 100ff.), und im Schuo Yüan, Kap. Dscheng Li.

1. Kungs Freude über seinen Erfolg

Meister Kung war oberster Richter in Lu und versah gleichzeitig das Amt des Kanzlers. Da er sich darüber erfreut zeigte, fragte ihn Dschung Yu[1] und sprach: »Ich habe gehört, daß der Edle im Unglück nicht zagt, im Glücke nicht jubelt. Wie kommt es, daß Ihr Euch so freut, daß Ihr eine einflußreiche Stellung bekommen habt, Meister?«
Meister Kung sprach: »Wohl heißt es so, aber heißt es nicht auch: ›Man soll sich freuen, wenn man in hoher Stellung andern dienen kann?‹«

2. Die Hinrichtung des Schau-dscheng Mau

Zu jener Zeit, als er sieben Tage lang die Regierung in Händen gehabt hatte, verurteilte er den aufrührerischen Großbeamten Schau-dscheng Mau[2] zum Tode. Er ließ ihn hinrichten unterhalb der Halle zur Doppelten Aussicht. Die Leiche lag zutage drei Tage lang. Da trat Dsï Gung[3] vor den Meister und sprach: »Schau-dscheng Mau war ein angesehener Mann in Lu. Nun habt Ihr die Regierung inne, und als erstes habt Ihr ihn hinrichten lassen. Sollte das nicht ein Fehler gewesen sein?« Meister Kung erwiderte: »Warte, ich werde dir den Grund davon sagen. Auf der Welt gibt es fünf schwere Verbrechen, und Diebstahl und Raub sind noch nicht dabei. Das erste ist eine aufsässige Gesinnung verbunden mit Waghalsigkeit. Das zweite ist ein gemeiner Wandel verbunden mit Starrsinn. Das dritte ist eine lügnerische Rede verbunden mit Zungenfertigkeit. Das vierte ist ein Gedächtnis für Skandale verbunden mit ausgedehnter Bekanntschaft. Das fünfte ist eine Neigung zum Unrecht verbunden mit dessen Beschönigung. Wenn sich von diesen fünfen eines bei einem Menschen findet, so entgeht er nicht der Verurteilung durch den Edlen. Und Schau-dscheng Mau besaß sie alle gemeinsam. Wo er auch weilte, vermochte er Anhänger um sich zu sammeln und Parteiungen zu bilden. In seinen Reden vermochte er mit gleisnerischen Vorspiegelungen die Masse zu betören. Durch seine Gewaltsamkeit vermochte er das Recht zu verkehren und sich unabhängig zu machen. Ein solcher ist ein Erzverbrecher unter den Menschen, und man kann nicht umhin, ihn zu beseitigen. Tang der Yin-Dynastie hat den Yin Hië[4] hinrichten lassen. König Wen hat den Pan Dscheng[5] hinrichten lassen. Der Herzog von Dschou hat den Guan und den Tsai[6] hinrichten lassen. Tai Gung hat die stolzen Ritter[7] hinrichten lassen. Guan Dschung hat den Fu I[8] hinrichten lassen und Dsï Tschan hat den Schï Ho[9] hinrichten lassen. Diese sieben lebten zu verschiedenen Zeiten und wurden gleichermaßen hingerichtet, weil diese sieben zu verschiedenen Zeiten die gleichen Verbrechen geübt hatten. Daher konnte man keine Gnade walten lassen. In den Liedern heißt es:

> Nur Grams ist sich mein Herz bewußt,
> Mich haßt die Schar voll niedrer Lust[10].

Wenn die Gemeinen sich zusammenscharen, so ist das wahrlich Anlaß zu Gram.«

3. Vater und Sohn vor Gericht

Als Meister Kung oberster Richter in Lu war, kamen einmal ein Vater und sein Sohn, die sich gegenseitig verklagten. Der Meister sperrte sie miteinander ein und hielt sie drei Monate in Haft, ohne die Sache zu entscheiden. Da bat der Vater um Einstellung des Verfahrens. Der Meister ließ daraufhin beide frei.

Der Herr von Gi-sun war mißvergnügt, als er davon hörte, und sprach: »Der Oberrichter hält mich zum besten. Erst sagt er mir, das wichtigste in Staat und Familie sei die kindliche Ehrfurcht. Nun bot sich Gelegenheit, durch Hinrichtung eines einzigen unehrerbietigen Sohnes das Volk Ehrfurcht zu lehren. Statt dessen läßt er ihn laufen. Was soll das nur heißen!«

Jan Yu[11] teilte das dem Meister Kung mit. Meister Kung seufzte tief und sprach: »Ach, wenn die Oberen vom rechten Weg gewichen sind und ihre Untergebenen töten, so ist das gegen die Ordnung. Wenn man sie nicht belehrt in der Ehrfurcht, sondern über sie zu Gericht sitzt, so heißt das Unschuldige töten. Wenn die drei Heere eine große Niederlage erlitten haben, so kann man die Soldaten doch nicht köpfen lassen. Wenn das Gesetz nicht in Ordnung ist, so kann man nicht mit Strafen einschreiten. Warum das? Wenn die Belehrung durch die Oberen nicht erfolgt, so liegt die Schuld nicht beim Volk. Wenn die Verordnungen lässig sind und die Strafen scharf, so ist das Räuberart. Wenn man zur Unzeit Steuern einzieht, so ist das erbarmungslos. Wenn man ohne Warnung Strafen vollzieht, so bedeutet das Härte. Ohne es (mit Belehrung) versucht zu haben, schon Vollendung (zu verlangen), ist Grausamkeit. Nur wenn eine Regierung diese drei Fehler vermieden hat, können die Strafgesetze angewendet werden. In den Urkunden heißt es:

> Nach dem Rechten richte sich die Strafe, nach dem Rechten die Tötung.

> Nicht wende an, was dein Herz bewegt.
> Wenn du dir sagen mußt: ›Es gab kein Vorbild‹,
> So spende Belehrung, ehe du bestrafst[12].

So soll man zuerst das Gesetz (Tao) und die Tugend aufrichten und selbst danach tun. Wenn es dann noch nicht geht, so ehre man die Weisen, damit sie Belehrung spenden können. Wenn es dann noch nicht geht, entferne man die Untüchtigen. Wenn es dann noch nicht geht, so schüchtere man durch Schrecken ein. Wenn man auf diese Weise drei Jahre lang fortmacht, so wird das ganze Volk recht. Wenn es dann noch verbrecherisches Gesindel gibt, das sich nicht fügt, dann mag man die Strafe an sie legen, denn dann weiß das Volk, was Schuld ist. In den Liedern heißt es:

> Daß er, dem Himmelssohn gesellt,
> Des Volks Verwirrung niederhält[13].

Das bedeutet, mit Strenge einschüchtern, aber sie nicht ausprobieren, die Strafen bereithalten, ohne sie anzuwenden.
Heutzutage ist das aber nicht so. Die Lehren sind in Verwirrung und die Strafen zahlreich, so daß das Volk in Verwirrung gerät, und dann legt man ihm noch Strafen auf. So sind die Strafen zahlreich, aber man wird der Räuber doch nicht Herr.
Über eine drei Fuß hohe Schranke kann auch ein leerer Wagen nicht hinüberfahren. Warum das? Wegen ihrer Steilheit. Einen hundert Klafter hohen Berg kann auch ein vollbeladener überwinden. Warum das? Weil die Abhänge allmählich ansteigen. Wenn heutzutage die Sitten noch länger allmählich ansteigen, so wird, obwohl es Strafgesetze gibt, das Volk doch ohne Übertretung bleiben.«

---

3. KAPITEL: WANG YEN GIË / *Ausführungen über die Königsworte*
Die Parallelstelle zu diesem Kapitel im Da Dai Li Gi ist übersetzt im Buch der Sitte S. 185-190. Dort ist auch die Textvergleichung im einzelnen durchgeführt.

4. KAPITEL: DA HUN GIË / *Ausführungen über die feierliche Ehe*
Zu diesem Kapitel finden sich Parallelen im Siau Dai Li Gi, Kap. 27
(Couvreur 2, 365, Legge 2, 263), und im 41. Kapitel des Da Dai Li Gi.
Es ist übersetzt im Buch der Sitte S. 196-200.

5. KAPITEL: JU HING GIË / *Ausführungen über den Wandel der Schriftgelehrten*
Abgesehen von einem einleitenden Abschnitt, der sich in abweichender
Form auch in der Konfuziusbiographie im Schï Gi findet (Chavannes
5, 388; Wilhelm 1928 S. 33), ist dieses Kapitel inhaltsgleich mit dem
41. Kapitel des Siau Dai Li Gi (Couvreur 2, 600; Legge 2, 402). Es
ist übersetzt im Buch der Sitte S. 162-167.

6. KAPITEL: WEN LI / *Die Fragen nach der Sitte*
Der erste Abschnitt dieses Kapitels, ein Gespräch mit dem Herzog Ai
von Lu, deckt sich weitgehend mit einem Abschnitt des Kapitels Ai
Gung Wen des Siau Dai Li Gi (Couvreur 2, 362ff.; Legge 2, 261ff.)
und mit dem ersten Abschnitt des 41. Kapitels des Da Dai Li Gi. Er ist
unter Berücksichtigung aller Versionen übersetzt im Buch der Sitte
S. 195-196. Die Gia Yü Version ist vielfach abweichend und hat verschiedentlich den ausführlicheren Text. Der zweite Abschnitt, ein Gespräch mit Yen Yen, findet sich in einem Abschnitt des Kapitels Li Yün
des Siau Dai Li Gi wieder, er ist übersetzt im Buch der Sitte S. 32-34.

7. KAPITEL

WU I GIË / *Ausführungen über die fünf Stufen der Menschen*

Dieses Kapitel bringt eine Reihe von fiktiven Gesprächen zwischen
Kung und dem Herzog Ai von Lu. Dies war der regierende Herzog
während der letzten Lebensjahre Kungs, und es ist von ihm berichtet,
daß er eine hohe Meinung von Kung hatte. Es liegt kein Grund vor
zu zweifeln, daß er tatsächlich mit dem alternden Kung Gespräche
über Politik und Moral geführt hat. Ausgestaltungen solcher Gespräche
sind dann in der späten Dschouzeit und in der Hanzeit ein beliebtes
Mittel geworden, gewisse Gedankengänge der konfuzianischen Schule
mit Emphase zur Darstellung zu bringen.
Parallelen zum 1. Abschnitt finden sich im Kapitel Ai Gung des
Sündsï und im Kapitel Ai Gung Wen Wu I des Da Dai Li Gi. Er ist
übersetzt im Buch der Sitte S. 191-194. Die Charakteristika der fünf
Stufen finden sich z. T. ähnlich im 1. und 4. Kapitel des Han Schï Wai
Dschuan. Der zweite Abschnitt ist in demselben Kapitel des Sündsï
enthalten, wo er vom vorigen durch die Frage des Herzogs nach der

Krone des Schun (Gia Yü 10, 1) getrennt ist. Eine zweite Parallele findet sich im Sin Sü des Liu Hiang, Dsa Schï, Kap. 4. Der 3. Abschnitt ist im Sündsï, wieder durch ein anderes Gespräch unterbrochen; er ist auch, mit leichten Abweichungen, im Han Schï Wai Dschuan, Kap. 4, und im Schuo Yüan, Kap. Dsun Hiën, enthalten. Der 4. Abschnitt hat eine Parallele im Kap. Dschï Wu des Schuo Yüan, der 5. im Kap. Gün Dau und der 6. im Kap. Ging Schen desselben Werks. Parallelen zum 7. Abschnitt finden sich im Kap. Dsa Yen des Schuo Yüan und im Han Schï Wai Dschuan, Kap. 1. Eine ähnliche Stelle findet sich auch im Kap. Fu Yen des Wendsï, wo sie dem Laotse in den Mund gelegt ist.

2. Wie ein Fürst das Leben kennenlernt

Der Herzog sprach: »Das ist schön; ohne Eure Weisheit, Meister, hätte ich solche Worte nie vernommen. Allein ich bin geboren im Innern des Schlosses und bin herangewachsen in den Armen der Wärterinnen. Ich habe Trauer, Sorgen, Mühe, Furcht und Gefahren nie kennengelernt. Ich fürchte, ich bin nicht imstande, die Lehren von den fünf Stufen zu verwirklichen; was kann ich tun?«

Meister Kung erwiderte: »Wenn Ihr also redet, so wißt Ihr es ja schon; ich wüßte auch nichts Weiteres.«

Der Herzog sprach: »Ohne Euch, mein Meister, bin ich nicht imstande, mein Herz zu entfalten. Sagt es mir, mein Meister.«

Meister Kung sprach: »Wenn Ihr, o Fürst, in den Ahnentempel Euch begebt, rechts die Stufen zur Halle emporsteigt, wenn Ihr nach oben blickt auf die Kapitelle und Streben der Säulen, nach unten blickt auf Tisch und Kissen und daran denkt, wie die Geräte alle noch da sind wie einst und doch die Menschen nicht mehr zu sehen sind, die sie gebraucht; wenn Ihr so der Trauer denkt, so werdet Ihr erfahren, was Trauer ist.

Wenn Ihr beim ersten Tagesgrauen Euch erhebt und Gewänder und Krone anlegt, wenn Ihr bei Tagesanbruch Audienz haltet und all die Gefahren und Schwierigkeiten überdenkt, wie auch das kleinste Versehen im einzelnen der Anfang werden kann von Verwirrung und Untergang; wenn

Ihr also an die Sorgen denkt, so wißt Ihr, was Sorgen sind.

Wenn Ihr vom Sonnenaufgang an Euch mit der Regierung beschäftigt, bis die Sonne sich zum Untergang neigt, wenn der Fürsten Söhne und Enkel kommen und gehen als Eure Gäste, wenn Ihr alle Sitten der Höflichkeit, die Verbeugungen, das Vortrittlassen unter sorgfältiger Beachtung der Würde, die der Rang erfordert, vollzieht; wenn Ihr so der Mühe denkt, so wißt Ihr auch, was Mühe ist.

Wenn Ihr in tiefe Gedanken versunken zu den vier Toren Eurer Hauptstadt hinausgeht und besorgt in die Ferne blickt und die Trümmer vergangener Reiche seht – und es sind sicher eine ganze Anzahl da –; wenn Ihr also der Furcht gedenkt, so wißt Ihr, was Furcht ist.

Nun gleicht der Fürst dem Schiff, das Volk gleicht dem Wasser. Das Wasser ist es, das das Schiff trägt, das Wasser ist es auch, das das Schiff zum Kentern bringt. Wenn Ihr so der Gefahr denkt, so wißt Ihr, was Gefahr ist.

Wenn Ihr diese fünf Stücke versteht und daneben noch ein wenig die fünf Stufen im Sinn behaltet, welche Fehler könntet Ihr da bei Eurer Regierung noch machen?«

3. Wahl der Leute

Herzog Ai fragte den Meister Kung und sprach: »Darf ich nach der Art fragen, wie man die rechten Leute auswählt?« Meister Kung erwiderte: »Jeder soll mit dem Amt betraut werden, dem er gewachsen ist. Man nehme keinen, der schnell mit dem Wort bei der Hand ist, man nehme keinen, der andern das Wort abschneidet, man nehme keinen, der viele Worte macht.

Die schnell mit dem Wort bei der Hand sind, sind habgierig, die Wortabschneider sind frech, die Schwätzer sind falsch. So muß man bei einem Bogen erst darauf sehen, daß er ausgeglichen ist, und dann erst auf seine Kraft. Ein Pferd muß gezähmt sein, ehe man sich seiner Schnelligkeit bedienen kann. Bei einem Beamten ist vor allem wichtig die Zuverlässigkeit, dann erst sehe man auf Wissen und Fähigkeit. Wer nicht zuverlässig ist und viele Fähigkeiten hat, der gleicht einem reißenden Wolf, dem man sich nicht nahen soll.«

4. Wie Kriege überflüssig werden

Herzog Ai fragte den Meister Kung und sprach: »Ich möchte imstande sein, mein Land, obwohl gering, zu verteidigen, und wenn es groß ist, andre anzugreifen. Worauf kommt es dabei an?«

Meister Kung erwiderte: »Wenn der Fürst und sein Hof der Sitte entsprechen, wenn Oben und Unten in Eintracht leben, dann ist alles Volk auf Erden Euer Volk; wen braucht Ihr dann noch anzugreifen? Wenn Ihr diesem Grundsatz aber entgegenhandelt, dann empört sich das Volk, als ginge es nach Hause, alle sind Eure Feinde: Auf wen wollt Ihr Euch da noch stützen zur Verteidigung?«

Der Herzog sprach: »Trefflich!« Daraufhin hob er die Jagd- und Fischverbote auf und schaffte die Zölle und Marktabgaben ab, um dem Volke Güte zu zeigen.

5. Das Brettspiel und der Edle

Herzog Ai fragte den Meister Kung und sprach: »Es heißt, der Edle halte sich dem Brettspiel fern; ist das wahr?«
Meister Kung sprach: »Ja.«
Der Herzog sprach: »Warum?«
Der Meister erwiderte: »Weil es zwei Arten zu ziehen gestattet.«[1]
Der Herzog sprach: »Warum soll man deshalb nicht das Brettspiel spielen, weil es zwei Arten von Zügen hat?«
Der Meister sprach: »Weil man dabei gleichzeitig auch den schlechten Weg wählen darf.«
Der Herzog erschrak. Nach einer Weile fragte er wieder: »So gründlich haßt also der Edle den schlechten Weg?«
Meister Kung sprach: »Wenn der Edle den schlechten Weg

nicht gründlich haßte, so würde er auch den guten Weg nicht von Grund auf lieben. Wenn er aber den guten Weg nicht von Grund auf liebte, so würde das Volk seinem Fürsten auch nicht von Grund auf zugetan sein. Im Buch der Lieder heißt es:

> Wenn ich meinen Herrn nicht sehe,
> Ist mein Herz von Trauer schwer.
> Wenn ich ihn sehen kann,
> Wenn ich ihn treffen kann,
> Dann wird mein Herz still[2].

So sehr liebt das Buch der Lieder den guten Weg.«
Der Herzog sprach: »Wundervoll! Der Edle hilft dem anderen zum Guten, er hilft ihm nicht zum Schlechten. Wenn Ihr, mein Meister, nicht zu mir gesprochen, so hätte ich nie etwas darüber erfahren.«

6. Jeder ist seines Glückes Schmied

Herzog Ai fragte den Meister Kung und sprach: »Eines Reiches Bestehen und Untergang, Glück und Unglück haben doch sicher ihre himmlische Bestimmung und rühren nicht nur von Menschen her.«
Meister Kung erwiderte: »Bestehen und Untergang, Glück und Unglück kommen alle nur durch eigene Schuld. Zeichen am Himmel und Vorbedeutungen auf der Erde können nichts hinzufügen.«
Der Herzog sprach: »Gut, mein Meister, habt Ihr geredet, aber wie soll das zugehen?«
Meister Kung sprach: »Vor alters zur Zeit des Herrschers Sin aus dem Hause Yin[3], da brütete ein Sperling einen großen Vogel aus auf der Ecke der Stadtmauer. Die Zeichendeuter sprachen: ›Wenn Kleines Großes erzeugt, so wird das Reich sicher blühen und des Herrschers Name berühmt werden.‹ Darauf verließ sich der Herrscher Sin auf die Kraft dieses Sperlings. Er kümmerte sich nicht um

die Regierung des Landes und war hart und grausam über alle Maßen, und vor den Leuten seines Hofes gab es keine Rettung. Da brachen Räuber von außen ein, und die Herrschaft des Hauses Yin fand dadurch ihr Ende. So hat er selbst der Zeit des Himmels entgegengewirkt und das zugedachte Glück in Unglück verwandelt.

Wiederum zur Zeit seines Vorfahren, des Königs Tai Mou aus dem Hause Yin, war der rechte Weg verlassen, und die Gesetze ruhten, so daß schließlich Vorzeichen auftraten, Maulbeere und Korn aus einer Wurzel im Schloßhof wuchsen und nach sieben Tagen schon eine Spanne im Umfang hatten. Der Zeichendeuter sprach: ›Maulbeere und Korn sind Gewächse der Wildnis; sie pflegen nicht aus einer Wurzel im Schloßhof zu wachsen. Sollte das auf den Untergang des Reiches deuten?‹ Tai Mou erschrak, er wendete sich und ordnete seinen Wandel. Er gedachte der Regierung der früheren Könige und brachte den Weg zur Pflege des Volkes wieder ans Licht. Und nach drei Jahren war es soweit, daß ferne Länder seine Gerechtigkeit rühmten, und Gesandte, die mehrere Dolmetscher brauchten[4], kamen aus sechzehn Reichen. Das ist ein Beispiel, wie einer durch eignes Tun der Zeit des Himmels entgegenwirkte und drohendes Unheil in Glück verwandelte.

So sind Zeichen am Himmel und Vorbedeutungen auf der Erde dazu da, die Herrscher zu warnen. Träume und Wunder sind dazu da, um die Beamten zu warnen. Zeichen und Vorbedeutungen sind nicht stärker als eine gute Regierung, Gesichte und Träume sind nicht stärker als ein guter Wandel. Wer das zu erkennen vermag, der wird die höchste Stufe der Ordnung erreichen. Nur ein weiser Fürst kann das erreichen.«

Der Herzog sprach: »Wenn ich nicht so töricht wäre, hätte ich auch diese Lehre des Edlen nicht vernommen.«

7. Wie man alt wird

Herzog Ai fragte den Meister Kung und sprach: »Erreicht der Weise ein hohes Alter? Erreicht der Gütige ein hohes Alter?«
Meister Kung erwiderte: »Ja. Dem Menschen drohen drei Todesarten, die ihm nicht vom Schicksal bestimmt sind, sondern die er sich selber zuzieht. Die beim Schlaf und beim Ruhen nicht die rechte Zeit beobachten, die beim Essen und Trinken nicht mäßig sind, die in Muße oder Anstrengung die Grenzen überschreiten, die tötet alle die Krankheit. Die in niedrigem Stande weilend ihren Fürsten belästigen, die unersättlich sind in Lüsten und Begierden und ihren Wünschen kein Ziel setzen, die tötet alle die Strafe. Die, selbst in der Minderheit, sich gegen die Mehrheit auflehnen, die, selbst schwach, die Starken beleidigen, die im Zorn vernunftwidrig handeln und ihre Kräfte nicht abschätzen, die tötet alle die Waffen. Diese drei Todesarten sind nicht Schicksal, sondern der Mensch zieht sie sich selbst zu. Ein weiser Ritter und gütiger Mann, der in seinem Leben sich zu beschränken weiß, der in Tun und Lassen sich an die Pflicht hält, der in Freude und Zorn die rechte Zeit trifft und seine Natur nicht schädigt: ist es nicht ganz in der Ordnung, daß er langes Leben erlangt?«

8. KAPITEL

DSCHÏ SÏ / *Gedankenschau*

Das 8. Kapitel enthält zwanzig Anekdoten und Aussprüche des Konfuzius, von denen viele erst in der Hanzeit in die konfuzianische Tradition eingedrungen sein können. Begriffe und Grundsätze, die darin vorkommen, sind vielfach aus anderen Schulen übernommen und erst verhältnismäßig spät dem Konfuzianismus eingegliedert worden. Sämtliche Abschnitte dieses Kapitels finden sich auch, z. T. in recht abweichender Form, im Schuo Yüan des Liu Hiang.

1. Gedankenschau

Meister Kung wanderte nach Norden und stieg auf den Ackerberg. Dsï Lu, Dsï Gung und Yen Yüan waren in seiner Umgebung. Meister Kung blickte sich nach allen Seiten um und seufzte tief atmend und sprach: »In Gedanken kann man alles, was man will, erreichen. Kinder, sage jeder seine Absichten, ich will dann wählen.« Dsï Lu trat hervor und sprach: »Ich möchte Federbüschel weiß wie der Mond und rot wie die Sonne, Glocken und Trommeln, die mit ihrem Klang den Himmel erschüttern, und eine wirbelnde Menge von Flaggen und Fahnen, die die Erde bedecken. Da möchte ich den Befehl über ein Heer haben und angreifen. Ich würde dem Gegner sicher tausend Meilen Land entreißen, das feindliche Heerbanner erbeuten und die abgeschnittenen Ohren der getöteten Feinde sammeln. Das ist etwas, das nur ich kann, Ihr beiden Freunde müßt mir nachstehen.«

Der Meister sprach: »Wie mutig!«

Danach trat Dsï Gung vor und sprach: »Ich möchte es treffen, wenn Tsi und Tschu zum Kampfe ausziehen auf weitem Blachfeld. Die beiden Lager sind in Gesichtsweite. Schon wirbelt Staub und Erde auf, schon kreuzen sich die Waffen: Da möchte ich im weißen Gewand und weißen Hut dazwischentreten mit meinem Rat und ihnen Gewinn und Schaden klarmachen und die Not der Länder wenden. Das ist etwas, das nur ich kann. Die beiden Freunde müssen mir nachstehen.«

Der Meister sprach: »Wie beredt!«

Yen Hui zog sich zurück und erwiderte nichts.

Meister Kung sprach: »Hui, komm, warum hast du allein keine Wünsche?«

Yen Hui erwiderte: »Die Angelegenheiten des Friedens und des Krieges haben die beiden Freunde schon besprochen; was soll ich da noch sagen?«

Meister Kung sprach: »Immerhin, jeder sage seine Absichten! Rede, mein Sohn!«
Da erwiderte er: »Es heißt: Duftende Kräuter und stinkende Wasserpflanzen bewahrt man nicht im selben Gefäß auf. Ein Yau und ein Giä regieren nicht gemeinsam[1]: ihre Art ist zu verschieden. Ich möchte einen weisen König und heiligen Herrn, dem ich mit meinem Rat zur Seite stünde, um die fünf Gebote zu verkündigen und durch Sitte und Musik den Staat zu leiten, daß die Menschen keine Mauern und Wälle mehr zu bauen brauchten, daß Gräben und Weiher nicht mehr überquert zu werden brauchten, daß man Schwerter und Hellebarden umschmelzen mag zu Geräten des Ackerbaus, daß Pferde und Rinder weiden auf Ebenen und Wiesen, daß die Familienangehörigen nicht mehr an Trennung und Einsamkeit zu denken brauchten und auf tausend Jahre hinaus das Leid des Krieges gebannt wäre. Dann brauchte Yu nicht mehr seinen Mut und Sï nicht mehr seine Beredsamkeit.«
Der Meister atmete tief und sprach: »Wie schön ist dein Geist!«
Dsï Lu erhob die Hand und sprach: »Und was wählt Ihr, o Meister?«
Meister Kung sprach: »Güter nicht verschwenden, die Menschen nicht schädigen, die Worte nicht vergeuden, das ist's, was der Sohn Yens sein Eigentum nennt![2]«

2. Das geringe Geschenk

In Lu lebte ein Geizhals, der in einem tönernen Tiegel Reis gekocht hatte. Als er ihn kostete, schmeckte er ihm besonders gut, darum tat er ihn in einen irdenen Topf und brachte ihn dem Meister Kung dar. Meister Kung nahm das Geschenk an und war so erfreut darüber wie über eine Spende vom großen Opfer.
Dsï Lu sprach: »Ein tönerner Topf ist ein geringes Geschirr,

gekochter Reis ist eine gemeine Speise; warum seid ihr so sehr darüber erfreut, Meister?«

Der Meister sprach: »Wer bereit ist, Ermahnungen zu erteilen, der denkt an seinen Fürsten. Wer gutes Essen hat, der denkt an die, die er liebt. Nicht daß ich die Speise oder das Geschirr für etwas Besonderes hielte. Das Besondere ist, daß er, als ihm das Essen schmeckte, an mich gedacht hat.«

3. Der geschenkte Fisch

Als der Meister nach Tschu kam, da war ein Fischer, der ihm einen Fisch darbrachte. Der Meister wollte ihn nicht annehmen. Da sprach der Fischer: »Das Wetter ist heiß, und der Markt ist weit, ich kann ihn nicht verkaufen, und da habe ich gedacht, ehe ich ihn in die Mistgrube werfe, bringe ich ihn doch lieber einem edlen Manne zum Geschenk. Darum wagte ich, ihn anzubieten.«

Darauf verneigte sich der Meister zweimal und nahm ihn an. Er ließ seine Schüler den Boden kehren, um ihn als Opfer darzubringen.

Die Schüler sprachen: »Jener hätte ihn beinahe weggeworfen, und Ihr wollt ihn als Opfer darbringen. Warum das?«

Meister Kung sprach: »Ich habe sagen hören, wem es leid tut, daß seine Speise verdirbt, so daß er sie lieber verschenkt, der zeigt Züge eines gütigen Menschen. Wie sollte ich es versäumen, die Gabe eines gütigen Mannes als Opfer darzubringen?«

4. Der edle Sträfling

Gi Gau[3] war Strafrichter in We und verurteilte einen Mann zum Abhacken der Füße. Nach einiger Zeit kam es zu den Unruhen des Kuai Wai[4]. Gi Gau wollte ihnen entgehen und ging nach dem Stadttor. Der Mann mit den abgehackten Füßen war Torhüter. Er sprach zu Gi Gau: »Dort ist eine Lücke.« Gi Gau sprach: »Der Edle klettert nicht über

Mauern.« Da sprach er wieder: »Dort ist ein Loch in der Mauer.« Gi Gau sprach: »Der Edle kriecht nicht durch Löcher.« Da sprach jener abermals: »Hier ist ein Haus.« Gi Gau trat ein.

Als die Verfolger vorüber waren und Gi Gau im Begriff war weiterzugehen, da sprach er zu dem Mann mit den abgehackten Füßen: »Ich konnte seinerzeit nicht umhin, in Ausübung der Gesetze meines Herrn selbst Euch die Füße abhacken zu lassen. Nun bin ich in Schwierigkeiten, das wäre gerade die richtige Zeit für Euch gewesen, mir Euern Groll heimzuzahlen, statt dessen habt Ihr mir dreimal durchgeholfen. Was ist der Grund davon?«

Der Mann mit den abgehackten Füßen sprach: »Daß mir die Füße abgehackt wurden, daran war ich selber schuld, da ließ sich nichts machen. Aber als Ihr damals mich zu richten hattet nach den Gesetzen, da suchtet Ihr nach einem Vorgang für meinen Fall, um mir die Strafe zu ersparen. Das wußte ich. Als dann der Fall erledigt war und die Strafe festgesetzt und es dazu kam, das Urteil zu verkünden, da wart Ihr unruhig und betrübt. Als ich Eure Mienen sah, wußte ich das auch. Ihr habt wirklich nicht unrecht an mir getan. Wenn der Himmel einen Edlen hervorbringt, so legt er ihm den Weg (Tao) ins Herz; darum habe ich Euch durchgeholfen.«

Meister Kung hörte den Vorfall und sprach: »Trefflich, wer als Beamter das Gesetz einheitlich anwendet und doch auf Güte und Rücksicht bedacht ist, der pflanzt Gutes. Wer Härte und Strenge anwendet, der pflanzt Groll. Meister Gau verstand es, unparteiisch zu handeln.«

5. Hilfe der Umstände

Meister Kung sprach: »Von dem Zeitpunkt an, als der Herr von Gi-sun mir tausend Maß Korn als Einkommen gab, wurden meine Freunde immer intimer. Von da an, als Nan-Gung Ging-Schu meinen Wagen fuhr, breiteten sich meine

Lehren immer mehr aus. Darum, die Lehre mag noch so wertvoll sein, es muß die Zeit erfüllt sein, dann erst wird sie wichtig genommen; man muß die nötige Autorität haben, dann erst setzt sie sich durch. Ohne die Gaben jener beiden Herren wäre meine Lehre vielleicht untergegangen[5].«

6. Über König Wen

Meister Kung sprach: »Unter den Königen sind solche, die Frühling und Herbst gleichen. Der König Wen hatte den Wang Gi zum Vater, die Tai Jen zur Mutter, die Tai Sï zur Gattin, den König Wu und den Herzog von Dschou zu Söhnen, den Tai Diën und Hung Yau zu Beamten. So war die Grundlage, die er legte, gut. König Wu machte dadurch, daß er seine eigne Person recht machte, sein Reich recht und dadurch, daß er sein Reich recht machte, die Welt recht. Er bekämpfte die Zuchtlosen und strafte die Sünder. Er brauchte sich nur einmal in Bewegung zu setzen, und die ganze Welt war recht, und seine Arbeit war vollendet. Frühling und Herbst nahen mit ihrer Zeit, und alle Wesen werden lebendig. Ein König naht mit seinem Weg, und alles Volk kommt in Ordnung. Der Herzog von Dschou arbeitete an sich selbst, um Wandlungen hervorzubringen, und alle Welt folgte ihm. Das war seine höchste Wahrhaftigkeit.«

7. Wie man sich in einem Lande umsieht

Meister Dseng[6] sprach: »Wenn du in ein Land kommst, wo Worte zuverlässig sind bei der Menge der Beamten, so magst du da bleiben; wenn die Handlungen gewissenhaft sind unter den Ministern und den Großbeamten, so magst du dich da anstellen lassen; wenn des Fürsten Gnade dem Volk zugute kommt, so magst du dir Reichtum gefallen lassen.« Meister Kung sprach: »Diese Worte des Schen zeigen den Weg zu einem gesicherten Leben.«

8. Mißverstandene Menschlichkeit

Dsï Lu war Amtmann von Pu. Da setzte er, um Vorkehrungen gegen Überschwemmungen zu treffen, mit der Bevölkerung die Kanäle und Gräben instand. Da die Leute viel Arbeit und Mühe dabei hatten, ließ er jedem einen Korb Reis und einen Topf Suppe austeilen.
Meister Kung hörte davon und sandte den Dsï Gung hin, um der Sache Einhalt zu tun.
Da wurde Dsï Lu ernstlich böse, ging hin, trat vor den Meister Kung und sprach: »Da die Regenzeit bald kommt, habe ich, um Vorkehrung gegen Wassernot zu treffen, durch die Leute die Kanäle und Gräben instandsetzen lassen. Da die Leute meistens abgearbeitet und hungrig waren, habe ich jedem einen Korb Reis und einen Topf Suppe austeilen lassen. Ihr habt den Dsï Gung geschickt, um der Sache Einhalt zu tun, das heißt, Ihr habt mich verhindert, Menschlichkeit zu üben. Ihr lehrt uns Menschlichkeit und verhindert doch deren Ausübung. Das kann ich nicht annehmen.«
Meister Kung sprach: »Wenn du der Meinung warst, daß die Leute Hunger leiden, warum hast du es nicht dem Fürsten berichtet, daß er seine Speicher öffnen ließe, um ihnen zu helfen? Statt dessen hast du sie eigenmächtig mit einer Speise beschenkt. Damit hast du gezeigt, daß der Fürst keine Gnade kennt, und dafür die Güte deines Charakters ins Licht gesetzt. Wenn du sofort damit aufhörst, so mag es noch hingehen. Andernfalls ziehst du dir sicher Strafe zu.«

9. Guan Dschung

Dsï Lu fragte den Meister Kung: »Was war Guan Dschung für ein Mensch?« Der Meister sprach: »Er war menschlich.«
Dsï Lu sprach: »Erst hat Guan Dschung dem Herzog Siang Rat erteilt, aber der Herzog nahm ihn nicht an. Er war also nicht beredt. Er wollte den Prinzen Giu als Fürsten einsetzen, aber es gelang ihm nicht. Er war also nicht weise.

Seine Familie wurde in Tsi ausgerottet, und er zeigte keine Trauer darüber. Er war also nicht liebevoll. Er saß gefesselt an Händen und Füßen in einem vergitterten Wagen und schämte sich nicht. Er hatte also kein Ehrgefühl. Er diente einem Fürsten, nach dem er vorher geschossen hatte. Er war also nicht charakterfest. Schau Hu folgte seinem Herrn in den Tod, Guan Dschung tat es nicht. Er war also nicht treu. Ist die Handlungsweise eines menschlichen Mannes wirklich dieser Art?«

Meister Kung sprach: »Daß der Herzog Siang nicht auf die Ratschläge des Guan Dschung hörte, daran war die Torheit des Herzogs schuld. Daß es ihm nicht gelang, den Prinzen Giu auf den Thron zu bringen, das war, weil er nicht die rechte Zeit getroffen hatte. Daß er keine Trauer zeigte, als seine Familie in Tsi ausgerottet wurde, das war, weil er sich in sein Schicksal zu finden wußte. Daß er sich nicht schämte, als er gefesselt an Händen und Füßen in einem vergitterten Wagen saß, das war, weil er seine Lage zu beurteilen vermochte. Daß er einem Fürsten diente, nachdem er erst auf ihn geschossen hatte, das war, weil er die veränderte Lage verstand. Daß er dem Prinzen Giu nicht in den Tod folgte, das war, weil er erkannt hatte, was wichtig war und was unwichtig war. Der Prinz Giu war noch nicht Fürst, folglich war Guan Dschung auch nicht sein Beamter. Guan Dschung hatte die Fähigkeit, zu ermessen, was seine Pflicht gebot. So starb Guan Dschung nicht, er gürtete die Lenden und stand aufrecht da, so daß der Ruhm seines Namens noch immer ungetrübt ist. Schau Hu starb freilich, aber er tat nichts, als daß er seine Menschlichkeit zuweit trieb. Das will noch nichts heißen.«[7]

10. *Der einsame Mensch*

Meister Kung reiste nach Tsi. Unterwegs hörte er die Stimme eines Weinenden, die sehr traurig klang. Meister Kung sprach zu seinem Wagenlenker: »Dieser Weinende

ist wohl von Schmerz bewegt, aber es ist nicht der Schmerz eines Mannes, der einen Toten begräbt. Fahr hin zu ihm.«
Nach einer Weile sah man einen seltsamen Menschen mit einer Sichel im Arm und mit einem Strick umgürtet, der bitterlich weinte.
Meister Kung stieg vom Wagen, lief ihm nach und fragte: »Wer seid Ihr?« Jener sprach: »Ich bin Kiu Wu Dsï.«
Er sprach: »Ihr habt doch kein Begräbnis zu besorgen, warum weint Ihr so bitterlich?«
Kiu Wu Dsï sprach: »Ich habe drei Verluste erlitten. Wenn ich später auch zur Besinnung gekommen bin und bereut habe, ich kann sie doch nicht wiedergutmachen.«
Der Meister sprach: »Darf ich die drei Verluste hören? Ich möchte, daß Ihr sie mir ohne Rückhalt sagt.«
Kiu Wu Dsï sprach: »In meiner Jugend liebte ich das Lernen und trieb mich auf der ganzen Welt herum. Als ich dann später heimkam, da war mein Vater gestorben. Das ist mein erster Verlust. Erwachsen diente ich dem Fürsten von Tsi. Der Fürst war stolz und üppig und verlor das Herz seiner Diener. Ich hielt mich für zu gut und folgte ihm nicht. Das ist mein zweiter Verlust. Mein ganzes Leben lang habe ich gute Freunde gehabt, und nun haben sie mich alle verlassen. Das ist mein dritter Verlust.

> Der Baum wär' gerne stille, ach,
> Doch läßt des Windes Wehn nicht nach.
> Der Sohn möcht' wohl den Vater pflegen,
> Doch ach, der Vater wartet nicht!
> Hin gehn sie und kommen nicht wieder, die Jahre,
> Und unwiderbringlich dahin sind die Eltern.

Nun will ich Abschied nehmen.«
Mit diesen Worten stürzte er sich ins Wasser und ertrank.
Meister Kung sprach: »Kinder, merkt es euch. Das mag euch zur Warnung dienen!«

Da verließen den Meister und gingen nach Hause, um ihre Eltern zu pflegen, seiner Schüler dreizehn.

11. Der Wert der Bildung

Meister Kung sagte zu seinem Sohne Bo Yü[8]: »Li, es heißt: Mit einem den ganzen Tag zusammen sein, ohne dessen Überdruß zu erregen, das kann nur der Gebildete. An seinem Äußeren und seiner Gestalt ist nichts Besonderes zu sehen, sein Mut und seine Kraft sind nicht besonders zu fürchten. Über seine Ahnen ist nichts Besonderes zu sagen, von seinem Geschlecht ist nichts Besonderes zu erwähnen, und schließlich macht er sich doch einen großen Namen, daß er allenthalben berühmt ist und auch von der Nachwelt noch genannt wird; das alles ist der Erfolg der Bildung. Darum darf der Edle die Bildung nicht vernachlässigen, er darf nicht versäumen, auch sein Äußeres zu pflegen. Pflegt er sein Äußeres nicht, so findet er keine Gesellschaft. Hat er keine Gesellschaft, so verliert er die Liebe. Verliert er die Liebe, so ist er auch nicht mehr loyal. Ist er nicht loyal, so versäumt er auch die Sitte. Versäumt man die Sitte, so kann man nicht mehr sicher auftreten. Von ferne schon macht einen guten Eindruck ein gepflegtes Äußeres, und was bei näherem Umgange immer mehr gewinnt, das ist die Bildung. Es ist wie mit einem gegrabnen Teich, in dem sich das Regenwasser sammelt; wenn erst Schilf und Binsen darin wachsen, wer sieht ihm dann, wenn er ihn betrachtet, noch an, daß er keine Quelle ist?«

12. Die Pietät des Dsï Lu

Dsï Lu trat vor den Meister Kung und sprach: »Wer schwer zu tragen und einen weiten Weg hat, der ist nicht wählerisch im Platz für seine Ruhe; wer arm von Hause ist und alte Eltern hat, der ist nicht wählerisch in dem Posten, den er annehmen will. Früher, als ich noch meinen beiden Eltern dienen konnte, da hatte ich oft nur Gänsefuß zu essen und

mußte den Reis für meine Eltern hundert Meilen weit hertragen. Später, nach dem Tode meiner Eltern, reiste ich einmal im Süden in Tschu, dabei hatte ich hundert Wagen im Gefolge und hatte zehntausend Maß Korn im Vorrat. Ich hatte Polster und Kissen zum Sitzen, ich hatte Mahlzeiten mit vielen Gängen zum Essen. Und doch würde ich lieber wieder Gänsefuß essen und für meine Eltern Reis schleppen. Aber es ist nicht mehr möglich. Wenn erst der Fisch getrocknet am Stricke hängt, dann wird er unwiderbringlich madig: Das Leben der beiden Eltern eilt vorüber wie ein Viergespann an einer Ritze.«
Meister Kung sprach: »Von Yus Liebe zu seinen Eltern kann man behaupten, daß er ihnen bei Lebzeiten mit aller Kraft gedient hat, und daß er nach ihrem Tode ihrer mit aller Anhänglichkeit gedenkt.«

13. Der unverhoffte Freund

Meister Kung reiste einst nach Tan. Da begegnete er unterwegs dem Meister Tscheng. Er schlug den Wagenschlag zurück und plauderte mit ihm den ganzen Tag sehr intim.
Dann wandte er sich an Dsï Lu und sprach: »Hole ein Bündel Seidenstoffe und überreiche es dem Herrn.«
Dsï Lu erwiderte ehrerbietig: »Ich habe gehört, ein Gebildeter, der ohne Einführung einen andern besucht, ist wie ein Mädchen, das ohne Vermittler heiratet. Der Edle hält das nicht für die korrekte Art zu verkehren.«
Nach einer Weile wandte sich der Meister abermals an Dsï Lu, Dsï Lu erwiderte abermals wie zuvor.
Da sprach Meister Kung: »Yu, heißt es nicht im Buch der Lieder:

> Da ist ein hübscher Mann
> Mit schön geschwungnen Brauen und anmutsvoll,
> – Ganz unverhofft haben wir uns getroffen –,
> Der mir von Herzen wohlgefällt[9].

Nun ist Meister Tscheng einer der bedeutendsten Männer im Reich; wenn ich ihm heute kein Geschenk mache, so kann ich ihn im Leben nicht mehr sehen. Tu es, mein Sohn.«

14. Der Alte am Wasserfall

Als Meister Kung von We nach Lu zurückkam, ließ er den Wagen am Ho-liang-Damm rasten und genoß die Aussicht. Es war ein Wasserfall da, dreißig Klafter hoch, der Wirbel erzeugte 90 Meilen weit. Fische und Schildkröten konnten nicht kommen, Riesenschildkröten und Krokodile konnten nicht dort leben. Da kam ein Alter und machte sich fertig durchzuwaten. Meister Kung sandte hin, ihn am Ufer aufhalten zu lassen, und sprach: »Dieser Wasserfall ist 30 Klafter hoch und erzeugt einen Wirbel von 90 Meilen, also daß Fische und Schildkröten nicht hinkommen und Riesenschildkröten und Krokodile nicht darin leben können. Ich denke, er wird sich schwerlich überschreiten lassen.«

Der Alte nahm sichs nicht zu Herzen, sondern ging durch und kam richtig auch wieder heraus.

Meister Kung fragte: »Seid Ihr besonders geschickt, oder habt Ihr einen Zauber? Wie machtet Ihr es, daß Ihr durchgingt und wieder herauskamt?«

Der Alte sprach: »Als ich hineinging, da ging ich voran im festen Glauben, als ich dann wieder herauskam, da ließ ich mich treiben in festem Glauben. Ich vertraute meinen Leib dem Strom der Wellen an und wagte nicht, einen eigenen Willen zu haben; darum konnte ich hinein und auch wieder heraus.«

Da sprach Meister Kung zu seinen Jüngern: »Kinder, merkt es euch. Selbst dem Wasser kann man sich anvertrauen, wenn man sich im Glauben fest gemacht hat, wieviel eher noch gilt das den Menschen gegenüber.«

15. Der nicht entlehnte Regenschirm

Einst war Meister Kung dabei auszugehen. Es regnete, und er hatte keinen Schirm. Da sprach einer der Jünger: »Schang[10] hat einen.«
Meister Kung sprach: »Schang ist ein Mann, der sehr an seinen Gütern hängt. Es heißt, im Verkehr muß man sich an die Vorzüge der Leute halten und ihre Schwächen übergehen, dann ist die Freundschaft dauerhaft.«

16. Das glückliche Vorzeichen

Der König von Tschu überschritt den Fluß. Im Fluß war ein Gegenstand, groß wie ein Scheffel, rund und rot, der stieß genau an das Boot des Königs, und ein Bootsmann fischte ihn heraus. Der König war sehr erstaunt und fragte alle seine Beamten der Reihe nach, aber keiner wußte, was es war. Da schickte der König einen Gesandten nach Lu, um den Meister Kung zu befragen. Der Meister sprach: »Dies wird die Ping-Frucht[11] genannt. Man kann sie schälen und essen. Es ist ein glückliches Vorzeichen. Nur ein Hegemon kann eine bekommen.«
Der Gesandte kehrte zurück. Daraufhin aß der König die Frucht und fand sie sehr gut.
Nach längerer Zeit kam ein Gesandter nach Lu und erzählte dies einem Großbeamten. Der Großbeamte ließ den Dsï Yu den Meister fragen: »Meister, woher wußtet Ihr, daß es so ist?«
Der Meister antwortete: »Als ich einst nach Dscheng ging und durch die Ebene von Tschen kam, da hörte ich einen Knaben singen:

> Wenn der König von Tschu den Fluß überschreitet,
> Findet er eine Ping-Frucht.
> Groß ist sie wie ein Scheffel und rot wie die Sonne.
> Er schält sie und ißt sie, sie ist süß wie Honig.

Es hat sich nun begeben, daß der König von Tschu dem entsprach, daher wußte ich es.«

17. Über das Leben nach dem Tode

Dsï Gung fragte den Meister Kung und sprach: »Haben die Toten Bewußtsein oder haben sie kein Bewußtsein?«
Der Meister sprach: »Wollte ich sagen, die Toten haben Bewußtsein, so wäre zu fürchten, daß ehrfürchtige Söhne und gehorsame Enkel die Lebenden zu kurz kommen ließen, um der Bestattung der Toten willen. Wollte ich sagen, die Toten haben kein Bewußtsein, so wäre zu fürchten, daß ungeratene Söhne ihre Eltern unbestattet liegenließen. Dein Wunsch zu wissen, ob die Toten Bewußtsein haben oder nicht, ist zunächst keine dringende Sache. Später wirst du es von selber wissen.«

18. Von Pferden und Menschen

Dsï Gung fragte den Meister Kung über die Regierung des Volkes. Meister Kung sprach: »Sei behutsam, als führtest du ein wildes Pferd an morschem Strick.«
Dsï Gung sprach: »So sehr muß man sich in acht nehmen?«
Meister Kung sprach: »Es kommt alles auf den Mann an, ob er es versteht, zu lenken. Wenn ich sie auf die rechte Art leite, so sind sie meine guten Haustiere. Wenn ich sie nicht auf die rechte Art leite, so sind sie meine Feinde. Und da sollte man sich nicht in acht nehmen!«

19. Auslösung von Gefangenen

Im Staate Lu herrschte die Sitte, daß, wenn Gefangene auszulösen waren bei andern Fürsten, das Geld dafür der Staatskasse entnommen wurde. Dsï Gung kaufte einst einen Gefangenen los und zahlte das Geld aus eigner Tasche.
Meister Kung hörte davon und sprach: »Du hast es falsch gemacht. Der Heilige betreibt die Dinge so, daß er die Sitten und Gebräuche reformiert; auf diese Weise können sich seine Lehren im Volk ausbreiten, und er ist nicht nur auf seine eigenen Handlungen angewiesen. Nun sind im Staate

Lu nur wenige reiche Leute und viele Arme. Wenn es nun für geldgierig angesehen wird, Geld anzunehmen zur Auslösung von Gefangenen, womit soll man sie dann auslösen? Von nun an werden die Leute von Lu ihre Gefangenen von andern Fürsten nicht mehr loskaufen.«

20. Regierung einer aufsässigen Bevölkerung

Dsï Lu hatte den Kreis Pu zu verwalten. Er trat vor Meister Kung und sprach: »Ich möchte Belehrung von Euch haben, Meister.«
Der Meister sprach: »Wie sind denn die Leute von Pu?«
Er erwiderte: »In der Stadt sind viele starke Leute, die schwer zu leiten sind.«
Der Meister sprach: »Wahrlich, ich sage dir: Mit Ernst und Sorgfalt kann man die Mutigen im Zaum halten, mit Weitherzigkeit und Gerechtigkeit kann man die Starken an sich ziehen. Mit Liebe und Rücksicht kann man für die Bedrängten sorgen. Mit Milde und Entschiedenheit kann man die Ränkesüchtigen unterdrücken. Wenn du dies anwendest, ist die Regierung nicht schwer.«

9. KAPITEL

SAN SCHU / *Dreifache Wechselseitigkeit*

Die Episoden des 9. Kapitels gehören durchweg einer früheren Traditionsschicht an als die des 8. Die meisten sind im Buche Sündsï belegt, und zwar in den Kapiteln Fa Hing (Abschnitt 1), Yu Dso (Abschnitte 3-6) und Dsï Dau (Abschnitte 7-9). Eine stark abweichende Version des 2. findet sich im Yen Dsï Tschun Tsiu, der 3. ist auch in Han Schï Wai Dschuan 3, im Schuo Yüan, Kap. Ging Schen, im Huainandsï, Kap. Dau Ying Hün, und im Wen Dsï, Kap. Schï Schou, enthalten. Der 8. findet sich leicht abweichend im Hiau Ging wieder (Buch der Ehrfurcht), der 9. auch im Han Schï Wai Dschuan 3 und im Schuo Yüan, Kap. Dsa Yen. Der 10. Abschnitt ist sonst nicht belegt.

1. Dreifache Wechselseitigkeit[1] und drei Warnungen

Meister Kung sprach: »Der Edle kennt drei Wechselseitigkeiten. Wer einen Herrn hat, dem er nicht dienen kann, und einen Diener hat, von dem er dennoch Dienste verlangt, der fehlt gegen die Wechselseitigkeit. Wer Eltern hat, die er nicht ehrfurchtsvoll behandeln kann, und Söhne hat, von denen er dennoch Anerkennung verlangt, der fehlt gegen die Wechselseitigkeit. Wer einen älteren Bruder hat, den er nicht ehren kann, und einen jüngeren Bruder hat, von dem er dennoch Gehorsam verlangt, der fehlt gegen die Wechselseitigkeit. Wer klar zu sein vermag über die Wurzeln dieser dreifachen Wechselseitigkeit, den kann man eine aufrechte Person nennen.«

Meister Kung sprach: »Der Edle kennt drei Gedanken, die man nicht außer acht lassen darf. Wer in der Jugend nicht lernt, hat im Alter keine Kenntnisse. Wer im Alter nicht lehrt, hinterläßt nach dem Tode kein Andenken. Wer im Wohlstand nicht spendet, findet in der Armut niemand, der ihm beisteht. Darum denkt der Edle in der Jugend an die Zeit, da er erwachsen sein wird, und verlegt sich deshalb aufs Lernen. Im Alter denkt er an die Zeit, da er gestorben sein wird, und verlegt sich deshalb aufs Lehren. Im Wohlstand denkt er an die Zeit, da er arm sein wird, und verlegt sich deshalb aufs Wohltun.«

2. Der Weg des Wirkens

Bo-Tschang Kiën[2] befragte den Meister Kung und sprach: »Ich bin freilich nur ein niedriger Diener des Hauses Dschou, doch halte ich mich nicht für unwürdig, einem Edlen ehrfürchtig zu dienen, deshalb erlaube ich mir eine Frage: Wollte man dem rechten Weg (Tao) entsprechend handeln, so findet man keine Anerkennung unter diesem Geschlecht; wollte man den rechten Weg verleugnen bei seinen Handlungen, so widerspricht das unserem Gefühl.

Nun möchte ich wissen, gibt es einen Weg, auf dem man so handeln kann, daß man selbst nicht zur Erfolglosigkeit verdammt ist und doch auch den rechten Weg nicht zu verleugnen braucht?«

Meister Kung sprach: »Vortrefflich ist Eure Frage. Ich habe noch nie einen Menschen gehört, der wie Ihr, mein Herr, in seinen Worten so einsichtig gewesen wäre. Ich habe einst gehört, daß der Edle, wenn er vom Wege spricht, beachtet, daß, wenn der Hörer nicht aufmerkt, der Weg keinen Eingang findet, und daß man, wenn man zu sehr ins Große und Außerordentliche geht, das sich nicht nachprüfen läßt, keinen Glauben findet für den Weg.

Wiederum habe ich gehört, daß, wenn der Edle von Regierungsangelegenheiten redet, er beachtet, daß, wenn die Ordnungen keine festen Regeln haben, die Regierungsangelegenheiten sich nicht durchführen lassen und daß, wenn die Regierung allzu kleinlich und genau ist, das Volk nicht zur Ruhe kommt.

Wiederum habe ich gehört, daß, wenn der Edle von seinen Entschlüssen redet, er beachtet, daß, wer zu hart und unbeugsam ist, nichts zu Ende bringt, wer zu bequem und lässig ist, häufig zu Schaden kommt, wer hochmütig und herrisch ist, keine Liebe findet, und wer auf Vorteil aus ist, unter allen Umständen zugrunde geht.

Wiederum habe ich gehört, daß der Edle, dem es um das Wohl seiner Zeit zu tun ist, sich nicht vordrängt, wo es einem leicht gemacht wird, und sich nicht hintan hält, wo es einem schwer gemacht wird, daß er ein Ideal zeigt, aber niemand zu seiner Befolgung zwingt, und daß er den rechten Weg vor Augen stellt, ohne Rechthaberei. Diese vier Dinge sind es, die ich gehört habe.«

3. Der Wunderbecher

Meister Kung betrachtete den Tempel des Herzogs Huan von Lu[3]. Da war ein schräg hängendes Gefäß. Der Meister fragte den Tempelhüter: »Was ist das für ein Gefäß?« Der erwiderte: »Das ist wohl ein Wunderbecher.« Meister Kung sprach: »Ich habe gehört, daß der Wunderbecher, wenn er leer ist, schräg hängt; ist er bis zur Mitte voll, so hängt er gerade; ist er ganz voll, so kippt er um. Die weisen Fürsten sahen darin eine stetige Warnung, darum hatten sie ihn stets zur Seite ihres Sitzes.« Dann wandte er sich an die Jünger und sprach: »Versucht es einmal und gießt Wasser hinein.« Sie gossen Wasser hinein bis zur Mitte, da wurde er gerade, sie machten ihn ganz voll, da kippte er um.

Der Meister seufzte tief und sprach: »Ach, wo gibt es unter allen Dingen etwas Volles, das nicht umschlägt!«

Dsï Lu trat vor und sprach: »Darf ich fragen: Gibt es einen Weg, Volles festzuhalten?«

Der Meister sprach: »Wer klug und weise ist und vermag sich in Torheit zu halten, wessen Verdienst die Welt erfüllt und er vermag sich nachgiebig zu halten, wessen Mut und Kraft sein ganzes Geschlecht erschüttert und er vermag sich schüchtern zu halten, wessen Besitz alle vier Meere umspannt und er vermag sich bescheiden zu halten: das ist der Weg der Minderung und abermaligen Minderung[4].«

4. Das Wasser

Der 4. Abschnitt hat Parallelen in Sündsï, Kap. Yu Dso, und in Schuo Yüan, Kap. Dsa Yen. Aus der Version in Da Dai Li Gi, Kap. Küan Hüo, ist er übersetzt im Buch der Sitte S. 147. Der Ausspruch ist wohl eine Ausführung von Lun Yü 9, 6.

5. Die eingelegten Fensterläden

Dsï Gung betrachtete das Heiligtum im Staatstempel von Lu. Als er herauskam, fragte er den Meister Kung: »Ich habe soeben das Heiligtum des Staatstempels betrachtet; ich wollte gerade umkehren, als ich bemerkte, daß an der Nordseite die Fensterladen alle aus einzelnen Holzstücken zusammengesetzt sind. Hat das einen besonderen Sinn, oder ist es Nachlässigkeit der Handwerker?«

Meister Kung sprach: »Der Erbauer dieses Heiligtums hatte die geschicktesten Arbeiter gewählt, und die Arbeiter hatten das beste Material ausgesucht und ihre ganze Geschicklichkeit aufgewandt. Sie beabsichtigten wohl eine besondere Verzierung dabei. Sicher hat es einen Sinn.«

6. Drei Dinge, die zu meiden sind

Meister Kung sprach: »Es gibt etwas, das mir beschämend scheint, etwas, das mir gemein scheint, etwas, das mir gefährlich scheint. Wenn einer in der Jugend nicht imstande ist, sich Mühe zu geben beim Lernen, so daß er im Alter nichts hat, das er lehren kann: das halte ich für eine Schande. Wenn einer seine Heimat verläßt und es im Fürstendienste zu Erfolgen bringt, und er begegnet etwa einem alten Bekannten und findet keine Worte alter Zeit: das halte ich für gemein. Mit niedrigen Menschen zusammensein und sich nicht an Würdige halten: das halte ich für gefährlich.«

7. Drei Ansichten über Weisheit und Liebe

Dsï Lu trat vor Meister Kung. Meister Kung sprach: »Wie verhält sich der Weise, wie verhält sich der Gütige?« Dsï Lu erwiderte: »Der Weise bewirkt, daß die Menschen ihn kennen, der Gütige bewirkt, daß die Menschen ihn lieben.« Der Meister sprach: »Das sind die Worte eines gebildeten Mannes.«

Dsï Lu ging hinaus, und Dsï Gung kam herein, und dieselbe Frage wurde ihm vorgelegt. Dsï Gung sprach: »Der Weise kennt die Menschen, der Gütige liebt die Menschen.« Der Meister sprach: »Das sind die Worte eines edlen und gebildeten Mannes.«

Dsï Gung ging hinaus, und Yen Hui kam herein, und dieselbe Frage wurde ihm vorgelegt. Er erwiderte: »Der Weise kennt sich selbst, der Gütige liebt sich selbst[5].« Der Meister sprach: »Das sind die Worte eines weisen und edlen Mannes.«

8. Gegen blinden Gehorsam

Dsï Gung befragte den Meister Kung und sprach: »Ohne Zweifel verlangt doch die kindliche Ehrfurcht, daß der Sohn den Befehlen seines Vaters gemäß handelt, und die Treue, daß der Beamte den Befehlen seines Fürsten gemäß handelt.«

Meister Kung sprach: »Unwissend bist du doch, Sï, daß du es nicht besser weißt. Vor Zeiten galt es, daß die erleuchteten Herren der Reiche von zehntausend Kriegswagen sieben Beamte hatten, die ihnen zu widersprechen wagten, so daß sie frei von Fehlern blieben. Die Fürsten der Staaten von tausend Kriegswagen hatten fünf Beamte, die ihnen zu widersprechen wagten, so daß die Altäre[6] nicht in Gefahr gerieten. Die Herren aus Häusern mit hundert Kriegswagen hatten drei Beamte, die ihnen zu widersprechen wagten, so daß sie frei blieben vom Verlust des Einkommens und der Stellung. Ein Vater, der einen Sohn hat, der ihm zu widersprechen wagt, gerät nicht in die Gefahr, sittenlos zu handeln. Ein Gebildeter, der einen Freund hat, der ihm zu widersprechen wagt, tut nichts Unrechtes. Wie sollte es darum ein Zeichen der Ehrfurcht sein, wenn der Sohn unter allen Umständen dem Willen seiner Eltern folgt; wie sollte es ein Zeichen von Treue sein, wenn der Beamte unter allen Umständen dem Willen seines Herrn folgt. Nur wer zu beurteilen vermag, wo er zu folgen hat, der kann ehrfurchtsvoll, der kann treu genannt werden.«

9. Die Gefahren eines großartigen Auftretens

Dsï Lu trat in prächtigem Gewand vor den Meister Kung. Der Meister sprach: »Yu, was bist du denn so großartig? Wo der Giangfluß entspringt, am Berge Min, da ist seine Quelle so klein, daß man sie mit einem Becher auffangen kann; wo er aber die Stromfurt erreicht, da braucht man ein wohlgezimmertes Schiff und windstilles Wetter, um hinüberfahren zu können. Ist's nicht also, daß sein Wasser deshalb so groß ist, weil er nach unten fließt? Wenn du nun in deiner Kleidung so prächtig und in deinem Auftreten so selbstbewußt vor die Welt trittst, wer sollte da gewillt sein, dich auf deine Fehler aufmerksam zu machen?«

Dsï Lu eilte hinaus, zog sich um und kam wieder herein, nicht ohne sich etwas darauf zugute zu tun. Der Meister sprach: »Yu, merke dir's, ich sage dir: Wer prahlt in seinen Reden, der ist eitel, wer prahlt in seinem Auftreten, der ist eingebildet, wer seine Weisheit und sein Können zur Schau trägt, der ist ein kleiner Mensch. Darum macht es der Edle so, daß er nur dann, wenn er etwas wirklich weiß, sagt, daß er es weiß: Das ist Beschränkung im Reden[7]. Und wenn er etwas nicht kann, sagt er, daß er es nicht kann: Das ist Vollendung im Handeln. Wer Beschränkung kennt im Reden, der ist weise. Wer Vollendung zeigt im Handeln, der ist gütig. Güte und Weisheit: was willst du noch mehr?«

10. Der Edelstein

Dsï Lu fragte den Meister Kung und sprach: »Angenommen, hier sei ein Mann in härenem Gewand, der einen Edelstein im Busen birgt. Was ist von dem zu halten?« Der Meister sprach: »Wenn keine Ordnung im Lande ist, dann mag er ihn verborgen halten. Ist Ordnung im Lande, so mag er festliche Gewänder antun und den Edelstein zeigen.«[8]

10. KAPITEL

HAU SCHENG / *Liebe des Lebens*

Die Episoden und Aussprüche des 10. Kapitels geben auch eine verhältnismäßig frühe Traditionsstufe wieder. Verschiedene von ihnen finden sich in Dschou-Schriften, andere sind in keiner älteren Quelle belegt.

1. Die Krone Schuns

Herzog Ai von Lu fragte den Meister Kung und sprach: »Die Krone, die einst Schun getragen, was war das für eine Krone?«

Meister Kung erwiderte nichts.

Der Herzog sprach: »Ich habe Euch etwas gefragt, Meister. Warum antwortet Ihr nicht?«

Er erwiderte: »Da Ihr in Eurer Frage nicht erst das wichtigste berührt habt, darum überlegte ich mir, wie ich Euch antworten solle, Fürst.«

Der Herzog sprach: »Und was ist dieses wichtigste?«

Meister Kung sprach: »Schun zeigte sich als ein Fürst, der in seiner Regierung das Leben liebte und das Töten haßte. Die Ämter gab er an Würdige, und die Untauglichen tat er ab. Sein Geist war wie Himmel und Erde und dabei still und leer. Seine Gestaltungskraft war wie die der vier Jahreszeiten, so daß er die Wesen zu wandeln imstande war. Die ganze Welt stand unter seinem Einfluß, selbst Fremde wurden davon berührt. Der Phönix flog herbei, das Kilin nahte sich, Tiere und Vögel wurden durch sein Wesen zahm. Der Grund davon war kein andrer, als daß er das Leben liebte. Ihr habt diesen seinen Weg unberührt gelassen und nach seiner Krone gefragt, darum habe ich mit meiner Antwort gezögert.«

2. Sieg des Edelmuts über die Ländergier

Meister Kung las in den Geschichtswerken. Als er an die Stelle kam, wo erzählt wird, wie der Staat Tschu den Staat Tschen wiederherstellte, sprach er seufzend: »Der König Dschuang von Tschu war doch wirklich groß, daß er ein Wort, dem er Glauben schenkte, wichtiger nahm als ein Land von tausend Kriegswagen. Es bedurfte der Wahrhaftigkeit eines Schen Schu, um diese gerechte Tat durchzusetzen, und der Größe eines Königs Dschuang, um diesen Rat zu befolgen.«[1]

3. Das Orakel

Diese Erzählung findet sich ähnlich im Kapitel Fan Dschï des Schuo Yüan und im Buch 22, 4 des Lü Schï Tschun Tsiu. Sie ist übersetzt in Frühling und Herbst des Lü Bu We S. 396.

4. Der Sorbenbaum

Meister Kung sprach: »Aus dem Lied über den Sorbenbaum[2] ersehe ich die höchste Art der Ehrfurcht, die man im Ahnentempel übt. Wenn man an jemand denkt, so liebt man den Baum, unter dem er weilte. Wenn man jemand achtet, so ehrt man die Stelle, da er sich aufhielt. Das ist der rechte Weg.«

5. Der stärkste Schutz

Dsï Lu trat in Kriegerkleidung vor den Meister Kung, zog sein Schwert, schwang es und sprach: »Haben die Edlen des Altertums wirklich sich mit ihrem Schwert geschützt?« Meister Kung sprach: »Die Edlen des Altertums sahen in der Treue ihr Wesen und in der Menschlichkeit ihren Schutz. Ohne aus den Mauern ihres Hofes herauszukommen, kannten sie die Welt auf 1000 Meilen im Umkreis. Wo ein Schlechter war, da wandelten sie ihn durch ihre Treue, wo ein Übeltäter war, da überwanden sie ihn durch ihre Menschlichkeit. Wozu hätten sie da noch das Schwert in die Hand zu nehmen brauchen?«
Dsï Lu sprach: »Nun ich dieses Wort vernommen, bitte ich mit geschürztem Kleide um Belehrung.«[3]

6. Der verlorene Bogen

Der König von Tschu machte einst eine Reise. Dabei verlor er seinen Bogen. Die Leute seiner Umgebung baten, ihn suchen zu dürfen. Allein der König sprach: »Laßt es sein. Ein Mann aus Tschu verlor den Bogen, ein andrer Mann aus Tschu wird ihn finden. Wozu ihn suchen?« Meister Kung hörte davon und sprach: »Wie schade, daß er nicht noch größer dachte! Warum hat er nicht gesagt: Ein Mensch hat den Bogen verloren, ein andrer wird ihn finden. Warum denn nur ein Mann aus Tschu?«

7. Die Art, wie Kung Dsï Recht sprach

Als Meister Kung Oberrichter von Lu war, da versammelte er bei der Entscheidung von Strafsachen und Rechtsstreitigkeiten alle seine Räte und fragte sie einzeln, wie sie über die Sache dächten. Wenn sie dann alle ihre Meinung geäußert hatten, dann sprach der Meister: »Man soll der Ansicht des Soundso folgen, dann wird es recht.«

8. Beurteilung

Meister Kung fragte den Tsi-Diau Ping und sprach: »Ihr habt nacheinander dem Dsang Wen Dschung, seinem Enkel Dsang Wu Dschung und dessen Sohn Ju Dsï Jung gedient. Welcher war der weiseste von diesen drei Herren?« Jener erwiderte: »Im Hause Dsang bewahrt man eine Orakelschildkröte auf mit Namen Tsai[4]. Dsang Wen Dschung hat in drei Jahren einmal ihr Orakel befragt. Dsang Wu Dschung hat in drei Jahren zweimal ihr Orakel befragt. Ju Dsï Jung hat in drei Jahren dreimal ihr Orakel befragt. Das sind Sachen, die ich beobachtet habe. Wenn Ihr mich nach der Weisheit oder Unweisheit der drei Herren fragt, so ist das etwas, das ich nicht zu wissen wage.«

Meister Kung sprach: »Dieser Tsi-Diau ist wahrlich ein edler Mann. Er spricht über das Gute der Leute verdeckt und doch offenbar und über die Fehler der Leute andeutungsweise und doch deutlich. Wer vermag es wie er, weise zu sein, als wüßte er nicht, und klarsichtig zu sein, als sähe er nicht?«

9. Übles Zeichen

In Lu lebte ein Mann namens Gung-So. Als der einst opfern wollte, da war ihm sein Opfertier abhanden gekommen. Als Meister Kung davon hörte, sagte er: »Dieser Gung-So wird das nächste Jahr nicht überleben.« Im darauffolgenden Jahre starb er wirklich. Da fragten die Jünger und sprachen: »Als seinerzeit dem Gung-So sein Opfertier abhanden gekommen war, sagtet Ihr, Meister, daß er innerhalb von zwei Jahren sterben werde. Nun ist er nach einem Jahr wirklich gestorben. Woher wußtet Ihr das, Meister?« Der Meister sprach: »Das Opfer ist etwas, wobei ein ehrfürchtiger Sohn sich um seine Eltern die größte Mühe gibt. Wenn nun einer beim Opfer sein Opfertier verliert, so wird er in andern Dingen noch viel mehr versäumen. Und daß solch ein Mensch nicht zugrunde geht, ist ausgeschlossen.«

10. Beschämung zweier streitenden Staaten

Die beiden Staaten Yü und Jui[5] stritten um ein Gebiet, und ihr Streit zog sich mehrere Jahre unentschieden hin. Da sprachen sie untereinander: »Der Markgraf des Westens ist ein gütiger Mann, wollen wir nicht zu ihm gehen und ihm die Sache zur Entscheidung vorlegen?«
Als sie in sein Gebiet kamen, da überließen die Pflügenden einander die Grenzraine, die Wanderer ließen einander auf der Straße den Vortritt. Als sie in seine Hauptstadt kamen, da gingen Männer und Frauen auf verschiedenen Seiten des Wegs, und Grauhaarige brauchten keine Lasten zu tragen. Als sie an seinen Hof kamen, da überließen die Ritter den Großbeamten den Vortritt, und die Großbeamten ließen den Ministern den Vortritt. Da sprachen die Herrscher von Yü und Jui zueinander: »Ei, wir sind doch minderwertige Menschen und sind nicht wert, am Hofe eines edlen Mannes zu stehen.« Mit diesen Worten zogen sie sich beide zusammen zurück und ließen das strittige Gebiet herrenlos liegen. Meister Kung sprach: »Dies Beispiel zeigt, daß der Weg des Königs Wen unübertrefflich war. Er brauchte nicht zu befehlen, und man folgte ihm. Er brauchte nicht zu lehren, und man hörte auf ihn. Das ist das höchste.«

11. Takt im Verkehr

Dseng Dsï sprach: »Ist man zu intim, so läßt man sich im Verkehr bald allzusehr gehen. Ist man zu formell, so kommt man einander nicht näher. Darum geht ein Edler nur so weit in der Intimität, daß eine angenehme Vertraulichkeit im Verkehr entsteht, und nur so weit in der Zurückhaltung, daß die Formen der Sitte gewahrt bleiben.«

Meister Kung hörte dieses Wort und sprach: »Merkt euch das, meine Kinder! Der Schen versteht sich wirklich auf die Sitte.«

12. Kleidung und Sittlichkeit

Herzog Ai fragte und sprach: »Gürtel und Klunkern und Gelehrtenbaretts, haben die einen Wert für die Sittlichkeit?«
Meister Kung wurde ernst und erwiderte: »Weshalb also, o Fürst! Wer in Sack und Strohsandalen geht und den Trauerstab in der Hand hat, dem ist es nicht um Musik zu tun. Nicht daß sein Ohr nicht hörte, sondern die Kleider machen es. Wer mit feierlichen Opfergewändern angetan ist, der duldet keine Vertraulichkeit und Nachlässigkeit. Nicht daß er von Natur Hoheit und Würde besäße, sondern die Kleider machen es. Wer Rüstung und Helm trägt und eine Lanze in der Hand hält, empfindet nicht Nachgiebigkeit und Furcht. Nicht daß er eine Verkörperung reiner Wildheit wäre, sondern die Kleider machen es. Auch habe ich gehört: Wer sich gerne in den Verkaufsbuden des Marktes aufhält, der hält keinen Abbruch des Gewinnes aus, und umgekehrt treiben würdige Leute keine Marktgeschäfte. Daraus möchte ich annehmen, daß Ihr selbst beurteilen könnt, ob die Kleidung von Wert ist oder nicht, o Fürst!«

13. Die rechte Art der Ehrerbietung

Meister Kung sprach zu Dsï Lu: »Wer einem älteren Manne begegnet und dabei nicht seine Worte aufs sorgfältigste zu wählen weiß, in dessen Tor möchte ich nicht eintreten, selbst wenn es draußen stürmt und regnet. Darum erschöpft der Edle seine Fähigkeiten, um seine Ehrerbietung zu zeigen, der Gemeine aber macht es umgekehrt.«

14. Die Herrschaft des Geistes und die Sinnlichkeit

Meister Kung sprach zu Dsï Lu: »Der Edle leitet mit seiner Vernunft seine Sinnlichkeit und sieht den wahren Mut in der unerschütterlichen Ausübung der Pflicht. Der Gemeine lenkt mit seiner Sinnlichkeit seine Vernunft und sieht in Rücksichtslosigkeit den wahren Mut. Darum heißt es: Wer nicht murrt, wenn er zurückgesetzt ist, dem mag man folgen, wenn er hochkommt.«

15. Die dreifache Sorge und die fünffache Scham des Edlen

Meister Kung sprach: »Der Edle sorgt sich um dreierlei: Wenn er etwas noch nicht vernommen hat, so sorgt er sich, daß er es nicht vernehmen könnte. Wenn er etwas vernommen hat, so sorgt er sich, daß er es sich nicht aneignen könnte. Wenn er etwas sich angeeignet hat, so sorgt er sich, daß er es nicht ausführen könnte.
Der Edle schämt sich über fünferlei[6]. Den entsprechenden Geist zu haben, aber nicht den rechten Ausdruck zu finden, dessen schämt sich der Edle. Den Ausdruck in Worten zu haben, aber nicht in der Lage zu sein, entsprechend zu handeln, dessen schämt sich der Edle. Etwas errungen zu haben und es nachträglich wieder zu verlieren, dessen schämt sich der Edle. Land zu besitzen, aber nicht die entsprechende Bevölkerung, dessen schämt sich der Edle. Von einem Gegner, dem man an Macht gleich ist, sich an Leistungen übertreffen zu lassen, dessen schämt sich der Edle.«

16. Der Jüngling aus Lu

Es war einmal ein Mann in Lu, der lebte allein in einem Hause. Seines Nachbars Witwe lebte auch allein in ihrem Haus. Einst erhob sich nachts ein Gewittersturm, der das Haus der Witwe zerstörte. Sie eilte zu ihrem Nachbarn und suchte Unterkunft. Der Mann aus Lu aber schloß seine Türe zu und ließ sie nicht herein. Die Witwe redete ihn durchs Fenster an und sprach: »Warum seid Ihr so unmenschlich und laßt mich nicht hinein?«

Der Mann aus Lu sprach: »Man sagt, ein Mann und eine Frau, wenn sie noch unter 60 Jahre alt sind, dürfen nicht zusammen sein. Nun seid Ihr jung, und ich bin auch jung, darum wage ich nicht, Euch hereinzulassen.«

Die Frau sprach: »Warum macht Ihr es nicht wie Liu Hia Hui[7], der ein junges, unverheiratetes Mädchen im Arme halten konnte, ohne daß ihn die Leute im ganzen Lande für unrein hielten?«

Der Mann aus Lu sprach: »Liu Hia Hui konnte so etwas tun, ich vermag es freilich nicht. Aber ich will damit, daß ich mir so etwas nicht erlaube, eben von Liu Hia Hui lernen, der sich so etwas erlauben konnte.«

Meister Kung hörte davon und sprach: »Vortrefflich! Von den Nachahmern Liu Hia Huis ist ihm keiner so nahe gekommen wie dieser. Das ist die wahre Weisheit, die, während sie nach der höchsten Stufe strebt, dennoch nicht das nachahmt, was andere sich erlauben können.«

17. Ordnung, nicht Schärfe

Meister Kung sprach: »Kleinlicher Scharfsinn schadet der Pflicht, kleinliche Worte zerstören den Weg (Tao). Der Fischadler[8] ist berühmt unter den Vögeln, und der Edle findet ihn schön als Beispiel der Zucht zwischen Gatten. Die rufenden Hirsche[9] sind berühmt unter den Tieren, und der Edle findet sie groß, weil sie einander rufen, wenn sie Nahrung finden. Wer sich daran stößt, daß sie die Namen von Tieren und Vögeln haben, mit dem ist freilich nichts zu machen.«

18. Menschlichkeit und ihr Erfolg

Meister Kung sagte zu Dsï Lu: »Ein Edler, der auf seine Stärke pocht, kommt vor der Zeit ums Leben; ein Gemeiner, der auf seine Stärke pocht, verfällt dem Tod von Henkershand.«

In den Liedern von Bin heißt es[10]:

> Bevor am Himmel schwarz die Regenwolken hingen,
> Sah man mich Maulbeerfasern bringen
> Und fest um Tür und Fenster schlingen.
> Und jetzt, du niedriges Geschlecht,
> Wagt einer Schmach auf mich zu bringen?

Meister Kung sprach: »Wer also sein Reich und Haus zu verwalten versteht, dem kann keiner Schmach antun, selbst wenn es einer wollte.

Das Haus Dschou hat von Hou Dsi an in seinen Werken Verdienst auf Verdienst gehäuft, also daß es zu Rang und Land kam. Der Fürst Liu verdoppelte diese Verdienste durch seine Menschlichkeit. Und dann der Große König Dan Fu zeigte eine so aufrichtige Bescheidenheit des Geistes, daß er eine Wurzel einpflanzte, die auf lange Zeit hinaus sich als fest erwies. Anfänglich wohnte der Große König in Bin, und die wilden Grenzstämme machten ihre Einfälle. Da brachte er ihnen Pelze dar und Seidenzeug, doch es half ihm nichts. Da brachte er ihnen Perlen dar und Edelsteine, doch es half ihm nicht. Darauf versammelte er die Ältesten des Landes und teilte es ihnen mit: Was jene wollen, das ist mein Land. Ich habe sagen hören: Der Edle schädigt die Menschen nicht, indem er ihnen entzieht, wovon sie leben. Meine Kinder, was tut's, wenn ihr nun keinen Herrn mehr habt? Darauf ging er allein mit seiner Frau, der Da Giang, weg. Er überstieg den Berg Liang und baute eine Stadt am Fuß des Berges Ki. Da sprachen die Leute von Bin: Das ist ein menschlicher Fürst, den dürfen wir nicht verlieren. Und sie folgten ihm nach in solchen Scharen, als ginge es zu einem Markte[11].

Schon lange hatte der Himmel das Weltreich dem Hause Dschou zugedacht und waren die Leute vom Hause Yin abgefallen. Daß unter diesen Umständen das Königtum der Welt nicht erlangt werde, ist ausgeschlossen. Wie hätte Wu Geng[12] imstande sein sollen, Schmach über dieses Reich zu bringen?«

In den Liedern von Pe heißt es:

> Er hielt die Zügel wie ein Band,
> Die Renner tanzten durch den Sand[13].

Meister Kung sprach: »Der dies Lied gemacht, verstand sich auf die Regierung. Wer ein Band macht, der bedient den Webstuhl hier und erzeugt das Muster dort. Das heißt, daß man nur die Nächsten in Bewegung zu setzen braucht, um die Fernsten zu beeinflussen. Wer auf diese Weise das Volk leitet, der muß es notwendig schöpferisch beeinflussen. Der Rat des Gan Mau-Liedes[14] ist in der Tat der höchste.«

11. KAPITEL

GUAN DSCHOU / *Die Reise nach der Dschouhauptstadt*

Kungs Reise nach der Hauptstadt von Dschou und sein Zusammentreffen mit Laotse waren zur Hanzeit feststehende Bestandteile der konfuzianischen Tradition. Die Geschichtlichkeit dieser Ereignisse wird heute vielfach angezweifelt, und es wird angenommen, daß die Begegnung der beiden eine taoistische Erfindung sei. Die Tatsache, daß das vorliegende Kapitel eine stark taoistische Färbung zeigt, bestärkt die Vermutung, daß die ganze Episode aus der taoistischen Tradition übernommen worden ist. Die ersten beiden Abschnitte finden sich in dieser Form nicht in der älteren Literatur, sie enthalten jedoch Zitate aus Hanwerken. Abschnitt 3 und 4 sind ähnlich im Schuo Yüan, in den Kapiteln Ging Schen und Fan Dschï.

1. Kurze Beschreibung der Reise

Meister Kung sagte zu Nan-gung Ging-schu: »Ich habe gehört, daß Lau Dan bewandert im Alten und kundig des Neuen sei, daß er den Ursprung der Sitte und der Musik

verstehe und überschaue, wohin Sinn und Leben führen.
Er ist mein Meister. Ich möchte zu ihm.«
Jener erwiderte: »Euer Wunsch ist mir Befehl.«
Darauf redete er mit dem Fürsten von Lu und sprach: »Ich habe meines verstorbenen Vaters Befehl empfangen, er sagte: Meister Kung ist der Nachkomme eines Heiligen. Sein Geschlecht ist im Staate Sung, seiner Heimat, erloschen[1]. Sein Ahn Fu Fu Ho war ursprünglich im Besitz des Thrones und überließ ihn seinem jüngeren Bruder, dem Herzog Li. Weiterhin diente Dscheng Kau Fu, ein andrer Vorfahr von ihm, den Herzögen Dai, Wu und Süan[2]. Dreimal erhielt er eine fürstliche Berufung, und jedesmal wurde er noch demütiger. Darum lautete die Inschrift auf seinem Dreifuß:

> Nach der ersten Berufung krümmte ich mich wie ein Buckliger.
> Nach der zweiten Berufung krümmte ich mich wie ein Verwachsener.
> Nach der dritten Berufung beugte ich mich,
> Ich schlich der Wand entlang, und niemand wagte mich zu schmähen.
> Ich esse meinen Brei aus diesem Kessel,
> Ich esse meine Suppe daraus,
> Um mich zu sättigen.

So demütig und anspruchslos war er.
Dsang-Sun Ho hat einmal gesagt: Der Nachkomme eines Heiligen, wenn er seine Zeit nicht trifft, so gibt es doch wenigstens sicher einen klaren Fürsten, der ihn versteht. Meister Kung nun war von Kind auf den Sitten zugetan. Auf ihn wird dieses Wort zutreffen. Und er ermahnte mich, ihn unter allen Umständen zum Lehrer zu nehmen.
Jetzt ist Meister Kung im Begriff, nach der Hauptstadt von Dschou zu reisen, um die hinterlassenen Einrichtungen der Könige des Altertums zu schauen und die höchsten Äuße-

rungen von Sitte und Musik zu untersuchen. Das ist eine große Sache, wollt Ihr ihn nicht mit einem Wagen beschenken, Fürst? Und ich bitte, mit ihm zu dürfen.«
Der Fürst stimmte zu. Er gab dem Meister Kung einen Wagen und zwei Pferde und einen Knecht zur Bedienung und zum Wagenlenken. Und Ging-schu reiste mit ihm zusammen in die Hauptstadt von Dschou. Dort fragte er nach den heiligen Bräuchen bei Lau Dan[3] und erkundigte sich nach der Musik bei Tschang Hung[4]. Er besuchte die Stätte des Angeraltars und des Altars des Ackerbodens[5]. Er erforschte die Regeln des Lichtschlosses[6] und untersuchte die Zeremonien des Ahnentempels und der Hofhaltung.
Da sprach er mit einem tiefen Atemzuge: »Nun erkenne ich die Heiligkeit des Herzogs von Dschou[7] und den Grund, warum das Haus Dschou die Weltherrschaft erlangte.«
Als er die Hauptstadt wieder verließ, da sprach Lau Dsï zum Abschied zu ihm: »Es heißt, die Reichen und Vornehmen machen Abschiedsgeschenke von kostbaren Dingen, die Gütigen schenken zum Abschied ein gutes Wort. Wohl bin ich nicht reich noch vornehm, doch nennt man mich gütig, darf ich Euch also ein Wort mit auf den Weg geben? Die Gelehrten von heutzutage sind gescheit und tief in ihren Untersuchungen. Und doch bringen sie sich dem Tode nahe, weil sie es lieben, andre zu verspotten und zu verurteilen. Sie sind universal in ihren Disputen und sehen den Dingen auf den Grund, und doch kommen sie in Lebensgefahr, weil sie es lieben, die Schlechtigkeit der andern aufzudecken. Die guten Söhne sind es, die sich um alle Freiheit bringen, die Fürstendiener sind es, die sich für nichts zu gut sein dürfen[8].«
Meister Kung sprach: »Ich danke Euch von Herzen für Eure Belehrung.«
Als er von Dschou nach Lu zurückkehrte, da wurde seine Lehre immer berühmter. Von weither strömten die Jünger herbei, wohl dreitausend an der Zahl.

2. Das Lichtschloß

Meister Kung besah das Lichtschloß[9]. Da erblickte er an den Mauern der vier Tore Bilder von Yau und Schun, von Gië und Dschou-Sin. Bei jedem trat in seinem Aussehen die Güte oder Bosheit zutage, sie waren mit Sprüchen versehen, die vom Lohn des Guten und der Strafe des Bösen handelten. Ferner war da ein Bild des Herzogs von Dschou, wie er dem König Tscheng als Kanzler diente. Er war dargestellt, wie er mit dem jungen König auf dem Arm vor einer mit Beilen geschmückten Wand auf dem Thron saß, die Lehnsfürsten um sich versammelnd. Meister Kung ging hin und her und schaute es an, dann sprach er zu denen, die ihm folgten: »Das zeigt den Grund, warum Dschou so zu Ehren kam. Ein Spiegel muß klar sein, um die Gestalten zu zeigen. Aus der grauen Vorzeit mag man die Gegenwart verstehen. Ein Herrscher der Menschen, der nicht darauf bedacht ist, in den Spuren solcher Männer zu wandeln und dadurch für Ruhe und Bestand zu sorgen, sondern auf nichts mehr aus ist als auf Dinge, die ihm Gefahr und Untergang bringen, gleicht einem Mann, der rückwärts geht und gerne seinen Vorgänger einholen möchte. Ist das nicht Selbstbetrug?[10]«

3. Das Standbild mit dem verschlossenen Munde

Als Meister Kung die Hauptstadt von Dschou besah, da ging er auch in den Tempel des Ahnherrn Hou Dsi. Vor den rechten Stufen der Tempelhalle stand ein goldner Mann, der hatte mit drei Nadeln den Mund verschlossen. Auf seiner Rückseite stand folgende Inschrift:

> »Die Alten hatten acht auf ihre Worte,
> Merkt's euch, ihr Menschen,
> Macht nicht viele Worte,
> Viele Worte bringen viel Verlust.
> Kümmert euch nicht um viele Dinge,

Viele Dinge bringen viel Leid.
Im Glück und Frieden vergeßt der Vorsicht nicht.
Tut nichts, das ihr bereuen müßt.
Sagt nicht, was tut's?
Langes Unglück folgt darauf.
Sagt nicht, was schadet's?
Großes Unglück folgt darauf.
Sagt nicht, niemand hört es!
Ein Gott hat acht auf die Menschen.
Wenn der Funke nicht gelöscht wird,
Welche Flammen lodern dann empor!
Wenn der Tropfen nicht verstopft wird,
So werden schließlich Fluß und Strom daraus.
Wenn das Fädchen nicht zerrissen wird,
Wird wohl ein starkes Netz daraus.
Wenn das Hälmchen nicht gejätet wird,
Braucht man schließlich Axt und Beil dafür.
Stets Vorsicht üben können
Ist die Wurzel jeden Glückes.
Ein Mund, der spricht: was tut's,
Ist das Tor des Unheils.
Wer stark und trotzig ist,
Stirbt nicht eines rechten Todes.
Wer andern über sein will,
Findet sicher schließlich einen ebenbürtigen Feind.
Der Dieb haßt den Herrn des Hauses.
Die Leute grollen ihren Herrschern.
Der Edle weiß, daß man die Welt nicht überkommen
Darum stellt er sich unter sie.   [kann,
Er weiß, daß man der Masse nicht voran darf,
Darum stellt er sich hinter sie.
Milde, Ehrfurcht, Vorsicht, Tugend
Machen, daß ihn die Menschen ehren.
Wer sich weiblich hält und unten bleibt,
Über den drängt sich keiner hinweg.

> Alle Menschen drängen nach jenem,
> Ich allein halte mich an dieses.
> Die Menschen haben alle ihre Zweifel,
> Ich allein rühre mich nicht.
> Im Innern berge ich meine Weisheit,
> Nicht zeige ich den Leuten meine Künste.
> Dann mag ich selbst geehrt und hoch sein,
> Und dennoch tut mir niemand was zuleide.
> Wer also zu handeln vermag,
> Der gleicht dem Strom und dem Meere,
> Das, trotzdem es links[11] liegt,
> Dennoch aller Gewässer Herr ist,
> Weil es am tiefsten ist.
> Des Himmels Weg zieht niemanden vor,
> Und doch kann er sich unter die Menschen begeben.
> Nehmt euch in acht!«

Als Meister Kung diese Inschrift gelesen hatte, da wandte er sich an seine Jünger und sprach: »Kinder, merkt es euch, diese Worte sind wahr und treffend, sie sind wirklich und zuverlässig. Im Buch der Lieder heißt es:

> Wandle mit Furcht und Zittern,
> Als stündest du am Rand des Abgrunds,
> Als gingst du über dünnes Eis[12].

Wer danach seinen Wandel richtet, der zieht sich nicht durch seinen Mund Leid zu.«

4. Bei Lau Dsï (Laotse)

Meister Kung besuchte den Lau Dan und fragte: »Schwer wahrlich ist es heutzutage, den Sinn (Tao) durchzusetzen. Ich halte mich einzig an den Sinn und biete meine Dienste an, um den Herrn zu finden, der unsrer Zeit entspricht, aber keiner will etwas von mir. Der Sinn ist heutzutage schwer durchzusetzen!«

Lau Dsï sprach: »Wer andern rät, verliert sich in Spitzfindigkeiten, wer auf andre hört, wird verwirrt durch Wortkram. Wenn man dies beides weiß, dann kann der Sinn nicht verlorengehen[13].«

12. KAPITEL: DI DSÏ HING / *Der Wandel der Jünger*
Zu diesem Kapitel findet sich eine Parallele im Kapitel We Dsiang Gün Wen Dsï des Da Dai Li Gi. Sie ist im Buch der Sitte S. 308-321 übersetzt.

13. KAPITEL

HIËN GÜN / *Der beste Fürst*

Obwohl die meisten Abschnitte dieses Kapitels sich erst im Schuo Yüan belegt finden, scheint es sich hier doch um eine verhältnismäßig frühe Traditionsstufe zu handeln. Das Problem, das in diesem Kapitel immer wieder abgehandelt wird, ist das Verlangen der »Tüchtigen« (i.e. der Konfuzianer), ins Amt zu kommen. Die Auswahl der »Tüchtigen« ist die größte Weisheit der Fürsten. Dies war das Problem der Konfuzianer in der ausgehenden Dschouzeit und etwa noch zu Beginn der Hanzeit, in der späteren Hanzeit war es, wenigstens institutionell, gelöst. Auch der Gedanke, daß der Edle die richtige Zeit zu treffen habe, findet sich im Lun Yü und bei Sündsï und dann wieder in der frühen Hanzeit betont, verliert aber in der späten Hanzeit an Geltung. Die Idee, daß »die ganze Welt« den Tyrannen stürzt, gehört Mongdsï an und ist zu Beginn der Hanzeit von Gia I aufgegriffen worden. In der späten Hanzeit wird dem Volk eine solche Rolle nicht mehr zugewiesen. Daß man sich an den Kreis seiner Freunde zu halten habe, wird hier durch das Wort dang ausgedrückt. Im Lun Yü und bei Mongdsï bedeutet dieses Wort die Solidarität der Gleichgesinnten, eine Idee, die auch bei Dung Dschung Schu anklingt. In der späteren Hanzeit bedeutet das Wort die Clique und war verpönt.

1. Der beste Fürst

Herzog Ai fragte den Meister Kung und sprach: »Wer ist der beste unter den Fürsten unsrer Zeit?«
Meister Kung erwiderte: »Den habe ich noch nicht gesehen, vielleicht aber ist es der Herzog Ling von We[1].«

Der Herzog sprach: »Es heißt doch, daß es in seinem Harem sehr ungeordnet zugeht, und dennoch nennt Ihr ihn den besten Fürsten, warum das?«

Meister Kung sprach: »Ich meine die Art, wie er seine Regierung führt, ich rede nicht von seinen persönlichen Familienverhältnissen.«

Der Herzog sprach: »Nun, und wie treibt er's denn da?«

Meister Kung erwiderte: »Fürst Ling hat einen jüngeren Bruder namens Prinz Gü Mou, dessen Klugheit so groß ist, daß er einen Großstaat regieren könnte, und der zuverlässig genug wäre, ihn auch zu bewahren. Und Fürst Ling liebt ihn und hat ihn mit einem Amt betraut. Außerdem ist ein Ritter im Land mit Namen Lin Guo. Wenn der einen brauchbaren Mann sieht, so empfiehlt er ihn stets, und wenn ein solcher Mann zurückgewiesen wird, so teilt er mit ihm sein Einkommen. Daher kommt es, daß Herzog Ling keine müßigen Ritter hat, denn Herzog Ling hält ihn hoch und ehrt ihn. Außerdem ist ein Ritter da mit Namen King Dsu. Wenn es im Staate We wichtige Angelegenheiten gibt, so kommt er stets hervor und bringt sie in Ordnung. Wenn es nichts zu tun gibt im Staate, so zieht er sich zurück, um tüchtigen Leuten Platz zu machen. Herzog Ling von We ist zufrieden mit ihm und achtet ihn. Außerdem ist ein Großbeamter da namens Schï Yu[2], der aus einem triftigen Grund den Staat We verlassen wollte. Herzog Ling ging ihm persönlich nach und wohnte drei Tage lang im Freien, ohne seine Laute zu berühren, und erst als jener zurückkehrte, betrat er seine Hauptstadt wieder. Ich hatte diese Züge im Sinn, die wie ich denke Grund genug sind, ihn als guten Fürsten zu bezeichnen.«

2. Die besten Räte

Dsï Gung fragte den Meister Kung: »Wer ist unter den Beamten von heute der weiseste?«

Der Meister Kung sprach: »Das weiß ich nicht. In der Vergangenheit waren Bau-Schu[3] in Tsi und Dsï Pi[4] in Dscheng wirklich weise.«

Dsï Gung sprach: »Gab es denn in Tsi nicht einen Guan Dschung und in Dscheng nicht einen Dsï Tschan?«

Der Meister sprach: »Sï[5], du siehst nur die eine Seite und kennst die andre nicht. Wer denkst du, daß weiser sei, der seine Kraft ausübt oder der einen Weisen einführt?«

Dsï Gung sprach: »Der einen Weisen einführt, ist weiser.«

Der Meister sprach: »Wohl; nun habe ich zwar gehört, daß Bau-Schu dem Guan Dschung zum Erfolg half und daß Dsï Pi dem Dsï Tschan zum Erfolg half, aber ich habe nicht gehört, daß diese beiden andern Leuten von überragender Bedeutung zum Erfolg verholfen hätten.«

3. Vergessen

Herzog Ai fragte den Meister Kung und sprach: »Ich habe von einem Menschen gehört, der so vergeßlich war, daß er bei einem Umzug seine Frau vergaß. Ist so etwas möglich?«

Meister Kung erwiderte: »Das ist noch nicht die schlimmste Vergeßlichkeit. Am schlimmsten ist, wenn man sich selbst vergißt.«

Der Herzog sprach: »Darf ich hören, wie das ist?«

Meister Kung sprach: »Da war vor Zeiten Gië aus dem Hause Hia. Er war vornehm genug, war er doch Großkönig. Er war reich genug, alle Welt war ihm untertan. Und da vergaß er den Pfad seiner heiligen Vorfahren, verderbte ihre Gesetze und Regeln und ließ ihre Opfer in Verfall geraten. Betört war er von Lust und Vergnügen und versunken im Wein. Schlaue Diener umkrochen ihn und lasen ihm seine Wünsche an den Augen ab. Die treuen Ritter hielten den Mund und suchten schweigend der Verfolgung zu entgehen. Die ganze Welt[6] aber tat sich zusammen, vollzog das Gericht an Gië und nahm sein Reich in Besitz. Das heißt Vergeßlichkeit, die so weit geht, daß man sich selbst vergißt.«

4. Wahrung des Lebens

Yen Yüan war im Begriffe, nach Westen in den Staat Sung zu reisen. Beim Abschied fragte er den Meister Kung: »Wie muß man sein Leben führen?«

Der Meister sprach: »Ernst, Ehrfurcht, Treue und Zuverlässigkeit: darauf allein kommt es an. Durch Ernst bleibt man frei von Leid, durch Ehrfurcht gewinnt man die Liebe anderer, durch Treue gelangt man zur Harmonie mit den Menschen, durch Zuverlässigkeit erlangt man, daß man mit einem Amt betraut wird. Eifer in diesen vier Dingen befähigt einen selbst zur Leitung eines Staates, um wieviel mehr zur Führung des eignen Lebens.

Wer sich aber nicht an seine Nächsten hält, sondern an die Fremden, rückt der nicht dem Ziele fern? Wer nicht sein Inneres pflegt, sondern sein Äußeres, macht der es nicht verkehrt? Wer seine Entschlüsse nicht vorbereitet hat, sondern erst plant, wenn es sich um die Entscheidung handelt, kommt der nicht zu spät?«

5. Die Not des Gerechten in übler Zeit

Meister Kung las in den Liedern. Als er im Lied »Vom ersten Monat«[7] an die sechste Strophe kam, da sprach er ängstlich und voll Bestürzung: »Ein Edler, der keinen Erfolg hat, ist wirklich schlimm daran. Folgt er den Oberen und tut es der Welt gleich, so geht der Sinn (Tao) zugrunde, widersteht er den Oberen und scheidet er sich von den herrschenden Gebräuchen, so kommt sein Leben in Gefahr. Wer, wenn die Zeit seinem Aufstieg zuwider ist, für sich allein das Gute pflegt und sich unabhängig hält, der gilt entweder für einen Sonderling oder für einen Narren. Darum ist der Weise, wenn er nicht seine Zeit trifft, stets in Gefahr, vorzeitig ums Leben zu kommen. Solche Fälle wie die Ermordung Lung Pangs[8] durch den Tyrannen Gië oder die Ermordung des Bi Gan[9] durch den Tyrannen Dschou-Sin sind von dieser Art. In dem Liede heißt es:

Nennt man den Himmel noch so hoch,
Zu gehen nicht wag' ich aufgericht't.
Nennt man die Erde noch so fest,
Auch nur zu schleichen wag' ich nicht.

Das zeigt, wie man befürchten muß, nach oben und nach unten hin Anstoß zu erregen, so daß man schließlich nicht mehr weiß, wo bleiben.«

6. Staatsregierung: Ehre die Weisen

Dsï Lu fragte den Meister Kung und sprach: »Was muß ein weiser Fürst bei der Regierung des Staates zuerst berücksichtigen?«
Meister Kung sprach: »Es kommt alles darauf an, die Weisen zu ehren und die Schlechten geringzuschätzen.«
Dsï Lu sprach: »Ich habe gehört, daß Dschung-Hang[10] von Dsin die Weisen geehrt und die Schlechten geringgeschätzt habe, wie kommt es, daß er trotzdem seinen Untergang fand?«
Meister Kung sprach: »Dschung-Hang ehrte die Weisen, aber wußte sie nicht zu gebrauchen, er schätzte die Schlechten gering, aber er wußte sie nicht zu entfernen. Die Weisen wußten, daß er sie nicht gebrauchte, und waren unzufrieden, die Schlechten wußten, daß er sie geringschätzte, und haßten ihn. So war er im eignen Lande von Unzufriedenheit und Haß umgeben. Als dann die feindlichen Nachbarn ihre Heere auf seinem Anger zusammenzogen, selbst wenn er da gewünscht hätte, nicht unterzugehen, wie hätte ihm das gelingen sollen?«

7. Demut und Weisheit

Als Meister Kung einst in Muße weilte, sprach er mit einem tiefen Seufzer: »Ja, wenn damals Tung-ti Bo-hua[11] nicht gestorben wäre, so wäre die Welt heute wohl in Ordnung!«

Dsï Lu sprach: »Ich möchte gerne hören, was das für ein Mann gewesen ist.«
Der Meister sprach: »In seiner Jugend war er rasch von Auffassung und dem Lernen zugetan, erwachsen war er mutig und unbeugsam. Im Alter hatte er den Sinn (Tao) erkannt und verstand es, sich unter die Menschen herunterzugeben. Wer diese drei Eigenschaften hat, wie könnte es dem schwerfallen, die Welt in Ordnung zu bringen?«
Dsï Lu sprach: »Daß er in der Jugend dem Lernen zugetan war, daß er, erwachsen, mutig war, das war recht. Daß er aber im Alter den Sinn (Tao) besaß und sich unter die andern heruntergab – unter wen konnte er sich denn heruntergeben?«
Der Meister sprach: »Yu, du verstehst das nicht. Es heißt doch, wenn man in der Überzahl ist und eine Minderzahl bekämpft, so siegt man unbedingt; wenn man vornehm ist und sich unter die Niedrigen heruntergibt, so gewinnt man sie unbedingt. Der Fürst von Dschou war einst auf dem hohen Platz des Reichsverwesers und beherrschte die ganze Welt, und dennoch ließ er sich herab zu den Männern unterm Strohdach, täglich empfing er 170 von ihnen. Hat er etwa nicht den Sinn (Tao) besessen? Er wollte jedoch die Dienste dieser Männer gewinnen. Wie sollte es nicht einen Edlen geben, der den Sinn (Tao) besitzt und sich nicht unter die Welt heruntergibt?«

8. Gründe des Erfolgs

Der Herzog Ging von Tsi kam einst nach Lu. Als er im Gastschloß abgestiegen war, ließ er den Meister Kung durch Yen Ying zu sich bitten. Meister Kung erschien. Der Herzog fragte über die Regierung.
Meister Kung erwiderte: »Bei der Regierung kommt es auf sparsames Haushalten an.«
Der Herzog war erfreut und fragte weiter: »Das Land des

Herzogs Mu von Tsin[12] war klein und abgelegen und dennoch hat er die Hegemonie errungen. Wie kam das?«
Meister Kung erwiderte: »Sein Land war allerdings klein, aber seine Ziele waren groß. Seine Lage war wohl abgelegen, aber seine Regierung traf ins Zentrum. Sein Handeln war entschlossen, sein Planen harmonisch, seine Gesetze nicht parteiisch, seine Befehle nicht widersprechend. Er erhob persönlich den Mann der fünf Widder[13], adelte ihn zum Großwürdenträger, hatte drei Tage lang Unterredungen mit ihm und betraute ihn mit der Regierung. Von hier aus betrachtet wäre selbst die Erlangung des Königtums möglich gewesen, die Hegemonie war noch das mindeste.«
Herzog Ging sprach: »Vortrefflich!«

9. Wie man das Volk wohlhabend und langlebig macht

Herzog Ai befragte den Meister Kung über die Regierung. Meister Kung erwiderte: »Das wichtigste bei der Regierung ist es, dafür zu sorgen, daß das Volk wohlhabend und langlebig wird.«
Der Herzog sprach: »Und wie macht man das?«
Meister Kung sprach: »Wenn man sparsam ist in der Beanspruchung der Leute, wenn man die Frondienste leicht und die Steuern mäßig macht, so wird das Volk wohlhabend. Wenn man Wert legt auf Sitte und Erziehung, so daß das Volk sich vor Strafen und Krankheiten in acht zu nehmen weiß, so wird das Volk langlebig.«
Der Herzog sprach: »Ich würde sehr gerne nach Euren Worten handeln, Meister, doch fürchte ich, daß unser Staat zu arm dazu ist.«
Meister Kung sprach: »In den Liedern heißt es[14]:

> Ein freundlich mildgesinnter Fürst
> Ist Vater, Mutter seinen Leuten.

Es ist ausgeschlossen, daß ein Vater arm bleibt, wenn seine Kinder reich sind.«

10. Selbstbeherrschung als Grundlage der Staatsbeherrschung

Herzog Ling von We befragte den Meister Kung und sprach: »Man hat mir gesagt, ein Fürst brauche nur bei Hofe und im Ahnentempel seine Pläne zu fassen, und die Regierung komme dadurch allein schon in Ordnung. Wie steht es damit?«

Meister Kung sprach: »Es stimmt. Wer die Menschen liebt, den lieben die Menschen wieder. Wer etwas bei sich selbst durchzusetzen versteht, der versteht auch, es bei andern durchzusetzen. Der Ausspruch, daß man nicht aus seinen vier Wänden herauszukommen brauche, um die Welt zu kennen, bezieht sich eben darauf, daß man alles auf sich selbst zurückführen muß.«

11. Wie man sein Reich glücklich machen kann

Meister Kung trat vor den Herrn von Sung. Der Herr fragte den Meister Kung und sprach: »Ich möchte im dauernden Besitz meines Staates bleiben und alle seine Städte unter meinem Einfluß haben; ich möchte, daß mein Volk frei von unklaren Gedanken bleibe; ich möchte, daß die Ritter ihre Kraft meinen Diensten widmen; ich möchte, daß Sonne und Mond zu ihrer Zeit scheinen; ich möchte, daß die Weisen von selbst herbeikommen; ich möchte, daß meine Beamten und Diener ihre Geschäfte in guter Ordnung besorgen. Was kann ich tun, um das zu erreichen?«

Meister Kung erwiderte: »Schon viele Herrscher großer Staaten haben mich über alles mögliche befragt, aber noch keiner hat soviel auf einmal wissen wollen wie Ihr, o Fürst, in Euren Fragen. Immerhin, Eure Wünsche, Fürst, sind alle erfüllbar. Ich habe gehört, wenn benachbarte Fürsten in Eintracht miteinander leben, bleiben sie im dauernden Besitz ihrer Staaten; ich habe gehört, wenn der Fürst gnädig ist und die Beamten treu sind, kommen die Städte unter seinen Einfluß; ich habe gehört, wenn man Unschuldige nicht tötet und die Verbrecher nicht entrinnen läßt, so bleibt das Volk frei von unklaren Gedanken; ich habe gehört, wenn man den Rittern ein reichliches Einkommen gewährt, so widmen sie alle ihre Kräfte dem Dienst; ich habe gehört, wenn man den Himmel ehrt und die Geister achtet, so scheinen Sonne und Mond zur rechten Zeit; ich habe gehört, wenn man dem Sinn (Tao) folgt und geistigen Wert schätzt, so kommen die Weisen von selbst herbei; ich habe gehört, wenn man die Tüchtigen mit Ämtern betraut und die Untüchtigen entfernt, so besorgen Beamte und Diener ihre Geschäfte in guter Ordnung.«

Der Herrscher von Sung sprach: »Vortrefflich, so ist es! Doch fehlen mir die Gaben, um das alles durchzusetzen.«

Meister Kung sprach: »Das alles ist gar nicht schwer, es kommt nur darauf an, daß man es will!«

14. KAPITEL

BIËN DSCHENG / *Diskurse über die Regierung*

Das vorliegende Kapitel scheint eine Art Gegenstück des vorigen zu sein. In den meisten der hier wiedergegebenen Episoden ist die Kunst der Regierung vom Berater oder Beamten her angeschaut. Die hier erwähnten Probleme des Edlen, die sich aus der Stellung im öffentlichen Amt und aus seinem Verhältnis zum Fürsten ergeben, waren natürlich schon der Dschouzeit geläufig. Die erwähnten Lösungen dieser Probleme sind auch nicht erst hanzeitlich. Der unentwegte Optimismus dieses Kapitels, demzufolge alle vorkommenden Probleme lösbar sind, ist jedoch der früheren und auch der späteren Literatur über diese Fragen nicht immer eigen.

1. Verschiedene Ratschläge an verschiedene Fürsten

Dsï Gung befragte den Meister Kung und sprach: »Als einst der Fürst von Tsi Euch über die Regierung befragte, da spracht Ihr: Bei der Regierung kommt es auf sparsames Haushalten an. Als Euch der Fürst von Lu über die Regie-

rung befragte, da spracht Ihr: Bei der Regierung kommt es darauf an, die Beamten in Zucht zu halten. Als Euch der Fürst von Sche über die Regierung befragte, da spracht Ihr: Bei der Regierung kommt es darauf an, daß die Leute in der Nähe sich wohlfühlen und die in der Ferne angezogen werden.
Die drei hatten dasselbe gefragt, und doch habt Ihr ihnen nicht übereinstimmend geantwortet. Kann man der Regierung denn von verschiedenen Seiten her beikommen?«
Meister Kung sprach: »Ich habe jedem nach seinen Verhältnissen geantwortet. Der Fürst von Tsi ist in der Verwaltung seines Landes verschwenderisch im Bau von Terrassen und Pavillons und treibt Luxus in Parks und Tiergärten, so daß seine fünferlei Beamten sich unersättlich sinnlichen Vergnügungen hingeben. An einem Morgen hat er drei Lehen von hundert Kriegswagen verschenkt. Darum habe ich ihm gesagt: Bei der Regierung kommt es auf sparsames Haushalten an.
Der Fürst von Lu hat drei adlige Beamte, die ihren Fürsten zum Narren haben, indem sie ihm dauernd Vergleiche mit dem Fürsten von Dschou aufreden und Besuche fremder Fürsten von ihm fernzuhalten suchen, um zu verhindern, daß er zur Einsicht kommt. Darum habe ich zu ihm gesagt: Bei der Regierung kommt es darauf an, die Beamten in Zucht zu halten.
Das Gebiet von Ging[1] ist ausgedehnt, seine Städte sind klein, die Bevölkerung ist geneigt, sich zu verlaufen, und unstet in ihren Wohnsitzen. Darum habe ich gesagt: Bei der Regierung kommt es darauf an, daß die Leute in der Nähe sich wohlfühlen und die in der Ferne angezogen werden.
Die verschiedenen Arten, wie die drei ihre Regierung führen, sind ausgedrückt in den Liedern, wo es einmal heißt:

> Üppig und zuchtlos wird das Gut verpraßt,
> Und niemand nimmt sich unsrer Massen an[2].

Dieses Lied beklagt die Üppigkeit und Verschwendungssucht als Grund der Unordnung. Und wiederum heißt es:

> Nicht folgen sie der Pflicht Gebot,
> Sie machen nur dem König Not[3].

Dieses Lied klagt über die treulosen Beamten, die ihren Herrn betören, als Grund der Unordnung. Und wiederum heißt es:

> Wirrsal und Trennung scheucht uns fort,
> Und nirgends winkt ein Zufluchtsort[4].

Dieses Lied klagt über die Zerstreuung des Volks als Grund der Unordnung.
Wenn man überlegt, worauf jene drei bei der Regierung ausgehen, wie hätte man ihnen da übereinstimmend antworten können?«

2. *Fürstenzensur*

Meister Kung sprach: »Ein treuer Diener kann seinem Herrn auf fünf verschiedene Arten Mahnungen geben, entweder Mahnungen auf Umwegen oder unverblümte Mahnungen oder unterwürfige Mahnungen oder direkte Mahnungen oder ironische Mahnungen. Man muß in jedem Fall seinen Herrn in Betracht ziehen bei der Auswahl. Im allgemeinen bin ich für ironische Mahnungen.« (Wenn man es unterläßt, gegebenenfalls zu mahnen, so bringt man seinen Fürsten in Gefahr. Wenn man zu hartnäckig ist bei seinen Mahnungen, so bringt man sein eignes Leben in Gefahr. Nun ist es wichtiger, sein eignes Leben in Gefahr zu bringen als seinen Fürsten. Aber wenn man sein Leben in Gefahr bringt und dennoch durchaus kein Gehör findet, so sind die Mahnungen ja auch wirkungslos. Darum wird der Weise die Natur seines Fürsten in Betracht ziehen und die Zeitumstände abwägen, danach die Dringlichkeit seiner Mahnungen einrichten und auf diese Weise den rechten Weg finden, daß weder der Fürst noch das eigne Leben preisgegeben werden, daß einerseits der Staat nicht gefährdet wird und andrerseits das eigne Leben nicht verscherzt wird.)

3. Glück im Unglück

Der Meister sprach: »Den rechten Weg (Tao) darf man nicht unterschätzen. Wen-dsï von Dschung-Hang[5] hatte den rechten Weg verlassen und seine Pflicht übertreten. Darum verlor er sein Land. Aber er war höflich zu den Weisen, darum kam er wenigstens mit dem Leben davon. Bezieht es sich nicht hierauf, wenn es heißt, daß der Heilige Unglück in Glück zu verkehren vermag?«

4. Indirekte Beeinflussung

Der König von Tschu wollte einen Ausflug nach der Terrasse von Ging machen. Sï-Ma Dsï-Ki machte Einwände. Da ward der König böse. Der Feldherr Dsï Si[6] ließ vor dem Schloß anspannen, machte Gegenvorstellungen und sprach: »Die Sehenswürdigkeiten der Terrasse von Ging darf man sich nicht entgehen lassen.«
Der König war erfreut, klopfte dem Dsï Si auf die Schulter und sprach: »Ich will mit Euch zusammen die Aussicht genießen.«
Als Dsï Si zehn Meilen weit gefahren war, zog er die Zügel an, brachte den Wagen zum Stehen und sprach: »Ich möchte ein wahres Wort mit Euch reden, wollt Ihr mich anhören, König?«
Der König sprach: »Redet, mein Meister.«
Dsï Si sprach: »Ich habe gehört, wenn ein Beamter treu ist, seien Adel und Reichtümer nicht ausreichend, ihn würdig zu lohnen. Wer dagegen seinem Fürsten nach dem Munde rede, für den seien alle möglichen Strafen nicht genug, um seine Schuld zu sühnen. Nun ist Dsï-Ki ein treuer Beamter, und ich bin ein Beamter, der nach dem Munde redet. Ich

möchte, König, daß Ihr den Treuen belohnt und den Schmeichler bestraft.«

Der König sprach: »Wenn ich heute auf den Einspruch des Sï-Ma gehört hätte, so hätte das nur mich allein von diesem Ausflug abhalten können. Wie ist es aber mit den Ausflügen künftiger Geschlechter?«

Dsï Si sprach: »Die künftigen Geschlechter abzuhalten ist ganz leicht. Ihr dürft einfach nach Eurem Ableben Euren Grabhügel an jener Stelle errichten lassen. Dann werden die Söhne und Enkel es sicher nicht über sich bringen, auf ihres Vaters und Ahnen Grab sich zu vergnügen.«

Der König sprach: »Trefflich!« und kehrte um.

Meister Kung hörte von der Sache und sprach: »Vollendet ist die Art, wie Dsï Si Vorstellungen erhob. Er gab seinem Fürsten zehn Meilen weit nach und hatte auf hundert Geschlechter hinaus die alte Unsitte abgeschafft.«

5. Freunde des Meisters

Dsï Gung fragte den Meister Kung: »Ihr seid mit Dsï Tschan und Yen Dsï eng befreundet, darf ich fragen, wie der beiden Minister persönliche Art ist und weshalb Ihr mit ihnen befreundet seid?«

Meister Kung sprach: »Dsï Tschan ist dem Volk ein gütiger Herr, und in der Wissenschaft besitzt er ausgebreitete Kenntnisse. Yen Dsï ist seinem Herrn ein treuer Diener und in seinem Wandel sorgfältig und pünktlich, darum betrachte ich sie als Brüder und bin ihnen in Liebe und Achtung zugetan.«

6. Der Regenvogel

In Tsi gab es einmal einen einbeinigen Vogel, der flog zum Hof des Fürstenschlosses. Vor dem Schloß breitete er die Flügel aus und hüpfte umher. Der Fürst von Tsi war darüber sehr verwundert. Er schickte einen Boten nach Lu und ließ den Meister Kung darüber fragen.

Meister Kung sprach: »Dieser Vogel heißt Schang Yang; er ist Vorbote des großen Wassers. Früher einmal sah ich Knaben, die ein Bein emporzogen, die Arme ausbreiteten und umherhüpften. Sie sangen:

> Wenn der Himmel schweren Regen sendet,
> Sieht man das Schang Yang hüpfen.

Heute ist nun dies Zeichen in Tsi eingetroffen. Man lasse eiligst durch das Volk die Gräben und Kanäle ausgraben und die Dämme ausbessern, denn es steht eine große Wassersnot bevor.« Kurz darauf kam ein großer Wolkenbruch. Die Regenmassen überschwemmten alles Land, und viele Menschen kamen um, nur Tsi hatte sich gerüstet und kam nicht zu Schaden.
Fürst Ging sprach: »Die Worte der Heiligen sind wahr und treffen sicher ein[7].«

7. Regierungsgeheimnisse

Meister Kung sprach zu Fu Dsï Dsiën[8]: »Du verwaltest die Stadt Schan Fu, und alle Leute sind mit dir zufrieden. Wie hast du das fertiggebracht? Sag mir einmal, was du dafür getan hast.«
Jener erwiderte: »Ich habe dafür gesorgt, daß die Familienverhältnisse in Ordnung sind, daß man sich der Verlassenen erbarmt und die Trauer um die Verstorbenen ernst nimmt.«
Meister Kung sprach: »Das sind lobenswerte Kleinigkeiten, die dir die Zuneigung der kleinen Leute verschaffen, aber es reicht noch nicht aus, um deinen Erfolg zu erklären.«
Jener sprach: »Ich diente drei Männern wie Vätern, fünf Männern wie älteren Brüdern, elf Männern wie Freunden.«
Meister Kung sprach: »Dadurch, daß du drei Männern wie Vätern dientest, unterwiesest du die Leute in der Kindesehrfurcht; dadurch, daß du fünf Männern wie älteren Brüdern dientest, unterwiesest du sie in der Brüderlichkeit; damit, daß du elf Männer als Freunde hattest, brachtest du die

Tüchtigen ans Licht. Das sind mittlere Maßregeln, wodurch die Durchschnittsmenschen dir zufallen. Es ist aber immer noch nicht genug.«

Jener sprach: »Es gibt hier fünf Leute, die weiser sind als ich; ich diene ihnen und berate alles mit ihnen, und sie lehren mich den rechten Weg.«

Meister Kung seufzte und sprach: »Hier liegt der Hauptpunkt. Vor Zeiten haben Yau und Schun die ganze Welt beherrscht, dadurch, daß sie weise Männer zu Gehilfen suchten. Die Weisen sind die Meister alles Glücks und die Herren der Götter und Geister. Wie schade, daß das Gebiet, das du verwaltest, nur so klein ist.«

8. Diebstahl geistigen Eigentums

Dsï Gung war Amtmann von Sin Yang geworden. Als er von Meister Kung Abschied nahm, sprach dieser: »Sei eifrig, sei vorsichtig, halte dich an die Zeiten des Himmels[9]. Verdränge niemand, fordere niemand heraus, sei nicht grausam, stiehl nicht.«

Dsï Gung sprach: »Ich habe doch seit meiner Jugend Euch gedient, Meister, wie sollte ich da in Gefahr kommen zu stehlen?«

Meister Kung sprach: »Du mißverstehst mich. Wenn man einen tüchtigen Mann durch einen andern tüchtigen ersetzt, das nennt man verdrängen. Wenn man durch einen Untüchtigen einen Tüchtigen ersetzt, das nennt man Herausforderung. Wenn man lässig ist im Befehlen und schnell im Strafen, das nennt man Grausamkeit. Wenn man andrer Leute Gutes sich selber zuschreibt, das nennt man Diebstahl. Mit Diebstahl meine ich nicht Entwenden von Geld und Gut. Ich habe gehört: Wer es versteht, Beamter zu sein, der hält das Recht hoch und nützt dadurch dem Volk. Wer es nicht versteht, Beamter zu sein, der beugt das Recht und vergewaltigt das Volk. Daraus entsteht dann der Groll. Im Umgang mit untergebnen Beamten kommt es vor allem auf

Unparteilichkeit an, in Geldsachen vor allem auf Uneigennützigkeit. Unparteilichkeit und Uneigennützigkeit muß man unverbrüchlich festhalten. Wer anderer Gutes verheimlicht, der ist ein Verdunkler der Weisen, wer anderer Schlechtes bekannt macht, der ist ein gemeiner Mensch. Ohne im stillen einen andern ermahnt zu haben, ihn nach außen hin bloßstellen, das heißt den Frieden und die Eintracht untergraben. Rede von andrer Leute Gutem, als sei es dein eignes, rede von andrer Leute Schlechtem, als beträfe es dich selbst. So ist der Edle in allen Stücken behutsam.«

9. Kennzeichen einer guten Verwaltung

Dsï Lu hatte den Bezirk Pu drei Jahre lang verwaltet, als Meister Kung auf einer Reise vorbeikam. Als er das Gebiet betrat, sprach er: »Vortrefflich, wie Yu[10] es versteht, durch Sorgfalt und Gewissenhaftigkeit das Vertrauen der Leute zu gewinnen.« Als er die Stadt betrat, sprach er: »Vortrefflich, wie Yu treu und zuverlässig ist und dabei weitherzig.« Als er an das Amtsgebäude kam, sprach er: »Vortrefflich, wie Yu es versteht, mit Weisheit und Scharfblick zu entscheiden.«

Dsï Gung zog die Zügel an und fragte: »Meister, Ihr habt den Yu noch nicht bei der Verwaltung gesehen und ihn schon dreimal gelobt. Darf ich seine Vortrefflichkeiten erfahren?«

Der Meister sprach: »Ich habe ihn bei der Verwaltung gesehen. Als ich sein Gebiet betrat, waren die Felder alle gut gepflügt und sorgfältig von Unkraut gesäubert, und die Gräben und Rinnen waren alle in Ordnung. Daran sah ich, daß er durch Sorgfalt und Gewissenhaftigkeit das Vertrauen der Leute gewonnen hatte; denn sie gaben sich alle Mühe. Als ich seine Stadt betrat, da sah ich, daß alle Mauern und Gebäude fest und solide waren, daß rings die Bäume üppig standen. Daraus entnahm ich, daß er treu und zuverlässig ist und dabei weitherzig; denn die Leute hatten nichts auf den bloßen Schein angelegt. Als ich vor sein Amtshaus kam, da war alles ganz still und leer, und alle Diener gingen ihrer Beschäftigung nach. Daraus entnahm ich, daß er mit Weisheit und Scharfblick die Prozesse entschied, denn seine Verwaltung vollzog sich ohne Störung. Von diesem Standpunkt aus zeigt es sich, daß ich nicht zuviel gesagt habe, als ich ihn dreimal lobte.«

15. KAPITEL

LIU BEN / *Die sechs Grundlagen*

1. Die Grundlagen des Lebens

Meister Kung sprach: »Bei der Führung unsres Lebens kommt es auf sechs Grundlagen an. Erst wenn diese Grundlagen feststehen, dann ist man ein Edler. Im persönlichen Auftreten kommt es auf die Pflicht an, und die Grundlage ist die kindliche Ehrfurcht. Bei Trauerfällen kommt es auf die Sitte an, und die Grundlage ist das Gefühl der Trauer. Im Kriege kommt es auf die Zucht an, und die Grundlage ist der Mut. Bei der Regierung kommt es auf die Ordnung an, und die Grundlage ist der Ackerbau. Bei der Thronfolge kommt es auf feste Traditionen an, und die Grundlage ist die Erbfolge. Bei der Erzeugung von Gütern kommt es auf die richtige Zeit an, und die Grundlage ist der Fleiß.

Ehe die Grundlagen fest sind, kann man Ackerbau und Seidenzucht nicht betreiben. Solange man nicht die Zuneigung seiner Verwandtschaft und Schwägerschaft hat, kann man keinen auswärtigen Verkehr betreiben. Solange man nicht imstande ist, Angefangenes durchzuführen, kann man keine großen Unternehmungen betreiben. Solange man in seinen Worten nur Gehörtes wiedergeben kann, darf man nicht darauf aus sein, viel zu reden. Solange die nächste

Umgebung noch nicht zur Ruhe gebracht ist, kann man nicht die Gewinnung Fernstehender betreiben. Darum ist es die Art des Edlen, zur Grundlage zurückzukehren und das Naheliegende zu pflegen.«

2. Vom Nutzen des Widerspruchs

Meister Kung sprach: »Eine gute Arznei schmeckt dem Munde bitter, aber sie ist gut für die Krankheit. Redlicher Rat widerstrebt dem Ohre, aber er kommt dem Handeln zugute. Die Könige Tang und Wu sind durch ›Aber, aber‹ zum Erfolg gelangt, die Tyrannen Gië und Dschou-Sin sind durch ›Ja, ja‹ zugrunde gegangen. Es ist noch nie vorgekommen, daß ein Fürst ohne Diener, die ihm widersprechen, ein Vater ohne Sohn, der widerspricht, ein älterer Bruder ohne jüngeren Bruder, der ihm widerspricht, ein Gebildeter ohne Freund, der widerspricht, frei von Fehlern blieben. Darum heißt es, was der Fürst übersieht, findet der Diener, was der Vater übersieht, findet der Sohn, was der ältere Bruder übersieht, findet der jüngere, was ein Mann übersieht, findet sein Freund heraus. Dann kommt das Reich nicht in Gefahr des Untergangs, das Haus nicht in Gefahr der Verwirrung, zwischen den Angehörigen kommen keine Mißverständnisse auf, und Freundschaften gehen nicht in die Brüche.«

3. Unverdiente Besoldung

Diese Geschichte findet sich in Lü Schï Tschun Tsiu 19, 2, Lü Bu We S. 321.

4. Der Tempelbrand

Als Meister Kung in Tsi war, wurde er in einem Schloß vor der Hauptstadt beherbergt. Der Fürst Ging begab sich zu ihm. Während des Begrüßungsgesprächs kam einer von der Umgebung des Fürsten und meldete: »Von Dschou ist ein Bote angekommen, der berichtet, daß der Tempel eines der früheren Herrscher in Flammen aufgegangen sei.« Der Fürst

ließ weiter fragen, welchen Königs Tempel verbrannt sei.
Meister Kung sprach: »Sicher der Tempel des Königs Li.«
Der Fürst sprach: »Woher wißt Ihr das?«
Meister Kung sprach: »In den Liedern heißt es:

> Vor Gott, dem Erhabenen, gilt kein Anseh'n der Person.
> Der Himmel gibt Segen als Lohn für die Tugend[1].

Mit dem Unglück verhält es sich ebenso.
Der König Li hat die Einrichtungen der Könige Wen und Wu umgestürzt, er war von buntem Flittertand umgeben, baute hohe, weite Schlösser und Hallen, trieb Luxus mit Wagen und Pferden und ließ sich durch nichts von diesem Wandel abbringen[2]. Darum ist es billig, daß des Himmels Strafe seinen Tempel trifft. Aus diesem Grunde sprach ich jene Vermutung aus.«
Der Fürst sprach: »Warum hat ihn der Zorn des Himmels dann nicht zu Lebzeiten getroffen, sondern fügt die Strafe erst seinem Tempel zu?«
Meister Kung sprach: »Vermutlich um der Könige Wen und Wu willen. Hätte ihn das Unheil bei Lebzeiten ereilt, so wäre das Geschlecht der Könige Wen und Wu ohne Erben geblieben. Darum mußte das Unheil seinen Tempel treffen, um seine Sünden zu offenbaren.«
Nach einer Weile berichtete einer aus des Fürsten Umgebung: »Der Tempel, der verbrannt ist, war der des Königs Li.«
Da erschrak der Fürst Ging, stand auf, verneigte sich zweimal und sprach: »Vortrefflich! Der Heiligen Weisheit übertrifft die andrer Menschen weit.«

5. Verschiedenes Verhalten nach der Trauerzeit

Dsï Hia trat vor Meister Kung, als er die dreijährige Trauerzeit (um seinen Vater) vollendet hatte. Der Meister gab ihm eine Laute und ließ ihn spielen.
Er spielte leichthin eine heitere Weise und sprach: »Die von

den alten Königen festgesetzten Bräuche wagte ich nicht vorzeitig aufzugeben.«

Der Meister sprach: »Er ist ein Edler.«

Min Dsï trat vor den Meister Kung, als er die dreijährige Trauerzeit vollendet hatte. Der Meister gab ihm eine Laute und ließ ihn spielen.

Er spielte schwermütig eine traurige Weise und sprach: »Die von den alten Königen festgesetzten Bräuche wage ich nicht zu überschreiten.«

Der Meister sprach: »Er ist ein Edler.«

Dsï Gung sprach: »Min Dsï hat seine Trauer noch nicht überwunden, und Ihr nanntet ihn einen Edlen. Dsï Hia ist längst über seine Trauer hinweg, und Ihr nanntet ihn auch einen Edlen. Die zwei waren in ganz verschiedener Stimmung, und Ihr nanntet beide edel. Das ist mir nicht klar, deshalb erlaube ich mir zu fragen, was das bedeutet.«

Meister Kung sprach: »Min Dsï hatte seinen Schmerz noch nicht vergessen, aber er machte Schluß, als es die Sitte verlangte. Dsï Hia war mit seinem Schmerz schon fertig, aber er verlängerte ihn, so daß er die von der Sitte vorgeschriebene Zeit erreichte. Ist das nicht beides in gleicher Weise edel?«

6. Wert der Gesinnung

Meister Kung sprach: »Es gibt eine Höflichkeit ohne äußere Form; das ist die Achtung. Es gibt eine Trauer ohne Trauergewänder; das ist die Betrübnis. Es gibt eine Musik ohne Töne; das ist die Freude. Es gibt eine Zuverlässigkeit, die nicht erst Worte machen muß, es gibt einen Respekt, der nicht erst durch Handlungen hervorgerufen wird, es gibt eine Güte, die nicht erst wohlzutun braucht; das ist die Gesinnung. Der Ton der Glocke, die im Zorn geschlagen wird, ist kriegerisch; wird sie in der Trauer angeschlagen, so klingt sie melancholisch. Wechselt die Gesinnung, so ändert sich der Ton entsprechend. Wenn nun so eine wahrhaftige Gesinnung selbst Metall und Stein beeinflußt, wieviel mehr erst die Menschen!«

7. Der Vogelfänger

Meister Kung sah einem Vogelfänger zu. Die Vögel, die er fing, waren lauter junge Gelbschnäbel. Der Meister fragte ihn: »Warum fangt Ihr denn gar keine alten Vögel?«
Der Vogelfänger sprach: »Die Alten erschrecken leicht und sind deshalb schwer zu bekommen. Die Gelbschnäbel sind auf das Futter aus und sind deshalb leicht zu bekommen. Wenn die Gelbschnäbel den Alten folgen würden, so würde man sie auch nicht bekommen, wenn die Alten den Gelbschnäbeln folgen würden, so würde man sie auch bekommen.«
Meister Kung wandte sich zu seinen Schülern und sprach zu ihnen: »Wer sich leicht warnen läßt, bleibt fern von Schaden. Wer das Essen für wichtig hält, vergißt die Gefahr und folgt seinem Herzen. Je nachdem man dem einen oder andern folgt, bringt man Glück oder Unglück über sich. Darum ist der Edle vorsichtig in der Wahl derer, denen er folgt. Die Erfahrung der Alten ist die Treppe zur Erhaltung des Lebens; folgt man dem Leichtsinn der Jungen, so kommt man in Lebensgefahr und Schaden.«

8. Beim Studium des Buchs der Wandlungen

Meister Kung las im Buch der Wandlungen. Als er an die Zeichen für Minderung und Mehrung kam, da seufzte er tief.
Dsï Hia stand vor seinem Platze und fragte: »Warum seufzt Ihr, Meister?«
Meister Kung sprach: »Wer sich selbst mindert, wird gemehrt werden. Wer sich selbst mehrt, wird zerbrochen werden. Darum seufze ich.«
Dsï Hia sprach: »Ja, darf man sein Wissen dann auch nicht mehren?«

Der Meister sprach: »Nicht die Mehrung des Sinns (Tao) ist damit gemeint. Je mehr der Sinn gemehrt wird, desto mehr wird das Ich gemindert. Wer nach Wissen strebt, mindert seine Selbstsucht, um, leer geworden, von andern zu nehmen; auf diese Weise kann er Fülle und Weite erreichen. Der Weg (Tao) des Himmels ist es, daß, wenn etwas vollendet ist, es sich wandelt. Daß etwas auf dem Gipfelpunkt der Fülle lange verweilen könnte, ist noch nie vorgekommen. So heißt es: Wer sich selbst für weise hält, dessen Ohr vernimmt nicht die guten Worte in der Welt. In alten Zeiten verwaltete Yau den Thron der Welt, und dennoch war er stets wahrhaft sorgsam, ihn zu wahren; er vermochte sich herunterzugeben zu den Niedrigen. Darum mehrte sich sein Ruhm im Lauf der Jahrtausende noch immerzu, und heute strahlt er herrlicher als je. Unter Giē von Hia war Kun-Wu[3] maßlos voll von sich selbst. Er setzte seine Launen durch ohne Schranken. Er mordete das niedere Volk, als mähte man Gras. Darum suchte die Welt seine Frevel heim, rücksichtslos, als handelte es sich darum, irgend einen namenlosen Verbrecher hinzurichten. Darum kam im Lauf der Jahrtausende seine Schande immer mehr ans Licht und ist bis auf den heutigen Tag noch nicht vergessen.

Es ist wie beim Gehen: man läßt den Älteren den Vortritt und drängt sich nicht vor; es ist wie beim Fahren: begegnet man drei Leuten, so steigt man aus, begegnet man zwei, so verneigt man sich. Wer das rechte Maß herzustellen weiß in Fülle und Leere, der ist nicht voll von sich selbst, darum vermag er Dauerndes zu leisten.«

Dsï Hia sprach: »Darf ich mir das aufschreiben und mein Leben lang danach handeln?«

9. Tradition und Gesinnung

Dsï Lu fragte den Meister Kung und sprach: »Darf ich fragen, ob es angängig ist, den Weg (Tao) des Altertums beiseite zu lassen und nach meiner eigenen Gesinnung zu handeln?«

Der Meister sprach: »Es geht nicht an. Als vor alters die Ostbarbaren die Sitten der Chinesen nachahmten, hatte eine verwitwete Frau ihrem Sohn zu dienen und verheiratete sich ihr ganzes Leben lang nicht wieder. Sie verheiratete sich zwar nicht wieder, aber doch entsprach das nicht der Pflicht der Keuschheit. Die Yau von Tsang-Wu, wenn sie eine Nebenfrau heirateten, die schön war, so traten sie sie an ihren älteren Bruder ab. Das war zwar nachgiebig, aber doch nicht eine Nachgiebigkeit, die der Sitte entspricht. Wenn man den Anfang nicht sorgfältig bedenkt, und bereut, wenn es zu spät ist, in welchen Kummer gerät man dann! Nun möchtest du den Weg des Altertums aufgeben und nur nach deiner eigenen Gesinnung handeln. Wie kann ich wissen, ob deine Gesinnung nicht aus Recht Unrecht und aus Unrecht Recht macht? Selbst wenn du das hinterher bereuen wolltest, würdest du doch nicht von Schwierigkeiten frei bleiben.«

10. Zu weit getriebene Kindlichkeit

Dseng Schen[4] behackte einst Gurken. Aus Versehen durchhieb er eine Wurzel. Sein Vater Dseng Si geriet darüber in solchen Zorn, daß er einen großen Prügel nahm und ihn dermaßen auf den Rücken schlug, daß Dseng Dsï zu Boden fiel und lange Zeit bewußtlos liegenblieb. Als er nach einiger Zeit wieder zu sich kam, stand er mit heiteren Mienen auf, trat vor seinen Vater und sprach: »Ich habe mich eben gegen Euch verfehlt, Vater, und Ihr mußtet mit Gewalt mich belehren, hoffentlich habt Ihr Euch dabei nicht wehe getan.«

Darauf ging er in sein Zimmer zurück, spielte die Laute und sang, damit sein Vater es höre und erfahre, daß er keinen dauernden Schaden davongetragen habe.

Als Meister Kung die Sache hörte, wurde er böse und sagte zu seinen Jüngern: »Wenn Dseng Schen kommt, so laßt ihn nicht herein!«

Dseng Schen war sich keiner Schuld bewußt, darum ließ er durch einen Freund den Meister Kung nach dem Grund fragen.

Meister Kung sprach: »Hast du nicht gehört, daß einst Gu Sou einen Sohn hatte mit Namen Schun? Schun diente seinem Vater so, daß, wenn jener etwas von ihm wollte, er stets an seiner Seite stand. Wenn er ihn aber suchte, um ihn umzubringen, da war er nie zu finden. Wenn er ihn mit einem dünnen Stock schlug, so hielt er still und ließ es über sich ergehen, wenn er ihn aber mit einem großen Prügel schlagen wollte, so wich er aus und lief weg. Darum fiel Gu Sou nicht in die Sünde, sich als ein unmenschlicher Vater zu zeigen, und Schun verlor nicht die Gelegenheit zu täglich zunehmender Ehrfurcht. Du aber hast deinem Vater also gedient, daß du dein Leben gering nahmst, um eine rohe Behandlung über dich ergehen zu lassen. Du hättest dich totschlagen lassen, ohne auszuweichen. Wenn du ums Leben gekommen wärest, so hättest du deinen Vater in die Lage gebracht, daß er eine Pflichtverletzung begangen hätte. Welche Pietätlosigkeit gibt es, die größer wäre als diese! Bist du denn nicht auch ein Untertan des Himmelssohns? Was für eine große Schuld kommt aber auf den, der einen Untertan des Himmelssohns tötet!«

Als Dseng Schen dies hörte, da sagte er: »Meine Schuld ist wirklich groß.« Daraufhin trat er vor den Meister Kung und bat um Verzeihung.

11. Die Hilfe guter Räte

Der Prinz von Ging war erst 15 Jahre alt und stand schon den Geschäften eines Kanzlers von Ging vor. Meister Kung hörte davon und sandte einen Boten hin, um ihn bei seiner Regierung zu beobachten.

Der Bote kam zurück und sprach: »Ich sah seine Hofhaltung. Sie war ganz ruhig, es gab wenige Geschäfte zu erledigen. In der Halle saßen fünf Greise, unter den Säulengängen standen zwanzig starke Ritter.«

Meister Kung sprach: »Die vereinigte Weisheit dieser 25 Leute würde ausreichen, um selbst bei der Führung der Weltherrschaft Irrtümer zu vermeiden, wieviel mehr für das Land Ging!«

12 und 13

Diese beiden Abschnitte finden sich im Buch Liä Dsï, S. 38f. Der Alte vom Taischanberg und S. 88 Der ferne Heilige.

14. Gute Eigenschaften

Meister Kung sprach: »Yen Hui hat vier Eigenschaften eines Edlen: Er ist tatkräftig in der Erfüllung seiner Pflicht. Er ist nachgiebig bei der Entgegennahme von Tadel. Er ist verschämt beim Empfang von Bezahlung. Er ist vorsichtig in der Ordnung seines Lebens.

Der Geschichtsschreiber Yu[5] hatte drei Eigenschaften eines Edlen: Er hatte kein Amt und ehrte doch die Oberen, er opferte nicht und ehrte doch die Geister, er richtete sich selbst und beugte sich unter andere.«

Dseng Dsï weilte einst in der Nähe des Meisters und sprach: »Ich habe drei Worte von Euch gehört, Meister, die ich noch immer nicht verwirklichen kann. Wenn Ihr an einem Menschen etwas Gutes entdeckt, so vergeßt Ihr darüber alle seine Fehler, darum ist es leicht, Euch zu dienen. Wenn Ihr bei einem andern etwas Gutes seht, so freut Ihr Euch darüber wie über Euer Eigenes. Darum seid Ihr fern von allem Streit. Wenn Ihr von einer guten Handlung hört, so führt Ihr sie erst selber aus, ehe Ihr andre darin unterweist. So könnt Ihr andere leicht anleiten. Ich habe diese drei Worte[6] von Euch, die ich gelernt, noch nicht zu verwirklichen vermocht, darum bin ich mir bewußt, daß ich jene beiden[7] niemals erreichen werde.«

15. Wirkungen des Umgangs

Meister Kung sprach: »Nach meinem Tod wird Schang täglich Fortschritte machen und Sï täglich Rückschritte machen.«

Dseng Dsï fragte: »Wie ist das gemeint?«

Der Meister sprach: »Schang ist gerne mit Leuten zusammen, die weiser sind als er, Sï liebt es, solchen Rat zu erteilen, die weniger weit sind als er.«

»Wenn du einen Sohn nicht kennst, so sieh dir seinen Vater an, wenn du einen Mann nicht kennst, so sieh dir seinen Freund an, wenn du einen Fürsten nicht kennst, so sieh dir seinen Gesandten an; wenn du ein Land nicht kennst, so sieh dir seine Gewächse an.«

16. Der Rat des Yen Ping Dschung

Dseng Dsï folgte dem Meister Kung nach Tsi. Der Fürst Ging von Tsi wollte den Dseng Dsï mit dem Titel eines Staatsrats anstellen. Dseng Dsï lehnte entschieden ab. Als er im Begriff war abzureisen, gab ihm Yen Dsï das Geleite und sprach: »Es heißt, besser als ein Abschiedsgeschenk von Gütern ist eines von guten Worten. Wenn die Orchideenwurzel[8] drei Jahre alt ist, tut man sie in gehacktes Hirschfleisch, damit sie den Saft in sich aufnimmt. Ist sie dann fertig, so gibt der, der sie kaufen will, ein Pferd dafür als Preis. Es kommt nicht auf die ursprüngliche Natur der Orchideenwurzel an, sie wird durch das, was sie in sich aufgenommen hat, kostbar. Darum wünsche ich Euch, daß Ihr stets vorsichtig seid gegenüber dem, was Ihr in Euch aufnehmt. Der Edle wählt den Ort aus, wo er sich niederläßt. Er sucht sich die Gegend aus, wo er wandern will. Er sucht sich den Fürsten aus, bei dem er dienen will. Er sieht bei dem Ort, den er wählt, darauf, daß gebildete Männer dort wohnen. Er sieht bei der Gegend, die er durchwandert, darauf, daß er den Sinn (Tao) pflegen kann. Veränderte hö-

fische Bräuche ändern die Sitten eines Volks. Lüste und Begierden ändern die Naturanlagen; ist das nicht Grund genug zur Vorsicht?«
Meister Kung hörte von dieser Unterredung und sprach: »Was Yen Dsï gesprochen, sind die Worte eines Edlen. Wer sich an Weise hält, kommt nicht in Verlegenheit, gleichwie der, der sich an einen Reichen hält, nicht in Geldschwierigkeiten gerät. Wenn man dem Tausendfuß einen Fuß abschneidet, so kann er immer noch gehen, weil er viele andere hat, die ihm zur Verfügung stehen.«

17.

Meister Kung sprach: »Wer reich und vornehm ist und dennoch sich unten hält, der wird allgemein geehrt. Wer reich und vornehm ist und dennoch die Menschen gern hat, der wird allgemein geliebt. Wer ein Wort ausspricht und findet keinen Widerspruch, von dem kann man sagen, daß er sich aufs Reden versteht. Wer ein Wort ausspricht und findet allgemeine Zustimmung, von dem mag man sagen, daß er sich auf die rechte Zeit versteht. Darum: Wer andere reich macht, wenn er selbst reich ist, der kann mit dem besten Willen nicht arm werden. Wer andre vornehm macht, wenn er selbst vornehm ist, der kann mit dem besten Willen nicht in dürftige Umstände kommen. Wer andren Erfolg verschafft, wenn er selbst Erfolg hat, der kann mit dem besten Willen nicht in ärmliche Verhältnisse kommen.«

18. Maßhalten

Meister Kung sprach: »Die Durchschnittsmenschen sind so geartet, daß sie verschwenden, wenn sie etwas übrig haben, und sparen, wenn sie nicht genug haben, daß sie ausschweifend werden, wenn sie kein Verbot hindert, daß sie es sich wohl sein lassen, wenn man ihnen keine Schranken setzt, und sich zugrunde richten, wenn sie ihren Lüsten folgen können. Anderseits ist ein Sohn, der durch viele Hiebe hartschlägig geworden ist, den Lehren seines Vaters unzugänglich, und ein Volk, das durch viele Strafen abgestumpft ist, den Anordnungen seines Fürsten ungehorsam. Das zeigt, daß allzu große Strenge schwer zu ertragen und allzu große Straffheit schwer durchzuführen ist. Darum ist ein Edler nicht schroff in seinen Entscheidungen und Anordnungen. Er sorgt dafür, daß Maß gehalten wird in Speise und Trank, gibt Regeln für die Tracht, sorgt dafür, daß die Gebäude einen bestimmten Stil haben, daß für das Ansammeln von Besitz ein bestimmtes Höchstmaß festgesetzt wird und dem Besitz von Wagen und Luxusgegenständen bestimmte Schranken gezogen werden. Auf diese Weise tritt er der Unordnung in ihren ersten Anfängen entgegen. Eine maßvolle Beschränkung muß hochgeachtet werden, dann werden die Durchschnittsmenschen den Anordnungen sich fügen.«

19. Toren und Weise

Meister Kung sprach: »Begabung, verbunden mit freiwilliger Beschränkung, wird stets Werke schaffen. Tapferkeit, verbunden mit Bereitwilligkeit zu fragen, wird stets siegen. Weisheit, verbunden mit der Bereitwilligkeit, mit andern zu Rate zu gehen, wird stets ihr Ziel erreichen. Der Tor aber tut von allem das Gegenteil. Darum wenn man nicht den rechten Mann vor sich hat und gibt ihm guten Rat, so hört er nicht darauf, wie die Pflanzen nicht wachsen, wenn sie nicht in das rechte Land gepflanzt werden. Wenn man den rechten Mann findet, so ist es, wie wenn man einen Haufen Sand bewässert[9]. Findet man aber nicht den rechten Mann, so ist es, als wollte man einer Versammlung von Tauben etwas vorpauken. Wenn ein Tor an wichtiger Stelle steht, so ist es ihm nur darum zu tun, sich bei seinen Vorgesetzten wohl daran zu machen, und wenn ihm ein besonderes Amt anvertraut ist, so beneidet er nur die Tüchtigeren. Wenn so einer aber auf hoher Stelle steht, so ist er in Gefahr, und wenn er ein wichtiges Amt hat, kann man darauf warten, ihn stürzen zu sehen.«

20.

Meister Kung sprach: »Ein Schiff kommt ohne Wasser nicht vorwärts, wenn aber das Wasser ins Schiff eindringt, so geht es unter. Wenn der Fürst kein Volk hat, so kann er nicht regieren, wenn aber das Volk sich gegen ihn empört, so gibt es Umsturz. Darum muß der Edle streng sein und der gemeine Mann in Zucht gehalten werden.«

21. Wie man dem Fürsten dient

Gau Ting von Tsi befragte den Meister Kung und sprach: »Kein Berg war mir zu steil, kein Wald war mir zu dicht, im Strohmantel kam ich herbei mit meinen Einführungsgaben in der Hand, ich habe meine Seele rein gemacht, um zu fragen, wie man dem Herrscher dient. Möchtet Ihr es mir doch sagen, Meister!«

Meister Kung sprach: »Reinheit sei der Stamm, Achtung sei das Hilfsmittel. Tu Gutes, ohne zu ermüden. Wenn du einen Edlen siehst, so bringe ihn zur Geltung; siehst du einen Gemeinen, so schaff ihn aus dem Wege. Tilge alles Arge aus deinem Herzen und hilf ihm gewissenhaft, seinen Wandel zu pflegen und seine Sitten zu regeln, so werden alle, auch wenn sie über tausend Meilen weit weg sind, dir zugetan sein wie Brüder. Pflegt einer seinen Wandel nicht und regelt seine Sitten nicht, so hat er selbst auf seine Nachbarn keinen Einfluß.

Den ganzen Tag zu reden, ohne sich selbst ins Leid zu stürzen, den ganzen Tag zu handeln, ohne sich selbst ins Unglück zu stürzen, das bringt nur der Weise fertig. Darum: Wer sich bilden will, der ist besorgt, daß er sich kein unnötiges Leid zuzieht; er ist ernst und mäßig, um Schwierigkeiten zu vermeiden. Wenn man bedenkt, daß die guten Werke eines ganzen Lebens durch ein einziges Wort zunichte gemacht werden können, muß man da nicht vorsichtig sein?«

16. KAPITEL: BIËN WU / *Naturkundliches*
Dieses Kapitel enthält eine Reihe von Erzählungen über wunderbare Naturvorgänge, merkwürdige Gebräuche des Altertums und Omina, wie sie sich auch im Guo Yü, Dso Dschuan und Schï Gi finden. Konfuzius ist dabei in der Regel derjenige, der diese merkwürdigen Begebenheiten historisch oder symbolisch zu erklären weiß.

17. KAPITEL: AI GUNG WEN DSCHENG / *Die Fragen des Fürsten Ai über die Regierung*
Der 1. Abschnitt dieses Kapitels hat seine Parallele im Kapitel Dschung Yung des Li Gi. Sie ist im Buch der Sitte S. 10 ff. übersetzt. Weiteres aus diesem Kapitel findet sich im Kapitel Dsï I des Li Gi. Wesentliches aus diesem Kapitel ist im Buch der Sitte S. 263 ff., namentlich 266 f. übersetzt.

18. KAPITEL

YEN HUI

Dieses Kapitel gibt eine Zusammenstellung von Erinnerungen an Kungs Lieblingsschüler Yen Hui. Die meisten von ihnen sind nicht anderweitig belegt.

1.

Die erste Geschichte findet sich in verkürzter Form in Dschuang Dsï 19, 11, Wilhelm S. 144, und in Lü Schï Tschun Tsiu 19, 5, Lü Bu We S. 334.

2. Trennungsschmerz

Als Meister Kung in We war, stand er eines Tages vor Sonnenaufgang auf. Yen Hui befand sich ihm zur Seite. Da hörte man jemand bitterlich weinen. Der Meister sprach: »Hui, weißt du, warum jemand da so weint?«
Er erwiderte: »Dieses Weinen ist nicht nur um einen Toten,

es ist auch noch der Schmerz des Abschieds von einem Lebenden dabei.«

Der Meister sprach: »Woher weißt du das?«

Er erwiderte: »Ich hörte einmal auf dem Berge Huan einen Vogel, der hatte vier Junge ausgebrütet, und als sie flügge geworden waren und in alle Welt hinausflogen, da sang ihnen die Alte traurig nach. Es klang geradeso wehmütig wie das Weinen da, weil sie weggingen und nie mehr wiederkamen. So schließe ich es denn aus der Art des Klanges.«

Meister Kung ließ die Weinenden fragen. Und richtig sagten sie, der Vater sei gestorben und weil sie so arm seien, müßten sie einen Sohn verkaufen, um das Begräbnis bezahlen zu können, und das sei eine Trennung für immer.,

Der Meister sprach: »Hui, du hast ein feines Gehör für die Klänge.«

3. Der vollendete Mensch

Yen Hui fragte den Meister Kung: »Wie ist der Wandel eines vollendeten Menschen?«

Der Meister sprach: »Wer sich auf die Art menschlicher Gefühle und menschlichen Wesens versteht, wer über die Veränderungen der Klassen aller Dinge Bescheid weiß, wer den Grund des Wechsels von dunkel und hell weiß und wer den Ursprung der ziehenden Naturkräfte erschaut, einen solchen kann man einen vollendeten Menschen nennen. Wenn einer es fertigbringt, ein vollendeter Mensch zu sein, und dem noch Güte, Pflicht, Sittlichkeit und Musik hinzufügt, so ist das der Wandel eines vollendeten Menschen. Wenn ein solcher dann die Kräfte seines Geistes völlig der Erkenntnis der schöpferischen Umgestaltungen widmet, so erreicht er die Fülle der Tugend.«

4.

Diese Geschichte gibt einen detaillierten Vergleich der Weisheit des Dsang Wen Dschung und des Dsang Wu Dschung. Vgl. Gia Yü 10, 8.

5. Der Edle

Yen Hui fragte den Meister Kung, was zu einem Edlen gehöre.
Meister Kung sprach: »Durch Ausüben von Werken der Liebe kommt er der Güte der Gesinnung nahe. Durch sorgfältige Erwägungen kommt er der Weisheit nahe. Er nimmt seine eignen Angelegenheiten nicht zu wichtig und die der andern nicht zu leicht. Das ist die Art des Edlen.«
Yen Hui sprach: »Darf ich fragen, wie die nächst niedrige Stufe beschaffen ist?«
Der Meister sprach: »Er handelt, ohne vorher gelernt zu haben, er trifft das Richtige ohne Nachdenken. Mein Sohn, gib dir Mühe!«

6. Richtlinien der Güte

Dschung-Sun Ho-Gi[1] fragte den Yen Hui: »Ein einziges Wort eines gütigen Menschen fördert sicher die Güte und Weisheit. Darf ich solch ein Wort hören?«
Yen Hui sprach: »Ein einziges Wort, das die Weisheit fördert? Ich wüßte kein besseres, als das Wort Bereitsein! Ein einziges Wort, das die Güte fördert? Ich wüßte kein besseres als das Wort Selbstlosigkeit[2]. Wenn man erst weiß, wie man es nicht machen darf, so erkennt man, wie man es machen muß.«

7. Der Gemeine

Yen Hui fragte nach der Art eines gemeinen Menschen.
Meister Kung erwiderte: »Er hält es für Scharfsinn, wenn er das Gute andrer in den Staub ziehen kann; er hält es für Weisheit, wenn er alle möglichen Listen und Tücken ersinnt; er freut sich über die Fehltritte anderer. Er scheut sich, etwas zu lernen, und schämt sich nachher, es nicht zu können: So ist der gemeine Mann.«

8. Mahnung an Dsï Lu

Yen Hui fragte den Dsï Lu: »Wessen Kraft feuriger ist als sein Geist, der stirbt selten eines natürlichen Todes. Warum nimmst du dir das nicht zu Herzen?«
Meister Kung sprach zu Yen Hui: »Alle Menschen kennen die Schönheit dieser Wahrheit (Tao), aber keiner bringt es über sich, nach ihr zu handeln. Warum hast du so getan, als seiest du im alleinigen Besitz dieser Wahrheit? Warum hast du nicht gesagt: Ich denke mir die Sache etwa so?«

9. Unterschied zwischen dem Edlen und Gemeinen

Yen Hui befragte den Meister Kung und sprach: »Die Reden der Gemeinen stimmen oft mit denen der Edlen überein; da muß man sehr sorgfältig sein, sie zu unterscheiden.«
Meister Kung sprach: »Die Edlen reden mit der Tat, die Gemeinen reden mit der Zunge. Darum kommt es vor, daß die Edlen, weil sie die Ausübung ihrer Pflicht für das höchste halten, einander bekämpfen, aber nachher sind sie wieder gute Freunde. Die Gemeinen dagegen tun sich zusammen, um Unruhen zu stiften, aber nachher geraten sie miteinander in Feindschaft.«

10. Über Freundschaft

Yen Hui fragte: »Wie steht es mit dem Verkehr von Freunden?«
Meister Kung sprach: »Ein Edler hat sicher gewisse Dinge, in denen er seinen Freund mißbilligt, aber er wird darum nie dazu fortschreiten, die gute Gesinnung des Freundes anzuzweifeln. Ein guter Mensch vergißt nicht alte Vorzüge und gedenkt nicht alter Zwiste.«

11. Wider das Verunglimpfen

Schu-Sun Wu-Schu[3] machte einen nichtamtlichen Besuch bei Yen Hui. Yen Hui empfing ihn als einfachen Gast. Wu-

Schu redete viel von andrer Leute Fehlern und verurteilte sie.

Yen Hui sprach: »Ihr habt mir die Ehre Eures Besuches erwiesen, da müßt Ihr auch etwas von mir mitnehmen. Ich habe den Meister Kung sagen hören: Dadurch, daß man über die Schlechtigkeit andrer redet, kann man sich selber nicht beschönigen. Dadurch, daß man über die Verkehrtheiten andrer redet, macht man sich selbst nicht besser. Darum bekämpft der Edle seine eignen Fehler und nicht die Fehler der andern.«

12. Wider das Richten

Yen Hui sagte zu Dsï Gung: »Ich habe den Meister sagen hören: Wer sich selbst nicht nach den Regeln der Sitte richtet und doch deren Befolgung von andern erwartet, wer selbst keine guten Eigenschaften zeigt und doch gute Eigenschaften bei andern erwartet, der ist unverschämt. Des Meisters Worte muß man wohl beachten.«

19. KAPITEL

DSÏ LU TSCHU DIËN

1. Dsï Lus erste Begegnung mit dem Meister

Als Dsï Lu zum erstenmal den Meister Kung besuchte[1], sprach der Meister: »An was hast du die meiste Freude?«
Er erwiderte: »Am meisten freut mich mein langes Schwert.«
Der Meister sprach: »Nicht danach habe ich gefragt. Ich dachte nur, wenn man deine Fähigkeiten noch durch Bildung vermehren würde, so würde niemand dir gleichkommen.«
Dsï Lu sprach: »Was hat denn die Bildung für einen Wert?«
Meister Kung sprach: »Ein Fürst der Menschen, der keinen Diener hat, der ihn ermahnt, verliert den rechten Weg. Ein

Gebildeter, der keinen Freund hat, der ihn belehrt, verliert die Fähigkeit, auf andre zu hören. Ein wildes Pferd muß stets im Zügel gehalten werden, ein guter Bogen muß in der Presse gehalten werden. Holz, das nach der Richtschnur geschnitten wird, ist gerade. Ein Mensch, der Ermahnungen empfängt, wird gut. Wer sich belehren läßt und das Fragen wichtig nimmt, dem gelingt alles. Wer die Güte verachtet und die Gebildeten haßt, bekommt mit dem Strafgesetz zu tun. Darum darf es der Edle nicht unterlassen, sich zu bilden.«

Dsï Lu sprach: »Auf den Bergen des Südens wächst der Bambus. Der ist von selber gerade, ohne daß man ihn erst zurechtbiegt. Haut man ihn ab, so kann man damit auch eines Nashorns Haut durchbohren. Wenn man es von dieser Seite nimmt, was hat da die Bildung für einen Wert?«

Meister Kung sprach: »Wenn du den Bambus mit einer Kerbe versiehst und fiederst, ihn mit einer Spitze versiehst und schleifst, wird er dann nicht noch tiefer eindringen?«

Da verneigte sich Dsï Lu zweimal und sprach: »Ich will ehrfurchtsvoll Eure Lehren empfangen.«

2. *Dsï Lus Abschied*

Dsï Lu war im Begriff, sich von dem Meister zu verabschieden. Der Meister sprach: »Soll ich dir zum Abschied einen Wagen schenken oder ein gutes Wort?«

Dsï Lu sprach: »Ich bitte um ein gutes Wort.«

Meister Kung sprach: »Wer nicht energisch ist, erreicht nichts; wer sich nicht Mühe gibt, hat keinen Erfolg. Wer nicht treu ist, gewinnt kein Vertrauen; wer nicht zuverlässig ist, dem glaubt man nicht zum zweitenmal. Wer nicht sorgfältig ist, trifft nicht die Sitte. Diese fünf Dinge mußt du beachten.«

Dsï Lu sprach: »Ich will mir dies für mein ganzes Leben merken. Darf ich noch fragen: Wie gewinnt man Vertraute, mit denen man vertrauten Verkehr pflegen kann? Wie

macht man es, daß man fähig wird zu handeln, ohne viel zu reden? Wie macht man es, daß man stets als ein guter und gebildeter Mann lebt und doch keinen Widerstand findet?«
Meister Kung sprach: »Was du fragst, ist alles in jenen fünf Stücken enthalten. Vertraute zu gewinnen, mit denen man in vertrautem Verkehr leben kann, vermag man durch Treue. Zu handeln, ohne viel zu reden, vermag man durch Zuverlässigkeit. Dauernd als ein guter und gebildeter Mensch zu leben, ohne Widerstand zu finden, vermag man durch Beachtung der Sitte.«

3. Rechtfertigung der Amtsführung des Meisters

Meister Kung war Oberrichter in Lu. Als er einst den Freiherrn Gi Kang zu sehen hatte, war dieser mißvergnügt. Dennoch ging Meister Kung wieder hin.
Da trat Dsai Yü zum Meister und sprach: »Früher habe ich Euch sagen hören, Meister, daß, wenn Könige und Fürsten Euch nicht auffordern, Ihr Euch nicht regen wolltet. Nun habt Ihr als Oberrichter in ganz kurzer Zeit Euch schon mehrmals etwas vergeben. Wäre es nicht besser, Schluß damit zu machen?«
Meister Kung sprach: »Wohl! Allein seit langer Zeit herrschen in Lu Zustände, daß die Leute einander durch Mehrheiten unterdrücken und mit Waffengewalt einander bedrohen. Wenn die Beamten da nicht Ordnung schaffen, wird es Unruhen im Lande geben. Welche Aufforderung könnte für mich dringender sein als diese?«
Ein Mann aus Lu hörte es und sprach: »Wenn der große Weise Ordnung schaffen will, warum fängt er dann nicht damit an, die Strafen fernzuhalten, dann würde im ganzen Land aller Streit ein Ende nehmen.«
Meister Kung sagte darüber zu Dsai Yü: »Zehn Meilen von einem Berg ist einem der Ton der Zikaden noch immer in den Ohren. So ist es denn für die Regierung die dringendste Sorge, daß sie sich durchsetzt[2].«

4. Verschiedene Wirkungen derselben Verhältnisse

Meister Kung hatte einen Neffen Kung Mië, der mit Fu Dsï Dsiën gleichzeitig Beamter war. Meister Kung ging eines Tages zu Kung Mië und fragte ihn: »Was hast du gewonnen, was verloren, seit du im Amt bist?«

Jener erwiderte: »Gewonnen habe ich gar nichts, verloren aber habe ich dreierlei. Die Geschäfte im Dienst der Fürsten drängen einander, wer hätte da noch Zeit, das Gelernte zu üben. So wird die Bildung verdunkelt. Das Einkommen ist gering, so daß man seinen nächsten Angehörigen keine Schüssel Brei zukommen lassen kann. So entfremdet man sich seine Blutsverwandten. Die Amtsgeschäfte sind so zahlreich und dringend, daß man keine Zeit hat, seinen Freunden in Trauerfällen Trost zuzusprechen oder sie, wenn sie krank sind, zu besuchen. Dadurch verliert man seine besten Freunde. Das sind die drei Verluste, die ich hatte.«

Meister Kung war unzufrieden. Dann besuchte er den Fu Dsï Dsiën und richtete an ihn dieselbe Frage wie an Kung Mië. Der erwiderte: »Seit ich ins Amt gekommen, habe ich nichts verloren, wohl aber dreierlei gewonnen. Was ich früher nur aus Büchern wußte, habe ich jetzt Gelegenheit anzuwenden. So wird mein Wissen immer klarer. Aus dem Ertrag meines Einkommens kann ich meinen Angehörigen etwas zukommen lassen. Dadurch gewinne ich immer mehr die Anhänglichkeit meiner Blutsverwandten. Die Zeit, da ich in amtlichen Dingen auswärts bin, kann ich gleich benützen, um auch noch meinen Freunden Trost zu spenden, wenn sie von einem Todesfall betroffen sind, oder sie zu besuchen in ihrer Krankheit. Dadurch werden die Beziehungen zu meinen Freunden befestigt.«

Meister Kung atmete tief und sagte von Fu Dsï Dsiën: »Das ist wirklich ein Edler. Es muß in Lu doch noch Edle geben, denn wie könnte er es sonst so weit gebracht haben?«

5. Ehrfurcht vor dem täglichen Brot

Meister Kung saß einst beim Fürsten Ai. Der gab ihm einen Pfirsich und eine Hirseähre und forderte ihn auf zu essen.
Meister Kung aß erst die Hirseähre und dann den Pfirsich. Die Höflinge hielten die Hand vor den Mund und lachten.
Der Fürst sprach: »Die Ähre ist dazu da, den Pfirsich abzuwischen, und nicht zum Essen.«
Meister Kung erwiderte: »Ich weiß es. Aber die Hirse ist die vornehmste der fünf Feldfrüchte. Beim Opfer für den Himmel und im Ahnentempel gilt sie als höchste Gabe. Baumfrüchte gibt es sechs Arten, und der Pfirsich ist der geringste. Er wird nicht gebraucht beim Ahnenopfer und kommt nicht auf den Altar des Himmels. Ich habe gehört, daß der Edle kostbare Dinge mit geringen abwischt, nicht aber, daß er geringe Dinge mit kostbaren abwischt. Nun hieße es, das Höhere in den Dienst des Niederen stellen, wenn man mit der vornehmsten der Feldfrüchte die geringste der Baumfrüchte abwischen wollte. Ich hielt das nicht für vereinbar mit wahrer Kultur und schädlich für die Gerechtigkeit, darum habe ich es nicht gewagt.«
Der Fürst sprach: »Trefflich!«

6. Verschiedene Gesinnung bei gleicher Handlung

Dsï Gung sprach: »Der Herzog Ling von Tschen treibt offene Unzucht an seinem Hofe. I Ye hat ihm ins Gesicht widersprochen, und der Fürst hat ihn getötet. Ist das nicht in derselben Weise wie die Handlung des Bi Gan, der wegen seiner Mahnungen getötet wurde, ein Zeichen höchster Menschlichkeit?«
Der Meister sprach: »Bi Gan stand dem Tyrannen Dschou-Sin der Verwandtschaft nach als Oheim, dem Amt nach als Lehrer gegenüber. Als er ihm seine wohlgemeinten Ratschläge gab, da war es ihm lediglich um die Erhaltung der Dynastie zu tun. Darum hat er ihm bis aufs Blut wider-

standen in der Hoffnung, daß, wenn er sein Leben geopfert habe, Dschou-Sin danach zur Besinnung kommen werde. Seine ursprüngliche Absicht und Gesinnung waren menschlich.

I Ye stand zu dem Herzog Ling nur in der Beziehung eines Hofbeamten, er war durch keine Bande des Bluts mit ihm verknüpft. Aus Rücksicht auf fürstliche Gnade war er nicht weggegangen, sondern hatte am Hof des verbrecherischen Fürsten weiter gedient, um dann schließlich sein armes Einzelleben zu opfern mit dem Wunsch, dadurch die Ordnung im ganzen Staat wiederherzustellen, der in Unzucht und Laster versunken war. Sein Tod war nutzlos. Man kann von ihm höchstens sagen, daß er sein Leben weggeworfen hat. Auf I Ye trifft die Stelle des Liedes zu:

> So viele Laster hat das Volk,
> Daß man nicht weiß, wie festestehn[3].«

7.

Dieser Abschnitt erzählt die Ereignisse, die Kung dazu gebracht haben sollen, sein Amt in Lu zu verlassen. Die Parallele in der Konfuziusbiographie des Schï Gi ist übersetzt in Wilhelm 1928 S. 17-18.

8. *Der Schein trügt*

Tan-Tai Dsï Yü[4] hatte das Äußere eines Edlen. Aber sein Wandel entsprach nicht seinem Äußeren. Dsai Wo[5] hatte einen eleganten Stil, aber seine Weisheit war nicht so groß wie sein Scharfsinn.

Meister Kung sprach: »Es gibt ein Sprichwort: Ein Pferd muß man anspannen, um es kennenzulernen, mit einem Menschen muß man zusammenleben, um ihn kennenzulernen.

Das behält seine Gültigkeit. Wenn man nach dem Aussehen urteilt, wird man von Dsï Yü enttäuscht; wenn man nach dem Stil urteilt, wird man von Dsai Wo enttäuscht.«

9. Der Edle und der Gemeine

Meister Kung sprach: »Wenn der Edle bei andern Vorzüge sieht, die er selbst nicht hat, so hat er Respekt vor ihnen. Wenn der Gemeine an andern Vorzüge sieht, die er selbst nicht hat, so zweifelt er sie an. So fördert der Edle gute Anlagen in andern, während der Gemeine andere in den Schatten stellt, um sich selbst hervorzutun.«

10. Persönlicher Wandel

Kung Mië[6] fragte nach der rechten Art des persönlichen Wandels.

Der Meister sprach: »Lieber etwas nicht wissen wollen, als das, was man weiß, nicht tun; lieber keine Vertrauten haben wollen, als seinen vertrauten Freunden gegenüber nicht zuverlässig sein. Begegnet dir eine Freude, so sei fröhlich, aber nicht hochmütig. Trifft dich ein Leid, so denke auf Abhilfe, aber sei nicht verzagt.«

Kung Mië fragte: »Besteht darin der persönliche Wandel?« Der Meister sprach: »Gib dir Mühe; wenn du etwas nicht kannst, ergänze deine Mängel. Zweifle nicht andre an, wenn du selber etwas nicht kannst. Sei nicht hochmütig gegen andre, wenn du selber etwas kannst. Nur der Weise hat die Fähigkeit, den ganzen Tag zu reden, ohne daß er den Keim zu künftigem Bedauern legt, und den ganzen Tag zu handeln, ohne daß er den Keim zu künftigem Leide legt.«

20. KAPITEL

DSAI O / *In Bedrängnis*

1.

Der erste Abschnitt berichtet über die Notlage des Kung zwischen Tschen und Tsai. Die Parallele in der Konfuziusbiographie des Schï Gi ist in Wilhelm 1928 übersetzt.

2. Im Sturm nicht zagen

Dsï Lu fragte den Meister Kung: »Kommt der Edle auch in Sorgen?«

Der Meister sprach: »Nein. Der Edle pflegt seinen Wandel. Solange er keinen Erfolg erreicht hat, ist er froh in seinem Herzen; wenn er Erfolg erreicht, so ist er außerdem froh, daß er Ordnung schaffen kann; darum ist er sein ganzes Leben lang fröhlich und keinen Tag lang verzagt. Der Gemeine ist nicht so. Ehe er Erfolg erreicht hat, ist er bekümmert, daß er es zu nichts bringt; hat er Erfolg erreicht, so ist er besorgt, daß er ihn wieder verlieren könnte; darum ist er sein ganzes Leben lang verzagt und keinen Tag lang fröhlich.«

3. Dseng Dsïs stolze Armut

Dseng Dsï hatte geringe Kleider an und bestellte selbst seinen Acker in Lu. Der Fürst hörte davon und wollte ihm die Einnahmen einer Stadt als Einkommen geben. Dseng Dsï lehnte entschieden ab und nahm nicht an.

Da sagte jemand: »Ihr habt es ja nicht verlangt, sondern der Fürst hat es Euch von sich aus angeboten, warum lehnt Ihr denn so entschieden ab?«

Dseng Dsï sprach: »Es heißt: Wer von andern Wohltaten annimmt, der muß immer in Scheu vor ihnen leben; wer andern etwas schenkt, ist immer zur Verachtung der andern geneigt. Zugegeben, der Fürst gewährte mir die Gabe, ohne auf mich darum herabzusehen: könnte ich mich denn davon freimachen, in Scheu vor ihm zu stehen?«

Meister Kung hörte davon und sprach: »Dseng Schens Worte sind ein Zeichen, daß seine Grundsätze unwandelbar sind.«

4.

Die Parallele zu diesem Abschnitt ist im Lü Schï Tschun Tsiu, Lü Bu We S. 272–273 übersetzt.

21. KAPITEL: JU GUAN / *Eintritt in die amtliche Laufbahn*
Die Parallele zu diesem Kapitel im 65. Kapitel des Da Dai Li Gi ist im Buch der Sitte S. 201-205 unter Verwendung des Gia Yü-Textes übersetzt.

22. KAPITEL

KUN SCHÏ / *Erzwungener Eid*

1.

Eine kürzere Fassung des ersten Abschnittes ist übersetzt in Liä Dsï, S. 40.

2.

Die Version der Konfuziusbiographie im Schï Gi ist übersetzt in Wilhelm 1928, 24-25.

3. Über Kindesehrfurcht

Dsï Lu befragte den Meister Kung: »Da ist ein Mann, der steht mit Tagesanbruch auf und geht erst spät in der Nacht zur Ruhe, er pflügt und jätet und pflanzt und arbeitet, so daß er Schwielen an Händen und Füßen hat, um seine Eltern zu ernähren, und doch steht er nicht im Ruf eines guten Sohnes. Wie kommt das?«

Meister Kung sprach: »Ich denke, vielleicht ist er in seinem Benehmen nicht ehrfürchtig oder in seinen Worten nicht gefügig oder in seinen Mienen nicht freundlich. Die Alten hatten ein Wort: Liegt's an den andern? Liegt's an dir? Darüber täusche dich ja nicht. Wer wirklich mit aller Kraft seinen Eltern dient und keinen dieser drei Mängel zeigt, warum sollte der nicht in den Ruf eines guten Sohnes kommen? Merke dir, was ich dir sage: Selbst der stärkste Mann im ganzen Land kann sich nicht selbst in die Höhe heben. Nicht daß seine Kraft zu klein wäre, die Umstände erlauben es nicht. Wenn einer zu Hause seine Person nicht bildet, das ist seine eigne Schuld. Wenn aber sein Wandel gepflegt ist und sein Name dennoch keinen guten Klang hat, das ist die Schuld seiner Freunde. (Wessen Wandel gepflegt ist, der bekommt ganz von selbst einen guten Namen.[1]) Darum führt der Edle zu Hause einen rechtschaffenen Wandel, und draußen verkehrt er mit würdigen Freunden. Dann wird er sicher in den Ruf eines guten Sohnes kommen.«

4.

Dieser Abschnitt gehört in den Zusammenhang von 20, 1.

5.

Eine weitere Episode aus der Biographie des Konfuzius, die schon in Lun Yü 9, 5 und 11, 22 erwähnt ist. Siehe auch Dschuang Dsï 17, 8, S. 187f.

6.

Meister Kung sprach: »Wer nicht einmal steile Felsen gesehen hat, der kennt nicht die Gefahr des Sturzes; wer nicht einmal an einem tiefen Brunnen gestanden hat, der kennt nicht die Gefahr des Ertrinkens; wer nicht einmal den großen Ozean gesehen hat, der kennt nicht die Gefahr von Wind und Wellen.
Sind es aber nicht diese drei Gefahren, durch die man hauptsächlich in Verlust gerät? Ein Gebildeter, der sich vor diesen drei Gefahren zu hüten weiß, wird stets frei bleiben von Verwicklungen seines Lebens.«

7. *Die Kunst des Untenseins*

Dsï Gung befragte den Meister Kung und sprach: »Ich stehe nun einmal unter den andern Menschen, aber ich kenne nicht die Grundsätze (Tao) für dieses Untensein, darf ich danach fragen?«
Meister Kung sprach: »Wer unter andern steht, tut der nicht am besten, wenn er ist wie die Erde? Wenn man tief hinunter gräbt, so kommt eine Quelle hervor. Wenn man ihre

Oberfläche bepflanzt, so gedeihen alle Feldfrüchte. Kräuter und Bäume wachsen, Vögel und Tiere finden ihre Nahrung; alles Leben geht aus ihr hervor, und alles Tote kehrt zu ihr zurück. Soviel sie Gutes wirkt, sie tut es unbewußt; soweit ihre Wirkung reicht, sie trägt nichts zur Schau. So muß auch der sein, der unter andern steht.«

8. und 9.

Zwei weitere Episoden aus der Biographie des Konfuzius. Siehe Wilhelm 1928 S. 20 und 22.

10.

Die Da Dai Li Gi-Version dieses Abschnitts ist übersetzt im Buch der Sitte, S. 228-229.

23. KAPITEL: WU DI DE / *Über die Kraft der fünf Herrscher*
Eine erweiterte Version dieses Kapitels findet sich im Da Dai Li Gi, Kapitel 62. Siehe Buch der Sitte S. 281-286.

24. KAPITEL: WU DI / *Die fünf Herrscher*
Dieses Kapitel diskutiert die fünf mythischen Herrscher des Altertums und ihre Beiordnungen nach der Lehre der fünf Wandelkräfte. Ähnliche Beiordnungen finden sich im Lü Schï Tschun Tsiu, in den Kapiteln Yüo Ling und Tan Gung des Li Gi und auch sonst verschiedentlich in der älteren Literatur.

25. KAPITEL: DSCHÏ PE / *Zügelhaltung*
Die Parallelstellen zu den beiden Abschnitten dieses Kapitels im Da Dai Li Gi sind im Buch der Sitte S. 209-212 und 250-253 übersetzt.

26. KAPITEL: BEN MING GIË / *Erklärung der ursprünglichen Bestimmung*
Die Parallele zu diesem Kapitel im 80. Kapitel des Da Dai Li Gi ist im Buch der Sitte S. 244-249 übersetzt.

27. KAPITEL

LUN LI / *Über die Sitte*

Ähnliche Ausführungen über die Sitte in Gesprächen mit Jüngern finden sich auch im 39. Kapitel des Da Dai Li Gi, Buch der Sitte S. 185 bis 190. Während aber dort im wesentlichen auf den Herrscher und Herrscherdienst abgestellt ist, hält sich dieses Gia Yü-Kapitel weitgehend von der Sündsï-Tradition frei. Es erinnert mehr an gelegentliche Aussprüche im Lun Yü und steht im Geist dem Dschung Yung nahe.

1. Über die Sitte

Meister Kung weilte in Muße. Dsï Dschang, Dsï Gung und Yen Yu standen vor ihm. Das Gespräch kam auf die Sitte. Meister Kung sprach: »Setzt euch, ihr drei, ich sage euch, durch die Sitte vermögt ihr in allen Lagen euch vollkommen durchzufinden.«

Dsï Gung nahm das Wort und erwiderte: »Darf ich fragen, wieso?«

Der Meister sprach: »Ehrfurcht ohne Sitte ist grob, Höflichkeit ohne Sitte ist Geschwätz, Mut ohne Sitte ist widerspenstig.« Der Meister fügte hinzu: »Der Schwätzer heuchelt Liebe.«

Dsï Gung sprach: »Darf ich fragen, wie kann man den Kern davon treffen?«

Der Meister sprach: »Der Sitte? Die Sitte stellt eben fest, was der Kern ist.«

Dsï Gung setzte sich und Yen Yu trat vor und sprach: »Darf ich fragen: Dann ist die Wirkung dieser Sitte wohl, daß sie das Schlechte beseitigt und das Gute vervollkommnet?«

Der Meister bejahte.

Yen Yu fragte: »Wieso das?«

Der Meister sprach: »Die Sitten für die Opfer auf dem Himmels- und Erdaltar weisen uns den Weg, den Überirdischen unsere Liebe zu zeigen. Die Sitten für die Opfer im Ahnentempel weisen den Weg, den hingegangenen Geschlechtern unsere Liebe zu zeigen. Die Sitten für die Totenspenden weisen uns den Weg, den Abgeschiedenen unsere Liebe zu zeigen. Die Sitten für die Schützenfeste weisen uns den Weg, den Landsleuten unsere Liebe zu zeigen. Die Sitten für die Gastmähler weisen uns den Weg, den Gästen unsere Liebe zu zeigen. Wer den Sinn des Opfers für den Himmel und die Sitten des Ahnenopfers verstünde, der vermöchte das Reich zu regieren so leicht, als läge es vor ihm auf der Hand.

Wenn also im Hause Sitte herrscht, so nehmen Alter und Jugend ihre verschiedenen Stellen ein. Wenn in den Frauengemächern Sitte herrscht, so sind die Verwandten in Frieden. Wenn bei Hofe Sitte herrscht, so haben alle Beamten den gebührenden Rang. Wenn bei den Jagden Sitte herrscht, so bekommt man Leichtigkeit im Gebrauch der Waffen. Wenn im Heere Sitte herrscht, so werden kriegerische Werke vollbracht.

Auf diese Weise finden Schlösser und andere Gebäude ihren Stil, die Dreifüße und Platten ihre Form, die Arbeiten ihre rechte Zeit, die Musik ihren Rhythmus, die Wagen ihre Gestalt, die Überirdischen ihre Opfer, die Trauerbräuche ihren Ernst, die Wissenschaft ihre zuständigen Vertreter, die Beamten ihre Solidarität, die Geschäfte ihre Erledigung. Wendet man dies auf seine eigene Person an und gibt dadurch ein Vorbild, so treffen alle Bewegungen des ganzen Volkes das Richtige.«

Yen Yu setzte sich. Dsï Dschang trat vor und sprach: »Darf ich fragen, was ist der Sinn der Sitte?«

Der Meister sprach: »Die Sitte ist die Ordnung in allem Tun. Der Edle findet für jedes Geschäft, das er zu tun hat, die entsprechende Ordnung. Ein Reich ordnen zu wollen ohne Sitte, das ist wie ein Blinder ohne Führer, der unsicher tastend seinen Weg sucht; das ist, wie wenn man bei Nacht

in einem dunklen Zimmer etwas suchte. Wenn man kein Licht hat, was will man dann sehen? Ohne Sitte weiß man nicht, was man mit Hand und Fuß anfangen soll, worauf man hören und sehen soll, wann man vortreten und zurücktreten, Verbeugungen machen und den Vortritt lassen soll. Wenn keine solchen Bestimmungen vorhanden sind, so verlieren im Haus alt und jung ihre geziemende Stellung; im Frauengemach verlieren die Verwandten ihren Frieden; bei Hof verlieren die Beamten ihre Rangordnung; bei den Jagden verliert der Gebrauch der Waffen seine Leichtigkeit, und das Heer verliert seine Schlagfertigkeit.
Die Gebäude verlieren ihren Stil, die Geräte verlieren die edle Form, die Geschäfte verlieren die angemessene Zeit, die Musik verliert den Rhythmus, die Wagen verlieren die zweckmäßige Bauart, die Überirdischen werden ihrer Opfer nicht mehr teilhaftig, die Trauerbräuche werden ohne Ernst erledigt, die Wissenschaft verliert ihre zuständigen Vertreter, die Beamten verlieren ihre Solidarität, die Staatsgeschäfte bleiben unerledigt liegen. Auf die eigene Person angewendet gibt man dadurch den anderen ein schlechtes Beispiel, und alle Bewegungen des ganzen Volkes verfehlen ihren Sinn und Zweck. Unter diesen Umständen ist es unmöglich, auf dem Wege der Ahnen die Welt zur Harmonie zu bringen.«
Der Meister sprach: »Hört sorgfältig zu, ihr drei, ich sage euch, es gibt noch neun Dinge, und bei den großen Gastmählern kommen besonders vier davon zur Ausübung. Wer diese kennt, der ist selbst inmitten der Rieselfelder ein berufener Heiliger[1]. Wenn zwei Fürsten sich treffen, so machen sie eine Verbeugung, lassen sich gegenseitig den Vortritt und treten dann ein. Wenn sie durch das Tor gehen, erhebt sich die Musik der Klangsteine und Glocken. Nach abermaligen Verbeugungen und einander den Vortritt lassend, steigen sie zur Halle empor. Sind sie zur Halle emporgestiegen, so hört die Musik auf.
Dann spielen unten die Holzbläser, und es wird ein Kriegs-

tanz vorgeführt, auf den ein friedlicher Tanz mit Flöten folgt.

Dann werden die Tafelgeräte aufgestellt und die Zeremonien und die Musik in der richtigen Reihenfolge angeordnet und die Beamten vollzählig aufgestellt. An diesen Vorbereitungen erkennt der Edle die Güte des Gastgebers. Die Bewegungen beim Gehen sind kreisförmig. Die Glocken der Wagen sind auf die Melodie Tsai Dsi gestimmt. Der Gast wird hinausgeleitet unter den Klängen der Yung-Ode[2]. Abgeräumt werden die Geräte unter den Klängen der Dschen-Yu-Musik.

Darum gibt es für den Edlen nichts, das nicht unter die Regeln der Sitte fiele. Daß beim Eintritt die Metallinstrumente spielen, zeigt die freundliche Gesinnung des Wirtes an. Durch den Gesang der Tsing-Miau-Ode[3] beim Emporsteigen zeigt er seine Tugend. Durch die Tänze, die unten im Hofe zur Begleitung der Musik aufgeführt werden, zeigt der Wirt seinem Gaste die Zustände in seinem Land.

Die Edlen des Altertums brauchten darum nicht notwendig selbst miteinander zu reden. Durch ihre Sitten und ihre Musik zeigten sie einander ihre Art.

Die Sitte ist vernunftgemäße Ordnung, Musik ist Rhythmus. Ohne Sitte kann man sich nicht frei bewegen, ohne Rhythmus kann man nicht schaffen. Wer von der Poesie nichts versteht, der geht in Beziehung auf die Sitte in die Irre. Wer von Musik nichts versteht, der ist in Beziehung auf die Sitte zu trocken. Wer keine Geisteskraft besitzt, dessen Ausübung der Sitte bleibt äußerlich.«

Dsï Gung stand auf und sprach: »Dann war also der Einbein beschränkt?[4]«

Der Meister sprach: »Die Männer des Altertums und des höchsten Altertums nannten einen, der nur etwas von der Sitte verstand, aber nichts von der Musik, trocken, und einen, der nur von der Musik etwas verstand, aber nichts von der Sitte, einseitig. Der Einbein verstand nur etwas von

der Musik, aber nichts von der Sitte, darum ist er unter diesem Namen auf die Nachwelt gekommen. Er war ein Mann des Altertums.
Alle staatlichen Einrichtungen beruhen auf der Sitte, alle Kultur beruht auf der Sitte. Die Ausführung aber beruht auf den Menschen.«
Als die drei Schüler diese Rede des Meisters vernommen, wurden sie erleuchtet, als wachten sie aus einer Blindheit auf.

2. Über Lieder, Musik und die Sitte

Dsï Hia saß vor dem Meister Kung und sprach: »Im Buche der Lieder heißt es:

> Ein freundlich mildgesinnter Fürst
> Ist Vater, Mutter seinen Leuten[5].

Darf ich fragen, wie ein Fürst sein muß, damit er seiner Leute Vater und Mutter genannt werden kann?«
Meister Kung sprach: »Der Vater seines Volkes muß notwendig zu der Quelle der Sitte und der Musik durchgedrungen sein, damit er die fünf höchsten Dinge herbeiführen und die drei unnötigen Dinge vermeiden kann, damit sein Einfluß sich über die ganze Welt erstreckt. Wenn irgendwo ein Unheil droht, so fühlt er es selber zuerst: Ein solcher Mann ist der wahre Vater seines Volkes.«
Dsï Hia sprach: »Darf ich fragen, was die fünf höchsten Dinge sind?«
Meister Kung sprach: »Das höchste Ideal des Willens ist auch zugleich das höchste Ideal der Poesie; das höchste Ideal der Poesie ist auch zugleich das höchste Ideal der Sitte; das höchste Ideal der Sitte ist auch zugleich das höchste Ideal der Musik; das höchste Ideal der Musik ist auch zugleich das höchste Ideal des Schmerzes. Poesie und Sitte ergänzen einander, Freude[6] und Schmerz erzeugen einander. Dies kann, auch wenn man mit klaren Augen danach späht, nicht erblickt werden; auch wenn man mit

zugewandtem Ohre lauscht, nicht gehört werden. Und doch durchdringt die Kraft des Willens Himmel und Erde und erfüllt bei ihrer Äußerung die ganze Welt; das sind die fünf höchsten Dinge.«
Dsï Hia sprach: »Darf ich fragen, was die drei unnötigen Dinge sind?«
Meister Kung sprach: »Es ist die Musik ohne Töne, die Sitte ohne äußere Gestalt, die Trauer ohne Gewand; das sind die drei unnötigen Dinge.«
Dsï Hia sprach: »Darf ich fragen, welche Liederstellen passen darauf?«
Meister Kung sprach:

> »Hat Tag und Nacht das Amt begründet, tief und still[7].

Das ist die Musik ohne Töne.

> Stets übt ich Ehrbarkeit und Zucht,
> Nichts, dem man Tadel zollen kann[8].

Das ist die Sitte ohne äußere Gestalt.

> Traf irgendwen ein Trauerfall,
> Ich kroch hinzu, um ihm zu helfen[9].

Das ist Trauer ohne Gewand.«
Dsï Hia sprach: »Diese Worte sind schön und groß, ist nun damit alles erschöpft?«
Meister Kung sprach: »Weit entfernt. Ich sage dir, die Ausübung dieser Pflichten kennt noch fünf Stücke.«
Dsï Hia sprach: »Wieso?«
Meister Kung sprach: »Die Musik ohne Töne bewirkt, daß die Kraft des Willens nirgends auf Widerstand stößt; die Sitte ohne äußere Gestalt bewirkt, daß das ganze Benehmen eine selbstverständliche Leichtigkeit bekommt; die Trauer ohne Gewänder ist innerliches Mitleid von großer Innigkeit. Die Musik ohne Töne bewirkt bei anderen, daß sie unserem Willen folgen; die Sitte ohne äußere Gestalt bewirkt, daß

Vorgesetzte und Untergebene in einträchtiger Übereinstimmung leben; die Trauer ohne Gewänder vermag sich auf alle Menschen zu erstrecken. Wenn das erreicht ist, dann muß man es noch den drei Dingen ohne Vorliebe nachtun, um der Welt seine Mühen zugute kommen zu lassen. Dies sind die fünf Stücke bei der Ausübung.«

Dsï Hia sprach: »Was ist das, die drei Dinge ohne Vorliebe?«

Meister Kung sprach: »Der Himmel beschirmt ohne Vorliebe alle Wesen, die Erde trägt sie alle ohne Vorliebe, Sonne und Mond scheinen auf alle ohne Vorliebe. Es ist, wie es im Buch der Lieder heißt:

> Der Wille Gottes, unabänderlich,
> Berief den Tang, der seiner wert.
> Tang kam zur rechten Zeit zur Erde,
> Und täglich mehrt sich seine Heiligkeit,
> Sein Licht strahlt sieghaft, selbstverständlich,
> Und Gott erkannte selbst ihn an,
> Der Wille Gottes gab ihm die neun Länder[10].

Also war die Geistesart des Tang.«

Dsï Hia stand unvermittelt auf, blieb aufrecht an der Wand stehen und sprach: »Darf ich mir das nicht aufschreiben?«

28. KAPITEL

GUNG SCHE / *Über Gautrinken und Schützenfeste*

Ähnlich wie im Siau Dai Li Gi ist in diesem Kapitel über die Bedeutung volkstümlicher Feste gehandelt. Eigentlich ging das Trinkgelage dem Schießen voraus, diese Reihenfolge ist im Li Gi auch eingehalten. Zur Sache vgl. Lun Yü 3, 7.

Das Gauschießen wurde veranstaltet, die tüchtigen und gebildeten Leute herauszufinden. Es kam darauf an, daß alle Bewegungen rhythmisch waren und das Ziel doch getroffen wurde. Das Ideal ist durch Anmut beherrschte Kraft. Der Sieger hatte das Recht, dem Besiegten einen Becher zuzudiktieren. Die Zielscheiben waren teils rechteckig aus Tuch, teils rund aus verschiedenen Lederringen. Im Zentrum war ein Schwan gemalt wegen seines schnellen Fluges. Wurde ein Ring getroffen, so fiel er ab.

1. Das Schützenfest

Meister Kung sah einst bei einem Gauschießen zu. Da sprach er seufzend: »Beim Schießen nach der Musik kommt es darauf an, wie man schießt und wie man zuhört. Wer den Klängen der Musik folgend den Pfeil abschießen kann und nicht das Ziel verfehlt, der muß ein tüchtiger Mann sein. Ein untauglicher Mensch ist einfach nicht imstande, dem anderen den Becher zuzudiktieren. Im Buch der Lieder heißt es:

> Nun lasset eure Schießkunst sehn
> Und trefft das weiße Mittelmal
> Zu fordern euren Strafpokal[1].

Fordern heißt, nach etwas trachten. Man trachtet danach, etwas zu treffen, damit man den Becher abweisen kann. Der Wein dient, um das Alter zu stärken oder einen Kranken zu stärken. Wenn man daher zu treffen trachtet, um den Becher abweisen zu können, weist man es ab, der Stärkung zu bedürfen. Denn ein rechter Mann muß schießen können, wenn man es ihn heißt. Kann er's nicht, so kann man zu seiner Entschuldigung nur annehmen, daß er schwach und krank ist. Das ist schon in dem Brauch ausgedrückt, daß man bei der Geburt eines Knaben einen Bogen vor die Türe hängt.«

Darauf zog er sich zurück und veranstaltete mit seinen Jüngern zusammen ein Wettschießen in einem Garten zu Guo Siang. Dabei standen die Zuschauer dicht gedrängt wie eine Mauer. Als das Schießen soweit vorgeschritten war, daß man einen Schießmeister ernannte, da ließ er den Dsï Lu mit Bogen und Pfeil in der Hand hinaustreten unter die Reihen und zu den Schützen also sprechen: »Führer

geschlagener Heere, Beamte vernichteter Staaten und solche, die sich anderen als Adoptivsöhne angeboten haben, haben keinen Zutritt. Die anderen mögen alle eintreten.«
Da verzog sich wohl die Hälfte. Darauf ließ er den Gung-Wang Dschï-Kiu und den Sü Diën den Becher schwingen und reden. Gung-Wang Kiu sprach: »Wer unter den Jungen und Kräftigen seine Eltern und älteren Brüder ehrt, wer unter den Alten und Greisen die Sitte liebt, wer nicht schlechten Bräuchen folgt, wer seinen Wandel pflegt bis in den Tod, der trete vor.«
Da verzog sich abermals die Hälfte.
Da schwang Sü Diën den Becher und rief: »Wer unermüdlich das Lernen liebt, wer unabänderlich der Sitte zugetan ist, wer unter den Neunzig- und Hundertjährigen über die Wahrheit (Tao) zu reden vermag ohne Verwirrung, der trete vor.«
Da blieben kaum noch ein paar da.
Als das Schießen zu Ende war, da trat Dsï Lu vor den Meister und sprach: »Warum bin ich und die beiden zu Schützenmeistern gemacht worden?«
Meister Kung sprach: »Weil ihr eurer Aufgabe gewachsen wart.«

2. Gautrinken

Meister Kung sprach: »Wenn ich dem Gautrinken zusehe, merke ich, wie einfach und leicht es ist, als König über die Welt zu herrschen. Der Wirt lädt selber den Ehrengast und seinen Genossen ein, und die anderen Gäste folgen ihm alle. Vor dem Haupttor verneigt sich der Wirt vor dem Ehrengast und seinem Genossen, während die anderen Gäste alle von selber eintreten. Auf diese Weise wird der Unterschied von Vornehm und Gering zum Ausdruck gebracht. Unter drei Verbeugungen kommt man an die Stufen, nach dreimaliger Aufforderung steigt der Gast hinauf. Oben begrüßt man einander, und der Wirt bietet dem Gast einen Trunk. Die Bräuche der Höflichkeit sind dem Ehrengast gegenüber sehr umständlich. Wenn der Genosse heraufkommt, so werden schon weniger Umstände gemacht. Was die übrigen Gäste anbelangt, so steigen sie einfach empor, nehmen den Becher in Empfang, setzen sich zur Spende und stehen wieder auf und trinken. Sie warten ihrerseits nicht dem Wirte auf, sondern begeben sich einfach an ihren Platz. Dadurch werden die Abstufungen zwischen umständlicher und einfacher Höflichkeit unterschieden. Dann kommen die Musikanten und singen drei Lieder. Darauf gibt der Wirt ihnen zu trinken. Nun kommen die Flötenbläser und spielen drei Stücke. Darauf gibt der Wirt auch ihnen zu trinken.

Dann wird dreimal abwechselnd gespielt und gesungen. Schließlich erhebt sich der Chor und singt mit Begleitung der Instrumente drei Stücke. Dann melden die Musikanten, daß die Musik fertig ist, und gehen weg.

Darauf schwingt einer den Becher, und es wird ein Trinkwart eingesetzt. Dazu nimmt man einen Mann, der es versteht, Heiterkeit ohne Ausgelassenheit zu verbreiten.

Dann trinkt der Ehrengast dem Wirt zu, der Wirt dem Genossen, der Genosse den übrigen Gästen, jeder dem anderen dem Alter nach bis herunter zu den Becherspülern. Das ist, daß man erkenne, das Alter zu ehren und doch keinen zu übergehen.

Dann geht man herunter, zieht die Schuhe aus, läßt sich auf den Matten nieder und pflegt des Bechers, ohne nachzurechnen. Als Maß für das Weintrinken gilt nur, daß, wenn das Gautrinken am Morgen stattfindet, man frisch bleibe für die Geschäfte des Vormittags, wenn es abends stattfindet, die Geschäfte des Abends nicht darüber versäumt werden. Wenn die Gäste aufbrechen, geleitet sie der Wirt, und die Regeln der Höflichkeit sind damit zu Ende. Das bringt zum Ausdruck, daß man fröhlich zechen kann, ohne ausgelassen zu werden.

Klarheit über die Unterschiede von Vornehm und Gering, Abstufung der verschiedenen Höflichkeitsformen, Heiterkeit, ohne sich gehen zu lassen, Ehrerbietung gegen das Alter, ohne die anderen zu übergehen, fröhliche Gelage ohne Ausgelassenheit: diese fünf Stücke reichen hin, das eigene Leben zu ordnen und dem Staate Ruhe zu geben. Womit aber ein Staat zur Ruhe gebracht werden kann, damit kommt auch die ganze Welt zur Ruhe. Darum sage ich: Wenn ich dem Gautrinken zusehe, merke ich, wie einfach und leicht es ist, als König über die Welt zu herrschen.«

3. Fasching

Dsï Gung sah dem Treiben am Tage des Dscha-Opfers[2] zu. Meister Kung sprach: »Bist du auch fröhlich, Sï?«
Dsï Gung erwiderte: »Die Leute des ganzen Landes benehmen sich wie verrückt, ich weiß nicht, was da Fröhliches dabei sein soll.«
Meister Kung sprach: »Daß nach der Mühsal von hundert Tagen ein Tag der Freude und ein Tag des Genusses nötig ist, das verstehst du nicht. Den Bogen nur spannen, ohne ihn zu entspannen, das hätten selbst die Könige Wen und Wu nicht gekonnt; nur Abspannung ohne Anspannung, das hätten sie nicht gewollt. Anspannung im Wechsel mit Abspannung, das ist der Weg der Könige Wen und Wu.«

29. KAPITEL

GIAU WEN / *Fragen über das Angeropfer*

Eine ausführlichere Darstellung und Würdigung des Angeropfers findet sich im Kapitel Giau Te Scheng des Siau Dai Li Gi. Auszüge daraus sind im Buch der Sitte S. 254–257 übersetzt. Die Tradition des Gia Yü weicht aber in verschiedenen Einzelheiten von der im Li Gi ab.

Herzog Ding befragte den Meister Kung und sprach: »Die Herrscher der alten Zeiten opferten auf dem Anger, indem sie stets ihren Ahn dem Himmelsgott beigesellten, was hat das zu bedeuten?«

Meister Kung erwiderte: »Alle Dinge stammen vom Himmel, der Mensch stammt von seinen Ahnen. Das Opfer auf dem Anger hat den Sinn, in dankbarer Anerkennung des eigenen Ursprungs sich zu seinen Stammeltern zurückzuwenden; darum gesellte man sie dem höchsten Herrn bei. Der Himmel zeigt in den Naturerscheinungen die Ideen, die der berufene Heilige nachbildet. Dadurch wird durch das Opfer auf dem Anger das Wirken (Tao) des Himmels erklärt.«

Der Herzog sprach: »Ich habe gehört, daß bei den Opfern auf dem Anger Abweichungen vorkommen. Woher kommt das?«

Meister Kung sprach: »Beim Opfer auf dem Anger begrüßt man den Wiedereintritt der längeren Tage. Es war ein großes Dankfest für den Himmel, der in der Sonne verehrt wurde, während der beigesellte Ahn im Monde gedacht war. Das erste Opfer auf dem Anger, das das Haus Dschou darbrachte, war in dem Monat der Wintersonnenwende, als Tag wurde der erste Sin-Tag gewählt. Im Monat des Erwachens aus dem Winterschlaf wurde abermals die Bitte um Kornsegen vor den höchsten Herrn gebracht. Diese beiden Opfer sind Sitten, die der Himmelssohn ausübt. In Lu wird die große Opferfeier zur Wintersonnenwende nicht begangen, um den Abstand des Ranges gegenüber dem Himmelssohn festzuhalten. Darauf beruht diese Abweichung.«

Der Herzog sprach: »Was bedeutet der Ausdruck Angeropfer?«

Meister Kung sprach: »Es wurde ein runder Hügel im Süden errichtet, um auf diese Weise dem Lichten (Yang) sich zuzuwenden; das war auf dem Anger vor der Stadt; darum heißt das Opfer Angeropfer.«

Der Herzog sprach: »Und wie verhält es sich mit den Gegenständen des Opfers?«
Meister Kung sprach: »Das Rind für den höchsten Herrn muß Hörner haben, die eben am Hervorbrechen sind. Es muß drei Monate im Opferstall gefüttert werden. Das Rind für Hou Dsi muß nur fehlerlos sein. Auf diese Weise wird der Dienst des himmlischen Gottes und der menschlichen Seelen unterschieden. Das Opfertier ist braunrot, weil die rote Farbe am höchsten geschätzt wird. Man nimmt ein Kalb, weil das Unverfälschte für wertvoll gilt. Man kehrt den Boden an der Stelle, wo man opfert, weil das Ursprüngliche am wertvollsten ist. Als Geräte nimmt man solche aus Ton und Kürbisschalen, um dem Natürlichen von Himmel und Erde zu gleichen. Unter allen Dingen ist keines, das als würdig bezeichnet werden könnte, darum hält man sich an die natürlich gewachsene Form.«
Der Herzog sprach: »Darf man die Sitten und Gebräuche für das Angeropfer des Himmelssohnes hören?«
Meister Kung sprach: »Ich habe gehört, daß der Himmelssohn, wenn er das Orakel befragen will wegen des Opfers auf dem Anger, den Befehl dazu entgegennimmt im Tempel der Ahnen und die Schildkröte befragt im Tempel seines Vaters, um die Ehrfurcht vor den Ahnen und die Anhänglichkeit an den Vater zum Ausdruck zu bringen. An dem Tag des Orakels begab sich der König persönlich nach dem Weiherschloß und hörte stehend die Anweisungen an, um die Bereitwilligkeit zur Annahme von Belehrung und Mahnung zum Ausdruck zu bringen. Nachdem das Orakel befragt war, wurden die Befehle an die beim Opfer beteiligten Beamten innerhalb des zweiten Tors weitergegeben, um die Beamten zur Vorsicht zu mahnen.
Im Begriff, sich auf den Anger zu begeben, trägt der Himmelssohn zunächst eine Ledermütze zur Entgegennahme der Nachricht, daß das Opfer bereit ist, um dem Volk die Furcht vor den Oberen zu zeigen.

Am Tage des Opfers verstummen alle Trauerklagen, Leute in Trauerkleidern betreten die Tore der Hauptstadt nicht. Der Weg wird gereinigt und gekehrt und mit reiner Erde bestreut, der ganze Verkehr wird eingestellt. Das alles vollzieht sich, ohne daß besondere Befehle dazu gegeben werden müßten, als Zeichen höchster Ehrfurcht. Der Himmelssohn trägt das große Pelzgewand mit Mäanderornamenten. Durch Tragen des großen Pelzgewandes soll die Erscheinung des Himmels dargestellt werden. Er fährt auf einem schmucklosen Wagen, um die naturgemäße Einfachheit zu betonen. Die Banner haben zwölf Fahnenbänder, sie tragen Embleme von Drachen, Sonne und Mond als Symbole des Himmels. Am großen Altare angekommen, zieht der König das Pelzgewand aus und kleidet sich in das Feiergewand. So naht er sich dem Holzstoß. Er trägt die Krone mit zwölf Nephritperlenschnüren, um die Zahl des Himmels darzustellen.
Ich habe gehört, daß das Hersagen aller 300 Lieder noch nicht an Wichtigkeit dem Darbringen eines Opfers gleichkommt.
Die Sitten eines solchen gewöhnlichen Opfers erreichen nicht die Bedeutung des großen Opfermahls für den königlichen Ahn. Die Sitten des großen Opfermahls erreichen nicht die Bedeutung des Opfers für die fünf Herrscher. Aber selbst die Opfer zusammengenommen erreichen noch nicht die Bedeutung des Opfers für den höchsten Herrn.
Darum wagt der Edle nicht, leichthin über diese Sitten zu reden.«

30. KAPITEL

WU HING GIË / *Ausführungen über die fünf Strafen*

Die Parallelstellen zum 1. Abschnitt dieses Kapitels im Da Dai Li Gi sind im Buch der Sitte S. 207-209 und 249 übersetzt. Der Grundsatz des zweiten Abschnittes findet sich in der älteren Literatur mehrfach belegt. Die hier wiedergegebenen Ausführungen zu diesem Grundsatz entsprechen in der frühen Hanzeit vertretenen Traditionen. Die Parallelstelle im Sin Schu des Gia I ist weniger ausführlich. Es fehlt ihr auch die Begründung der zweiten Hälfte des Grundsatzes.

2. *Gesetz und Sitte*

Jan Yu befragte den Meister Kung und sprach: »Die alten Könige hatten ein Gesetz, daß die leiblichen Strafen nicht hinaufreichten bis zu den hohen Würdenträgern und die Sitten nicht herunterreichten bis auf den Mann aus dem Volk. Wenn nun aber ein hoher Würdenträger ein Verbrechen begeht, soll der dann nicht der Strafe verfallen? Und soll der Wandel des gemeinen Mannes nicht auch durch die Sitte geleitet werden?« Meister Kung sprach: »So ist es nicht. Um einen Edlen in Ordnung zu halten, muß man durch die Sitte auf seine Gesinnung wirken und ihn durch die Berufung auf sein Ehrgefühl zu freiwilliger Anerkennung bringen. Darum: Wenn in alter Zeit unter den hohen Würdenträgern einer war, der sich Unehrlichkeit und Bestechlichkeit hatte zuschulden kommen lassen, so entfernte man ihn aus seiner Stellung nicht mit der Begründung, daß er unehrlich und bestechlich sei, sondern man entfernte ihn aus seiner Stellung mit der Begründung, daß seine Einkünfte nicht geregelt seien[1]. Wenn sich einer einen unsittlichen Lebenswandel zuschulden kommen ließ, so entfernte man ihn aus seiner Stellung nicht mit der Begründung, daß er einen zuchtlosen Lebenswandel führe, sondern mit der Begründung, daß seine Familienverhältnisse nicht in Ordnung seien[2]. Wenn sich einer Widerspenstigkeit gegen die Oberen und Untreue zuschulden kommen ließ, so lautete die Begründung nicht, daß er widerspenstig und treulos sei, sondern daß er die Tugenden eines Beamten noch nicht genügend entfalte. Wenn sich einer Schwäche und Unfähigkeit im Amt zuschulden kommen ließ, so lautete die Begründung nicht, er sei schwach und unfähig im Amt, sondern sie lautete, seine Untergebenen täten ihre Pflicht nicht. Wenn sich einer eigenmächtige Mißachtung der Grundgesetze des Staates zuschulden kommen ließ, so lautete die Begründung nicht, er habe eigenmächtig in die Grundgesetze des Staates eingegriffen, sondern sie lautete, er habe bei seinen Handlungen sich nicht vorher die Genehmigung eingeholt.

In diesen fünf Fällen wußten die hohen Würdenträger von selbst, welche Verschuldung sie auf sich geladen hatten. Deshalb vermied man es schonend, es ihnen geradeheraus auf den Kopf zuzusagen. Indem man sie auf diese Weise schonte, suchte man auf ihr Ehrgefühl zu wirken.

Wenn ein hoher Würdenträger sich eines Verbrechens schuldig gemacht hatte, das in den Bereich der fünf leiblichen Strafen fiel, so machte der Herrscher, wenn er davon hörte, ihm unumwunden Vorwürfe; darauf begab sich der Betreffende im Trauergewand mit einer Schüssel Wasser, über der ein Schwert lag, zum Palast und bat selbst um seine Bestrafung. Der Fürst sandte keine Häscher, um ihn festnehmen, binden und herbeischleifen zu lassen.

Wenn einer ein todeswürdiges Verbrechen begangen und das Urteil des Herrschers vernommen hatte, dann wandte er sich dem Fürsten zu, verneigte sich zweimal, kniete nieder und tötete sich selbst. Der Fürst sandte nicht Häscher aus, um ihn gefangenführen und hinrichten zu lassen. Dann konnte er sagen: Der Würdenträger hat sein Schicksal selbst gewählt, ich habe ihn behandelt, wie es die Sitte will.

Obwohl also die Strafe nicht hinaufreichte bis zu den hohen Würdenträgern, entgingen sie dennoch der Bestrafung nicht. Das war eine Folge ihrer Kultur.

Was nun das andere anlangt, daß die Sitte sich nicht bis herunter auf den gemeinen Mann erstreckte, so ist der Sinn der, daß der gemeine Mann seinen Geschäften nachgehen muß und nicht imstande ist, den Anforderungen der Sitte in allen Stücken nachzukommen, und daß man deshalb keine vollkommene Beachtung aller dieser Regeln ihm zumuten darf.«

Jan Kiu verbeugte sich, erhob sich von seiner Matte und sprach: »Diese Worte sind wahrlich schön, ich habe so etwas noch nie gehört.«
Dann zog er sich zurück und schrieb sie auf.

31. KAPITEL

HING DSCHENG / *Strafen und Regieren*

Dschung Gung[1] befragte den Meister Kung und sprach: »Ich habe sagen hören, wo die Anwendung von Strafen herrschend ist, da ist kein Platz mehr für die Anwendung von Regierungsmaßregeln; wo gute Regierung herrscht, da ist kein Grund mehr zur Anwendung von Strafen. Zustände, da die Anwendung von Strafen die Regierung verdrängte, herrschten zu den Zeiten von Gië und Dschou-Sin[2]. Zustände, da die Güte der Regierung Strafen überflüssig machte, herrschten zu den Zeiten der Könige Tscheng und Kang[3]. Ist das wahr?«
Meister Kung sprach: »Die Ordnung, die der berufene Heilige schafft, beruht auf Beeinflussung. Dabei ergänzen sich Regierungsmaßregeln und Strafen gegenseitig. Die Weisen höchster Art belehren die Leute durch die Macht ihres Geistes und gleichen die Unterschiede zwischen ihnen aus durch die Sitte. Die nächste Stufe ist die, die Leute durch Regierungsmaßregeln zu leiten und durch Strafen in Schranken zu halten. Der Zweck der Strafen ist, die Anwendung der Strafen überflüssig zu machen. Wenn man die Leute beeinflußt und sie sich nicht bessern, wenn man sie zum Guten anleitet und sie nicht gehorchen, sondern die Pflicht verletzen und dadurch die Volkssitten verderben, dann erst greife man zur Strafe. Bei der Anwendung der fünf Strafen halte man sich an die natürlichen Beziehungen.

Werden die Strafen angewandt, so soll man auch in leichten Fällen keine Milde walten lassen. Der Zweck der Strafe ist, zu gestalten, eine Gestalt aber beruht auf ihrer abgeschlossenen Form. Nachdem die Sache erst einmal abgeschlossen ist, läßt sie sich nicht mehr ändern. Darum gibt sich der Edle in solchen Fällen die äußerste Mühe.«

Dschung Gung sprach: »In alter Zeit soll man sich bei Gerichtsentscheidungen in der Zumessung der Strafe nur an den Tatbestand gehalten haben, ohne auf die Absicht des Täters Rücksicht zu nehmen. Darf ich darüber etwas hören?«

Meister Kung sprach: »Bei der Entscheidung der schweren Strafsachen mußten die verwandtschaftlichen Rücksichten des Angeklagten und das Pflichtverhältnis zwischen Fürst und Diener in Betracht gezogen werden, um billig abzuwägen. Man mußte die Schwere der Strafe überlegen, auf mildernde Umstände Rücksicht nehmen, um die Unterschiede des Strafmaßes danach festzustellen. So mußte der Richter seinen ganzen Scharfsinn zusammennehmen, seine ganze Gewissenhaftigkeit und Güte walten lassen, um die Sache zu erschöpfen. Der oberste Richter hatte die Strafgesetze klar und genau zu handhaben bei der Untersuchung der Strafsachen. Jede Sache mußte dreimal aufgenommen werden. Wenn nur die Absicht da war, ohne daß sie zur Ausführung kam, so wurde das Verfahren nicht aufgenommen. Die Strafzumessung richtete sich nach den Vorgängen größter Milde. Der Straferlaß richtete sich nach den Vorgängen, bei denen die schwersten Strafen erlassen waren. In zweifelhaften Fällen wurden alle erreichbaren Zeugen vernommen. Wenn die Sache auch so noch nicht aufgeklärt werden konnte, wurde das Verfahren niedergeschlagen. In allen Fällen wurde das Urteil gefällt im Anschluß an die entsprechenden Vorgänge. Darum wurden Männer von Rang vor dem Palast abgeurteilt, damit die Öffentlichkeit teilhatte. Die leiblichen Strafen wurden auf dem Marktplatz vollzogen, damit der

Verbrecher zugleich von der öffentlichen Meinung verurteilt wurde. In alter Zeit war es üblich, daß Fürstenhäuser keine leiblich Bestraften in ihren Diensten hielten. Die hohen Würdenträger sollten sie nicht ernähren, ein Gebildeter, der ihnen auf der Straße begegnete, nicht mit ihnen reden. Sie waren Verworfene, die hingehen konnten, wo sie wollten, die Fürsorge der Regierung erstreckte sich nicht auf sie, ihr Leben hatte keinen Wert mehr.«

Dschung Gung sprach: »Wer hatte beim Strafverfahren das Urteil zu fällen?«

Meister Kung sprach: »Das Urteil wurde gefällt vom Unterrichter. Der Unterrichter berichtete das gefällte Urteil an den Richter der zweiten Instanz. Der hörte die Sache nochmals an, dann gab er sie an den Oberrichter weiter. Der Oberrichter hörte sie und unterbreitete sie dann dem König. Der König befahl den drei höchsten Würdenträgern, den hohen Räten und Rittern, sie unter den Kreuzdornbäumen[4] nochmals zu hören. Dann erst wurde das gefällte Urteil an den König zurückberichtet. Der König machte dreimal Milderungsgründe geltend. Doch fügte er sich der Entscheidung der Würdenträger, und die Strafe wurde vollzogen. Dadurch sollte die Schwere der Verantwortung zum Ausdruck kommen.«

Dschung Gung sprach: »Was waren die wichtigsten Verbote?«

Meister Kung sprach: »Wer durch schlaue Reden[5] das Gesetz verdreht, wer dem Begriff folgend die staatlichen Einrichtungen ändert[6], wer an verkehrten Wegen festhält und die Regierung in Unordnung bringt: der soll getötet werden. Wer unzüchtige Musik macht[7], wer fremdartige Kleidermoden ersinnt, wer allerlei Maschinen und Kunststücke vorführt, um das Herz der Oberen zu betören: der soll getötet werden. Wer Falschheit übt und fest dabei beharrt, wer Lügen redet und beredt ist, wer Irrlehren lehrt und darin bewandert ist, wer dem Bösen nachgibt und es noch

beschönigt und dadurch die Öffentlichkeit verwirrt: der soll getötet werden. Wer Dämonen und Götter benützt oder Zeit- und Tagewählerei oder Orakel- und Losziehen, um die Menge zu betören: der soll getötet werden.
Diese vier Verbrechen wurden mit dem Tode bestraft, ohne daß sie erst vor dem königlichen Gerichtshof besprochen wurden.«
Dschung Gung sprach: »Beschränkten sich die Verbote auf diese vier?«
Meister Kung sprach: »Das sind die wichtigsten. Außerdem gab es noch vierzehn Verbote:
Vom König geschenkte Gewänder und Wagen dürfen nicht auf dem Markt verkauft werden. Rechteckige und runde Nephritszepter, Nephritsymbole des Himmels und der Erde dürfen nicht auf dem Markt verkauft werden. Geräte aus dem Ahnentempel dürfen nicht auf dem Markt verkauft werden. Fahnen von Kriegsheeren dürfen nicht auf dem Markt verkauft werden. Opfertiere, Opferreis und Kräuter vom Opfer dürfen nicht auf dem Markt verkauft werden. Kriegsgeräte, Waffen und Panzer dürfen nicht auf dem Markt verkauft werden. Gebrauchsgeräte, die nicht das rechte Maß haben, dürfen nicht auf dem Markt verkauft werden. Leinen und Seide, fein oder grob, die nicht die rechte Breite und Länge haben, dürfen nicht auf dem Markt verkauft werden. Mißfarben, die die reinen Farben stören, dürfen nicht auf dem Markt verkauft werden. Gegenstände aus gestickter Seide, Perlen und Edelsteine, geschnitzte, verzierte, polierte und aufgeschmückte Dinge dürfen nicht auf dem Markt verkauft werden. Fertige Kleider, Getränke und Speisen dürfen nicht auf dem Markt verkauft werden[8]. Früchte und Gemüse, die nicht der Jahreszeit entsprechen, dürfen nicht auf dem Markt verkauft werden. Hölzer, die nicht auf die rechte Weise gefällt sind, dürfen nicht auf dem Markt verkauft werden. Vögel und Tiere, Fische und Schild-

kröten, die nicht auf die richtige Weise geschlachtet sind, dürfen nicht auf dem Markt verkauft werden.

Alle, die diese Verbote zu handhaben hatten, um die Massen in gleichmäßiger Ordnung zu halten, ließen keine Übertretung ungestraft.«

32. KAPITEL: LI YÜN / *Die Entwicklung der Sitte*
Die Parallelstelle zu diesem Kapitel im Siau Dai Li Gi ist übersetzt im Buch der Sitte S. 30-43.

33. KAPITEL

GUAN SUNG / *Die Männerweihe*

Die Zeremonie der Männerweihe, die etwa einer Mündigkeitserklärung gleichkam, spielte im Leben jedes Mannes eine große Rolle. Sie ist in der alten Literatur verschiedentlich beschrieben, u.a. im 79. Kapitel des Da Dai Li Gi, Buch der Sitte S. 337-338. Die hier vorliegende Abhandlung geht aber über ähnliche Beschreibungen in verschiedenen Punkten hinaus.

Fürst Yin von Dschu hatte schon den Thron bestiegen und sollte den Männerhut empfangen. Er ließ einen Würdenträger durch Vermittlung des Mong I Dsï nach den Sitten dafür bei Meister Kung anfragen.

Der Meister sprach: »Die zu befolgenden Sitten sind dieselben wie bei der Überreichung des Männerhutes an einen Thronfolger: Er empfängt den Hut auf der östlichen Stufe, um damit anzudeuten, daß er ein bedeutender Nachfolger seiner Vorfahren werden möge. Er trinkt den Wein auf dem Platz des Gastes, dann erfolgt die Mündigkeitserklärung. Er empfängt der Reihe nach drei Hüte, einer vornehmer als der andere, um dadurch sein Streben nach Höherem anzuleiten. Nach der Übergabe des Huts wird er mit seinem Ehrennamen genannt, als Zeichen der Ehrfurcht vor seinem Rufnamen[1]. Selbst der erstgeborene Sohn des Königs wird wie ein gewöhnlicher Ritter behandelt. Ein Unterschied in den Sitten besteht nicht, weil auf der ganzen Welt niemand durch seine bloße Geburt vornehmer ist als die anderen.

Die Handlung der Hutübergabe findet unter allen Umständen im Ahnentempel statt. Man bringt dabei eine Trankspende für die Ahnen dar, die von der Musik der Glocken und Klingsteine begleitet wird. Durch die Einfachheit der religiösen Handlung erniedrigt man sich und gibt die Ehre den verstorbenen Ahnen, indem man zeigt, daß man nicht wagt, anspruchsvoll zu sein.«

Mong I Dsï fragte: »Wenn ein König vor seiner Männerweihe auf den Thron kommt, empfängt er dann, wenn er erwachsen ist, auch den Männerhut?«

Meister Kung sprach: »Vor alters herrschte die Anschauung, daß, wenn der Thronfolger bei seiner Thronbesteigung auch jung war, er doch als Herrscher geehrt wurde. Ein Herrscher hat erwachsene Menschen zu beherrschen, wozu bedurfte er da noch des Empfangs des Männerhuts?«

Mong I Dsï sprach: »Dann herrschte also bei den Landesfürsten in betreff des Empfangs des Männerhuts ein anderer Brauch als beim König?«

Meister Kung sprach: »Wenn ein Landesfürst gestorben war, hatte der Thronfolger bei der Bestattung den Vorsitz zu führen. Das war gleichbedeutend mit dem Empfang des Männerhuts. Die Sache stand beim Landesfürsten nicht anders als beim König.«

Mong I Dsï sprach: »Dann entspricht also der Empfang des Männerhuts bei dem Fürsten von Dschu nicht den Sitten?«

Meister Kung sprach: »Die Sitte, daß die Landesfürsten auch den Männerhut empfingen, kam gegen Ende der Hiadynastie auf. Sie hat sich seither erhalten, und es ist kein Grund, sich darüber aufzuhalten. Auch bei einem König kam der Empfang des Männerhuts vor. Als König Wu verschieden war, kam König Tscheng im Alter von dreizehn

Jahren auf den Thron. Der Herzog von Dschou verwaltete als Verweser die Regierung des Reiches. Im darauffolgenden Jahre im sechsten Monat fand die Beerdigung statt. Der Herzog ließ inzwischen den König Tscheng den Männerhut nehmen und im Ahnentempel die Lehnsfürsten empfangen, um ihnen ihren Herrscher zu zeigen. Der Herzog von Dschou befahl dem Oberpriester Yung, einen Spruch zu machen, indem er sprach: Segnet den König, aber macht es kurz und bündig. Der Oberpriester Yung gab folgenden Segen: Möge der König nahe sein dem Volk und ferne Jahre erreichen, möge er sparsam sein mit der Zeit und freigebig mit Gütern, möge er sich an die Weisen halten und die Fähigen mit Ämtern betrauen. Sein Spruch lautete: In diesem Monat an einem günstigen Tag trägt der König zum erstenmal das dunkle Kleid. Möge die jugendliche Gesinnung des Königs schwinden und möge er die Verantwortung, die mit der Krone verbunden ist, auf sich nehmen. Möge er verehren den erhabenen Himmel, so daß alle Länder ihn zum Vorbild haben. Möge er seinen erhabenen Ahnen folgen von nun an bis in Ewigkeit. Das war vom Fürsten von Dschou so angeordnet.«

Mong I Dsï fragte: »Wer ist bei dem Hutempfang der Landesfürsten Gast und wer Herr?«

Meister Kung sprach: »Beim Hutempfang eines Herzogs ist der höchste Würdenträger Gast. Er hat keinen Genossen. Der Herzog ist selbst der Herr. Er empfängt den Gast und geleitet ihn mit einer Verbeugung empor, er selbst besteigt die östliche Treppe. Er wartet ihm auf, nördlich von seinem Platz stehend. Er bietet ihm an, nach der Sitte eines Ritters mit dreimaligem Anbieten. Nach dem Trunk steigt er wieder auf der östlichen Treppe herab. Die Fürsten ohne Herzogsrang sind ebenfalls selbst Herren, der Unterschied besteht nur darin, daß sie die westlichen Stufen herabsteigen. Die dunkle Kleidung und der Lederhut sind dieselben wie bei den Audienzen, nur daß die weiße Schürze fehlt.

Ein Herzog empfängt vier Hüte, als letzten erhält er den Fransenhut, den er bei den Opferfeiern trägt. Er macht dem Gast ein Geschenk an Seide. Die Seidenrollen werden von vier Pferden getragen.
Der Hutempfang des Kronprinzen und der übrigen königlichen Prinzen findet in derselben Weise statt. Der König ist selbst der Herr bei der Feier. Die Sitten sind dieselben wie bei den Rittern. Auch die Mahlzeit für den Gast ist dieselbe.«
Mong I Dsï sprach: »Was hat es für einen Sinn, daß beim Empfang des Hutes stets ein schwarzer Tuchhut verwendet wird?«
Meister Kung sprach: »Es soll zeigen, daß man die alten Sitten hochhält. Im Altertum trug man einen Tuchhut, der zur Fastenzeit vor den Opfern dunkel gefärbt wurde. Wann die Fransen aufgekommen sind, das weiß ich nicht. Heutzutage ist es angängig, daß man ihn nach der Feier des Hutempfangs auf die Seite legt.«
Mong I Dsï sprach: »Worin bestanden die Unterschiede in der Kopfbedeckung der drei Dynastien?«
Meister Kung sprach: »Der Hut der Dschoudynastie heißt Biën, der der Yindynastie heißt Sü, der der Hiadynastie Schou; die Bedeutung ist dieselbe. Die drei Dynastien stimmen überein im Lederhut und der weißen Schürze. Der Hut We-Mau ist eine Sitte der Dschouzeit, der Hut Dschang-Fu der Yinzeit, der Hut Wu-Dschui der Zeit der Herrscher von Hia.«

34. KAPITEL: MIAU DSCHÏ / *Einrichtung der Ahnentempel*
Inhaltlich deckt sich dieses Kapitel weitgehend mit dem Kapitel Dsi Fa des Siau Dai Li Gi, Buch der Sitte S. 258-262.

35. KAPITEL

BIËN YÜO GIË / *Über Musik*

Der erste Abschnitt dieses Kapitels findet sich auch in der Konfuziusbiographie des Schï Gi, Wilhelm 1928 S. 23-24; der dritte im Kapitel Yüo Gi des Li Gi, Buch der Sitte S. 60-62.

2. *Dsï Lus Zitherspiel*

Dsï Lu spielte die Zither. Meister Kung hörte es und sprach zu Jan Yu: »Dieser Dsï Lu versteht doch wirklich gar nichts. Die Könige des Altertums haben die Töne so geregelt, daß ein mittlerer Klang das Maß abgab. Höchstens kann man sich der südlichen Weise nähern, man darf nie in nördliche Weisen verfallen. Die südlichen Weisen haben etwas Lebenspendendes an sich, die nördlichen dagegen haben eine gewaltsame Todesstimmung. Das Spiel des Edlen ist milde und sanft, es hält sich im Gleichmaß der Stimmung und wirkt anregend und belebend. Die Stimmung des Schmerzes und der Trauer nährt er nicht in seinem Herzen, trotzige und gewaltige Bewegungen sind seinem Körper fremd. Dies ist die Stimmung, die harmonisch genannt wird.

Das Spiel des Gemeinen ist anders. Es ist laut und rasch, dann wieder ersterbend und verschwommen, ein Abbild gewalttätiger Todesstimmung. Die Stimmung harmonischen Ausgleichs trägt er nicht in seinem Herzen, milde und anmutige Bewegungen sind seinem Körper fremd. Das sind aber Stimmungen, die ungeordnet genannt werden müssen. Schun spielte einst auf seiner Zither mit fünf Saiten und machte das Lied vom Frühlingswind. Das Lied lautet:

> Wehe, milder Wind vom Süden,
> Löse meines Volkes Sorgen.
> Wehe, Südwind, wenn es Zeit ist,
> Mach mein Volk reich und geborgen.

Daß er diesen Einfluß ausüben konnte, das allein war der Grund, daß das Glück mit Macht um ihn sproßte. Sein Wesen war wie eine sprudelnde Quelle, so daß noch bis auf den heutigen Tag Könige und Fürsten und große Männer in seinen Bahnen wandeln und er unvergessen ist.

Der letzte Sproß des Hauses Yin, Dschou-Sin, liebte die Klänge des rauhen Nordens. Sein Handeln folgte stets den Launen des Augenblicks, so daß noch bis auf den heutigen Tag Könige und Fürsten und große Männer ihn als warnendes Beispiel sich vorhalten. Schun fing an als einfacher Mensch in geringen Kleidern, aber er steigerte sein Wesen und hielt fest am inneren Einklang, darum wurde er schließlich Herrscher.

Dschou-Sin war Himmelssohn, aber er war ungeordnet und zügellos, grausam und wild, darum wurde er schließlich umgebracht. Haben sich diese beiden ihr Los nicht selber zugezogen durch das, was sie pflegten? Dieser Dsï Lu ist ein grober Gesell und hat keine Ahnung von den Regeln der Könige des Altertums. Statt dessen spielt er Weisen, die Länder zugrunde gerichtet haben. Wie will er seinen sechs – sieben Fuß langen Leib heil beisammen behalten?«

Jan Yu sagte es Dsï Lu wieder. Da erschrak Dsï Lu, und es tat ihm leid. Er verfiel in stilles Nachdenken und aß nichts mehr, so daß ihm alle Knochen hervorstanden.

Der Meister sprach: »Wenn einer einen Fehler gemacht und ihn zu bessern vermag, der kommt voran.«

36. KAPITEL

WEN YÜ / *Über den Nephrit*

1. Der Wert des Nephrits

Dsï Gung fragte den Meister Kung: »Darf ich fragen, warum ein Edler den Nephrit für kostbar hält und den Marmor für gering? Ist's weil der Nephrit selten ist und der Marmor häufig?«

Meister Kung sprach: »Der Nephrit ist geschätzter als der Marmor nicht deshalb, weil er seltener ist, sondern weil seit alters der Edle im Nephrit ein Abbild aller Tugenden sieht. Er gleicht der Güte in seinem milden, weichen Glanz. Er gleicht der Weisheit in der Dichtigkeit seiner Masse und seiner Festigkeit. Er gleicht der Gerechtigkeit, weil er scharfkantig ist, ohne zu verletzen. Er gleicht der Sitte, weil er senkrecht nach unten hängt[1]. Er ist der Musik verwandt, denn geschlagen gibt er einen klaren langen Ton, der deutlich und bestimmt endet. Er gleicht der Treue, indem seine Flecken seinen Vorzügen keinen Eintrag tun und seine Vorzüge seine Fehler nicht verdecken. Er gleicht der Zuverlässigkeit, weil er von innen heraus klar und durchscheinend ist. Er gleicht dem Himmel, weil seine Kraft einen weißen Regenbogenglanz entsendet[2]. Er gleicht der Erde, weil er machtvoll hervorblickt aus Bergen und Flüssen. Er gleicht der Tugend, weil die Szepter und Halbszepter aus Nephrit einen selbständigen Wert haben[3]. Er gleicht dem Sinn, weil es niemand auf Erden gibt, der ihn nicht schätzte. Im Buch der Lieder heißt es:

> Ich denke meines Herrn,
> Der milde ist wie ein Nephrit[4].

Das ist der Grund, warum ein Mann von Geschmack den Nephrit schätzt.«

2. *Wie man die Regierung eines Landes kennenlernt*

Meister Kung sprach: »Wenn man in ein Land kommt, kann man merken, welche Lehren der Fürst befolgt. Ist er mild, sanft, einfach und freigebig, so befolgt er die Lehren des Buches der Lieder. Ist er von durchdringendem Verstand und weitblickend, so befolgt er die Lehren des Buches der Urkunden. Ist er großzügig, weitherzig, einfach und echt, so befolgt er die Lehren des Buches der Musik. Ist er rein und still, fein und tiefsinnig, so befolgt er die Lehren des Buches der Wandlungen. Ist er ernst, sparsam, würdig und ehrfurchtsvoll, so befolgt er die Lehren des Buches der Sitte. Sind Worte und Taten im Einklang, so befolgt er die Lehren des Buches von Frühling und Herbst.

Mißverstandener Gebrauch der Lieder führt zur Torheit, mißverstandener Gebrauch der Urkunden zu Hinterlist, mißverstandener Gebrauch der Musik zu Verschwendung, mißverstandener Gebrauch der Wandlungen zu Gewaltsamkeit, mißverstandener Gebrauch der Sitte zu Formenkram, mißverstandener Gebrauch von Frühling und Herbst zu Verwirrung.

Wer milde und sanft, einfach und freigebig ist, ohne töricht zu sein, der ist tief eingedrungen in den Sinn der Lieder. Wer durchdringenden Verstand besitzt und Weitblick ohne Hinterlist, der ist tief eingedrungen in den Sinn der Urkunden. Wer großzügig, weitherzig, einfach und echt ist, ohne verschwenderisch zu sein, der ist tief eingedrungen in den Sinn der Musik. Wer rein und still, fein und tief ist, ohne gewalttätig zu sein, der ist tief eingedrungen in den Sinn der Wandlungen. Wer ernst, sparsam, würdig und ehrfürchtig ist, ohne umständlichen Formenkram, der ist tief eingedrungen in den Sinn der Sitte. Wer Übereinstimmung erzielt in Worten und Taten und Verwirrung vermeidet, der ist tief eingedrungen in den Sinn von Frühling und Herbst.

Der Himmel hat die vier Jahreszeiten, Frühling, Sommer, Herbst und Winter, er hat Wind und Regen, Reif und Tau. Das alles sind seine Lehren. Die Erde hegt göttliche Kräfte, sie sendet Donner und Blitz aus und nimmt sie wieder in sich ein; aller Dinge Formen sind in fließender Entwicklung. Das alles sind ihre Lehren. Wer klar und licht ist in seinem Innern, wessen Geist und Kraft den Göttern nahesteht, der wird, wenn ein Ereignis sich naht, die Anzeichen davon zum voraus erkennen. So vereinigen sich die Lehren

von Himmel und Erde mit denen der Heiligen zu einer Dreifaltigkeit.
Im Buch der Lieder heißt es darüber:

> Vom aufgetürmten Hochgebirge
> Der First sich bis zum Himmel spannt.
> Stieg einst ein hehrer Geist herab,
> Der Fu und Schen das Leben gab.
> Die beiden Männer Schen und Fu
> Sind starke Pfeiler nun von Dschou.
> Sie schützen ringsum alle Länder
> Und sind des Weltreichs Segensspender[5].

Daß diese beiden Männer erstanden, war die Nachwirkung der Geistesmacht der Könige Wen und Wu. Und wiederum heißt es:

> Deine Herrschertugend zeige,
> Daß sich alles Land ihr neige[6].

Das war die Nachwirkung der Geistermacht des Großen Königs.
Die Könige der drei Dynastien machten erst ihren Namen berühmt, wie es im Liede heißt:

> Der Himmelssohn so hoch erleuchtet
> Mög seinen Namen ewig machen[7].

So war die Geistesmacht der Fürsten der drei Dynastien.«

3. Die Lehren der Heiligen

Dsï Dschang fragte, wodurch der Heilige das Volk belehre.
Meister Kung sprach: »Schï[8], ich sage dir, der Heilige erkennt, was die Sitte und was die Musik bedeuten. Er hebt sie hervor und stellt sie dar, das ist alles.«
Dsï Dschang fragte abermals.
Meister Kung sprach: »Du denkst wohl, zur Durchführung der Sitte gehören notwendig Tische und Matten, Verneigungen und Vortritt lassen, Emporsteigen der Treppen und

wieder Hinabsteigen, Weineinschenken, Aufwarten, Erwidern und abermals Anbieten? Du denkst wohl, zur Darstellung der Musik gehören notwendig die Stellungen der Pantomimen, Federn und Flöten, das Spiel von Glocken und Pauken?

Der Geist der Sitte besteht darin, daß man seinen Worten entsprechend zu handeln vermag. Der Geist der Musik besteht darin, daß man bei seinen Handlungen Freude zu wahren versteht. Der Heilige tut nichts anderes, als daß er auf dem Throne sitzend diesen beiden Stücken seine ganze Kraft zuwendet. Dadurch kommt der Erdkreis in Ordnung, das Volk unterwirft sich in Gehorsam, die Beamten tun ihre Pflicht, und hoch und niedrig verkehren höflich. Die Gründe, die der Sitte zur Herrschaft verhelfen, sind zugleich die Gründe, die die Massen zur Ordnung bringen. Die Gründe, die die Sitte in Verfall bringen, sind zugleich die Gründe, die zu allgemeiner Unordnung führen. Selbst ein Zimmer, das nur nach dem Augenmaß gebaut ist, hat seinen Ehrenplatz und seine Eingangsstufen. Jede Matte hat einen oberen und einen unteren Sitz. Jeder Wagen hat eine rechte und eine linke Seite[9]. Beim Gehen auf der Straße gibt's ein Nebeneinander und ein Hintereinander. Beim Stehen gibt es eine Rangordnung der Plätze. So wollte es im Altertum die Gerechtigkeit.

Hat ein Zimmer keinen Ehrenplatz und keine Eingangsstufen, so kommt das Benehmen im Innern des Hauses in Verwirrung. Hat eine Matte kein oben und unten, so kommt die Sitzordnung in Verwirrung. Hat ein Wagen kein rechts und links, so kommt das Sitzen im Wagen in Verwirrung. Gibt's beim Gehen kein Neben- und Hintereinander, so kommt der Verkehr auf der Straße in Unordnung. Gibt's beim Stehen keine Rangordnung, so kommt der Aufenthalt im Hofe in Unordnung.

Die Art, wie weise Könige und berufene Heilige vornehm und gering, alt und jung scheiden, wie sie das Verhältnis des männlichen und weiblichen Geschlechts im Inneren und Äußeren regeln, wie sie Näherstehende und Fernerstehende, entfernte und nahe Ahnen in die rechte Reihenfolge bringen, daß niemand sich vor seinen Vordermann vorzudrängen wagt: das alles sind Folgerungen aus diesen Grundsätzen.«

37. KAPITEL

KÜ DSIË GIË / *Beugung der Grundsätze*

Dieses sehr interessante Kapitel stellt grundsätzliches und praktisches Handeln in Zusammenhang. Die Berücksichtigung der Umstände und namentlich die Zeitgemäßheit sind dabei die Begriffe, mit denen hier gearbeitet wird. Der zweite dieser Begriffe ist in der frühen Hanzeit durch die Schriften von Tung Dschung Schu verbreitet und weitgehend anerkannt worden. Er ergab sich für Tung aus seiner Lesung des Buchs der Wandlungen. Es ist bezeichnend, daß in diesem Zusammenhang die konfuzianische Argumentation derjenigen der Schule der Politiker (im zweiten und dritten Abschnitt) sehr nahe kommt. Der Begriff der Zeitgemäßheit war derjenige, unter dem die Konfuzianer in einen Wettbewerb mit den macchiavellistischen Politikern treten konnten. Die richtige Grenze zu finden war dabei das schwerst zu lösende Problem. Die Episoden als solche sind natürlich apokryph.

1. Der Edle in Glück und Unglück

Dsï Lu befragte den Meister Kung und sprach: »Ich habe sagen hören, ein rechter Mann lebe in der Welt, ohne daß Reichtum und Ehre imstande wären, ihn an Gütern zu bereichern, und wenn er in Armut und Niedrigkeit weile, so sei er nicht imstande, seine Grundsätze zu beugen, um dadurch wieder obenauf zu kommen. Ein solcher kommt aber für menschliche Verhältnisse gar nicht mehr in Betracht.«
Meister Kung sprach: »Der Edle ist bei allem seinem Tun darauf bedacht, daß er mit sich selbst im Einklang bleibt. Ist es angebracht, sich zu beugen, so beugt er sich, ist es angebracht, obenauf zu sein, so ist er obenauf. Er beugt

seine Grundsätze, um zu warten. Er sucht obenauf zu kommen, um seine Zeit zu erfüllen. Deshalb gibt er, ob er auch gezwungen wird, sich zu beugen, seine Grundsätze doch nicht preis, und wenn er Erfolg hat, so setzt er sich nicht über seine Pflicht hinweg.«

2. Die Rettung von Lu

Als Meister Kung in We war, hörte er, daß Tiën Tschang die Absicht habe, einen Aufstand in Tsi zu machen, aber sich vor den Beamten Bau und Yen fürchte, und daß er deshalb die Kriegsmacht ablenken wolle zu einem Angriff auf Lu.

Meister Kung versammelte seine Schüler und sagte es ihnen. Er sprach: »Lu ist unser Vaterland, man muß ihm zu Hilfe kommen, ich kann es nicht über mich bringen, untätig mit anzusehen, wie es von Feinden überfallen wird. Ich möchte dem Tiën Tschang gegenüber einmal von den Grundsätzen abweichen[1], um Lu zu retten. Wer von euch will zu ihm gehen?«

Darauf bat Dsï Lu, nach Tsi gehen zu dürfen, aber der Meister Kung war nicht einverstanden. Dann bat Dsï Dschang, hingehen zu dürfen, aber der Meister Kung war nicht einverstanden. Dsï Schï[2] bat, hingehen zu dürfen, aber auch damit war er nicht einverstanden. Da zogen sich die drei zurück und sagten zu Dsï Gung: »Der Meister möchte einmal von den Grundsätzen abweichen, um unser Vaterland zu retten. Wir drei baten, gesandt zu werden, aber erhielten die Erlaubnis nicht. Das ist eine Gelegenheit für Euch, Eure Beredsamkeit an den Mann zu bringen. Wollt Ihr nicht bitten, gehen zu dürfen?« Darauf bat Dsï Gung, gesandt zu werden, und der Meister war einverstanden. Nun ging Dsï Gung nach Tsi und beriet den Tiën Tschang und sprach: »Ihr möchtet Euch ein Verdienst erwerben in Lu. Das ist wirklich schwer. Da wäre es weit besser, das Heer auszuführen nach Wu, das ist leichter.«

Tiën Tschang war unzufrieden. Da sprach Dsï Gung: »Bei inneren Schwierigkeiten muß man einen starken Feind angreifen, bei äußeren Schwierigkeiten einen schwachen. Ich höre, Ihr solltet dreimal ein Lehen erhalten und alle dreimal sei es fehlgeschlagen. Das ist ein Beweis, daß die leitenden Staatsmänner nicht auf die Befehle des Fürsten hörten. Würdet Ihr nun im Krieg siegen, so diente das nur dazu, daß Euer Herr hochmütig würde; würdet Ihr das Land (Lu) vernichten, so diente das nur dazu, daß jene Beamten geehrt würden, während Eure Verdienste ungenannt blieben. So würdet Ihr im Verkehr mit dem Fürsten immer mehr zurückgesetzt werden, und mit den hohen Beamten lebtet Ihr in beständigem Kampf. Das würde aber Eure Stellung auf die Dauer gefährden.«

Tiën Tschang sprach: »Das ist sehr gut, aber die Soldaten sind schon ausmarschiert nach Lu, das läßt sich nicht mehr rückgängig machen. Was ist da zu tun?«

Dsï Gung sprach: »Laßt das Heer langsam vorrücken. Dann will ich nach Wu gehen und um Hilfe bitten. Wenn dann Wu dem Staat Lu zu Hilfe kommt und Tsi angreift, dann könnt Ihr ihm mit Eurem Heer entgegentreten.«

Tiën Tschang war einverstanden. Darauf ging Dsï Gung nach Süden und beriet den König von Wu und sprach: »Ein König darf nicht dulden, daß ein Lehensstaat vernichtet wird, ein Hegemon darf keinen starken Nebenbuhler dulden. Steht die Waage gleich, so gibt, selbst wenn 100 Zentner auf beiden Seiten hängen, ein Gran oder ein Lot den Ausschlag. Wenn nun Tsi mit seiner Macht noch die Kriegswagen von Lu vereinigt, so wird es Euch im Kampf um die Vorherrschaft große Schwierigkeiten machen. Kommt Ihr dagegen Lu zu Hilfe, so werdet Ihr Euch Ruhm erwerben, und alle Fürsten in der Gegend des Sï-Flusses werden Euch zufallen. Wenn Ihr das übermütige Tsi demütigt, so seid Ihr später imstande, auch Dsin zu unterwerfen. Das ist von größtem Vorteil für Euch. Dem Namen nach tretet Ihr für Rettung des untergehenden Staates Lu ein, in Wirklichkeit bringt Ihr das starke Tsi in Schwierigkeiten. Für einen Wissenden kann es in diesem Fall gar keine Bedenken geben.«

Der König von Wu sprach: »Gut, aber seit Wu den Staat Yüo unterworfen hat, ist der König von Yüo mit größter Selbstaufopferung bemüht, tüchtige Leute um sich zu sammeln in der Absicht, sich an Wu zu rächen. Wartet daher, bis ich erst Yüo besiegt habe, dann ist die Befolgung Eures Rates möglich.«

Dsï Gung sprach: »Die Stärke von Yüo entspricht ungefähr der von Lu. Die Macht von Wu entspricht ungefähr der von Tsi. Wenn Ihr nun Tsi fahrenlaßt und Yüo angreift, so wird Tsi inzwischen Lu einstecken. Wenn Ihr unter Preisgabe des Ruhms, einen schwachen Staat am Leben erhalten zu haben, Tsi beiseite laßt und Yüo angreift, so ist das ein Mangel an Mut. Der Mutige scheut sich nicht vor der schwierigen Aufgabe, der Gütige macht nicht einem Bedrängten den Garaus. Der Weise verpaßt nicht die günstige Zeit. Der Gerechte rottet kein Herrscherhaus aus. Wenn Ihr nun Yüo bestehen laßt, so zeigt Ihr vor der ganzen Welt Eure Güte. Wenn Ihr Lu zu Hilfe kommt und Tsi angreift, so wird selbst den Staat Dsin ein Schrecken vor Euch erfassen, und alle Fürsten werden um die Wette an Euren Hof kommen, und die Vorherrschaft fällt Euch zu. Wenn Ihr aber durchaus Yüo übelwollt, so bitte ich, zum Fürsten von Yüo gehen zu dürfen. Ich werde ihn veranlassen, Euch Soldaten zur Verfügung zu stellen. Auf diese Weise kommt in Wirklichkeit Yüo zu Schaden und dem Namen nach folgt er einem Lehensfürsten beim Angriff auf Tsi.«

Der König von Wu war einverstanden und sandte den Dsï Gung nach Yüo.

Der König von Yüo ging ihm bis auf den Anger entgegen und lenkte selbst für ihn die Pferde. Er sprach: »Mein Land ist ein Barbarenstaat, was verschafft mir die Ehre, daß Ihr Euch herzubemühen geruht?«

Dsï Gung sprach: »Ich habe eben dem König von Wu geraten, daß er Lu zu Hilfe komme und Tsi angreife. Er möchte wohl gerne, aber er fürchtet sich im stillen vor Yüo. Deshalb sagte er: Erst will ich Yüo angreifen, dann mag es geschehen. Damit wäre es aber sicher um Yüo geschehen. Wenn jemand keine Rachegedanken hat und erregt dennoch Argwohn, so ist er töricht. Hat man Rachegedanken und der andre merkt es, so ist das gefährlich. Wenn, noch ehe die Handlung ausgeführt wird, der andere davon hört, so ist das mißlich. Diese drei Schwierigkeiten sind bei jeder Unternehmung zu bedenken.«

Gou Dsiën verneigte sich bis zur Erde und sprach: »Ich habe mir in Unkenntnis meiner Macht leichtsinnig die Bedrückung von Wu zugezogen. Die Niederlage vom Kuai-Gi-Berge schmerzt mich in Mark und Bein, Tag und Nacht rede ich mir die Lippen wund und die Zunge trocken in dem einzigen Wunsche, den König von Wu mit mir zusammen ins Verderben zu ziehen. Ich schätze mich glücklich, daß Ihr mich mit den damit verbundenen Gefahren bekannt gemacht habt.«

Dsï Gung sprach: »Der König von Wu ist ein heftiger und grausamer Charakter, seine Beamten halten es fast nicht unter ihm aus. Der Staat ist dem Verderben nahe. Die Leute murren gegen ihre Oberen. Die hohen Würdenträger sind innerlich abtrünnig, seit er den Schen Sü, der ihn ermahnte, getötet hat und den Minister Pi[a] schalten und walten läßt. Jetzt ist die Zeit gekommen, sich an Wu zu rächen. Wenn Ihr nun noch Soldaten zu Hilfe schickt, um seine Stimmung noch anzuspornen, wenn Ihr ihm reiche Geschenke macht, um ihn bei guter Laune zu erhalten, wenn Ihr demütig in Worten ihm Ehre erweist, so wird er ganz sicher Tsi angreifen. Das ist es, was die Heiligen Beugung der Grundsätze zum Zweck des Erfolges nennen. Siegt er im Kampf nicht, so ist das Euer Glück. Siegt er aber, so wird er sich auf kriegerische Verwicklungen mit Dsin einlassen. Ich will nach Norden zurückkehren und den Fürsten von Dsin sehen, daß er mit Euch gemeinsam Wu angreift; dann wird er sicher geschwächt werden. Wenn Wu nun seine scharfen Waffen gegen Tsi verbraucht und seinen starken Panzer gegen Dsin, dann könnt Ihr seiner Schwäche Meister werden.«

Der König von Yüo verneigte sich bis zur Erde und war einverstanden. Dsï Gung kehrte nach Wu zurück.

Nach fünf Tagen sandte der König von Yüo seinen Minister Wen Dschung, der vor dem König von Wu niederfiel und also sprach: »Yüo hat die gesammelte Mannschaft seines Gebiets, bestehend aus 3000 Mann, aufgeboten, um Wu zu Diensten zu sein.«

Der König von Wu sagte es dem Dsï Gung und sprach: »Der König von Yüo will mir persönlich Heeresfolge leisten. Geht das an?«

Dsi Gung sprach: »Es ist nicht recht, daß man die ganze Mannschaft eines Staates übernimmt und noch dazu den Fürsten folgen läßt.«

Daraufhin nahm der König von Wu die Leute von Yüo an, aber er lehnte es dankend ab, daß auch Gou Dsiën mit in den Kampf ziehe. Ferner zog er die Truppen seines eigenen Landes zusammen, griff Tsi an und besiegte es.

Darauf ging Dsï Gung nach Norden und trat vor den Fürsten von Dsin und veranlaßte, daß er sich die Schwäche von Wu zunutze mache. So kam es zum Treffen zwischen Wu und Dsin bei dem Gelben Weiher. Unterdessen überfiel der König von Yüo das Land Wu. Der König von Wu kehrte zurück und kämpfte mit Yüo. Dieser Kampf brachte ihm den Untergang.

Meister Kung sprach: »Daß du Tsi in Unruhen stürztest, um Lu zu retten, das entsprach meinen Wünschen. Daß aber mit Hilfe des starken Dsin die Schwäche Wus ausge-

nützt wurde, so daß Wu unterging und Yüo die Vorherrschaft erhielt, das machten deine Ratschläge.
Schöne Worte schaden der Zuverlässigkeit. Um so mehr muß man in seinen Worten vorsichtig sein.«

3.

Eine Parallele zum 3. Abschnitt ist übersetzt in Lü Schï Tschun Tsiu S. 314–316. Über den Jünger, der der Held dieser Geschichte ist, vgl. Haloun in Asia Major Band 8 S. 488 ff.

4. Der alte Bekannte

Meister Kung hatte einen alten Bekannten namens Yüan Jang[4]. Als dessen Mutter gestorben war, wollte ihm der Meister einen lackierten Außensarg beisteuern.
Dsï Lu sprach: »Ich habe Euch einst sagen hören, Meister, man solle keinen Freund haben, der nicht mit uns gleicher Gesinnung sei, und daß, wenn man einen Fehler gemacht habe, man sich nicht scheuen solle, ihn zu verbessern. Scheut Ihr Euch etwa? Wenn nicht, wäre es dann nicht richtiger, Schluß zu machen mit dieser Freundschaft?«
Meister Kung sprach: »In den Liedern heißt es:

Traf irgendwen ein Trauerfall,
Ich kroch hinzu, um ihm zu helfen[5].

Wieviel mehr muß ich einem alten Bekannten beispringen, wenn er auch nicht mein Freund ist. Ich will zu ihm.«
Und er schenkte ihm einen Außensarg. Yüan Jang stieg aber auf den Sarg und sprach: »Ich habe mir schon lange nicht mehr mit einem Liedchen Luft gemacht.« Darauf sang er:

»Gemasert ist das Holz wie der Kopf eines Pardels
Und glatt, als faßte man die Hand eines Mädchens.«

Der Meister übersah es und blickte weg, als hörte er es nicht. Dann ging er weiter. Dsï Lu sprach: »So weit beugt Ihr Eure Grundsätze, Meister, daß Ihr Euch das zuschulden kommen laßt? Ist es immer noch nicht Zeit, Schluß zu machen?«

Meister Kung sprach: »Ein Verwandter bleibt immer ein Verwandter, und ein alter Bekannter bleibt immer ein alter Bekannter.«

38. KAPITEL

TSI SCHÏ ÖRL DI DSÏ GIË / *Die 72 Jünger*

Eine Parallelstelle zu der hier vorliegenden Jüngerliste findet sich im 67. Kapitel des Schï Gi. Die in den beiden Listen gegebenen Namen stimmen mit vier Ausnahmen miteinander überein. Die Listen weichen jedoch in der Reihenfolge und auch in anderen Einzelheiten voneinander ab, so daß wohl im Gia Yü eine unabhängige Tradition vorliegt.

1. Yen Hui war aus Lu. Sein Beiname war Dsï Yüan. Er war um 30 Jahre jünger als Meister Kung. Mit 29 Jahren hatte er schon weißes Haar, mit 31 starb er schon.
Meister Kung sprach: »Seit ich Hui bekommen habe, nehmen meine Schüler täglich zu.« Hui zeichnete sich durch seinen tugendhaften Wandel aus. Meister Kung lobte ihn wegen seiner Güte[1].

2. Min Sun war aus Lu. Sein Beiname war Dsï Kiën. Er war 50[2] Jahre jünger als Meister Kung. Er zeichnete sich durch seinen tugendhaften Wandel aus. Meister Kung lobte seine kindliche Ehrfurcht.

3. Jan Geng war aus Lu. Sein Beiname war Bo Niu. Er zeichnete sich durch seine Tugend aus. Er litt an einer üblen Krankheit. Meister Kung sprach: »Das Schicksal will es so.«[3]

4. Jan Yung. Sein Beiname war Dschung Gung, er war ein Verwandter von Bo Niu. Er stammte von einem unwürdigen Vater, zeichnete sich aber durch tugendhaften Wandel aus[4].

5. Dsai Yü. Sein Beiname war Dsï Wo. Er war aus Lu. Er hatte Redegewandtheit und zeichnete sich durch seine Beredsamkeit aus. Er diente in Tsi als Minister in Lin Dsï. Er ließ sich jedoch mit Tiën Tschang auf einen Aufruhr ein, infolge dessen seine ganze Familie ausgerottet wurde. Meister Kung schämte sich seiner und sprach: »Es liegt nicht am Gewinn, der Fehler liegt an Dsai Yü.«[5]

6. Duan Mu Tsï. Sein Beiname war Dsï Gung. Er war aus We. Er war 31 Jahre jünger als Meister Kung. Er zeichnete sich durch seine Redegewandtheit aus. Meister Kung brandmarkte wiederholt seine Sophismen. Er war von Hause aus reich und hatte Tausende von Silberstücken aufgehäuft. Einst fuhr er in vierspännigem Wagen bei Yüan Hiën vor. Yüan Hiën wohnte in einer erbärmlichen Strohhütte und redete mit ihm von der Gerechtigkeit der Könige des Altertums. Yüan Hiëns Kleider und Hut waren zerrissen. Oft hatte er in mehreren Tagen nur ein einfaches Mahl, aber er war zufrieden und selbstbewußt in seinem Herzen.

Dsï Gung sprach zu ihm: »O weh, wie seid Ihr so elend.«

Yüan Hiën sprach: »Ich habe gehört, wenn einer keine Schätze hat, den nennt man arm; wenn einer die Wahrheit (Tao) gelernt hat und kann nicht danach tun, den nennt man elend. Ich bin arm, nicht elend.«

Dsï Gung schämte sich lebenslang darüber, daß er sich so verredet hatte.

Dsï Gung liebte es, Handelsgeschäfte zu machen und auf günstige Zeiten zu spekulieren. Er war der Reihe nach im Amt in Lu und We und starb schließlich in Tsi.

7. Jan Kiu. Sein Beiname war Dsï Yu. Er war ein Verwandter von Dschung Gung, um 29 Jahre jünger als der Meister Kung. Er war hoch begabt und zeichnete sich aus durch seine Regierungstätigkeit. Er war als Amtmann der Familie Gi tätig. Tagsüber ordnete er ihre Amtsgeschäfte, abends holte er Belehrung bei seinem heiligen Meister. Er war von

Natur bescheiden und zögernd. Deswegen sprach der Meister: »Kiu ist zögernd, deshalb muß man ihn antreiben.«[6]
8. Dschung Yu war aus Biën. Sein Beiname war Dsï Lu oder Gi Lu. Er war 9 Jahre jünger als Meister Kung. Er war von großer Energie und Begabung und zeichnete sich aus durch seine Regierungstätigkeit. Er war von Natur geradeheraus, heftig und starrköpfig. Sein Wesen war bäurisch; er verstand sich nicht auf Wendungen und Feinheiten. Er diente in We als hoher Rat. Damals traf es sich, daß Kuai Wai mit seinem Sohne Dsche um das Land stritt. Dsï Lu opferte das Leben für seinen Fürsten Dsche[7].
Meister Kung war es leid um ihn. Er sprach: »Seit ich den Yu hatte, kamen Verleumdungen mir nicht mehr zu Ohren.«
9. Yen Yen war aus Lu. Sein Beiname war Dsï Yu. Er war um 35 Jahre jünger als Meister Kung. Er übte sich stets in den Sitten und zeichnete sich in der Literatur aus. Er war angestellt als Amtmann von Wu Tscheng. Er folgte dem Meister Kung nach We. Er war mit dem Sohn des dortigen Feldherrn Lan gut befreundet und führte ihn dem Meister als Schüler zu.
10. Bu Schang war aus We. Sein Beiname war Dsï Hia. Er war 44 Jahre jünger als Meister Kung. Er übte sich in den Liedern und vermochte zu ihrem Sinn durchzudringen. Er zeichnete sich in der Literatur aus. Er war seiner Naturanlage nach nicht großartig, sondern liebte es, sich mit schwierigen, feinen Fragen abzugeben. Die Zeitgenossen stellten niemand über ihn.
Als er einst nach We zurückkehrte, traf er einen, der Geschichte studierte. In der Aufzeichnung stand: Das Heer von Dsin rückte gegen Tsin und setzte über den Fluß drei Schweine. Dsï Hia sprach: »Das ist ein Fehler; statt drei Schweine muß es heißen: im Jahre Gi Hai.« Der Studierende sprach: »Wir wollen die Geschichte von Dsin befragen.« Richtig hieß es dort »im Jahre Gi Hai«. Von da ab hielt man in We den Dsï Hia für einen Wundermann. Nach

dem Tod des Meisters Kung richtete er eine Philosophenschule ein am Ufer des westlichen Gelben Flusses, und der Fürst Wen von We ging zu ihm in die Lehre und beriet mit ihm die Regierung seines Landes[8].

11. Dschuan-Sun Schi war aus Tschen. Sein Beiname war Dsï Dschang. Er war 48 Jahre jünger als Meister Kung. Er hatte von Natur ein gutes Aussehen und reiche Begabung. Er hatte etwas Großzügiges und Geräumiges, aber auch Gemächliches an sich. Er blieb lieber sitzen, als mit Eifer in der Durchführung von Liebe und Pflicht seinen Mann zu stellen. Die Schüler des Meisters verkehrten wohl freundschaftlich mit ihm, aber sie ehrten ihn nicht.

12. Dseng Schen war aus dem südlichen Wu Tscheng. Sein Beiname war Dsï Yü. Er war 46 Jahre jünger als Meister Kung. Seine Gesinnung war überaus ehrfürchtig gegen seine Eltern, darum bediente sich Meister Kung seiner, um das Buch von der Ehrfurcht zu verfassen.

Der Fürst von Tsi schickte ihm einst Gastgeschenke und wollte ihn als hohen Rat anstellen, aber er ging nicht hin. Er sprach: »Ich habe alte Eltern. Wenn man aber von jemand Gehalt annimmt, so muß man sich um dessen Geschäfte kümmern, deshalb bringe ich es nicht über mich, fern von meinen Eltern zu sein und für andere Dienste zu tun.« Dseng Schens Stiefmutter behandelte ihn ungütig, aber dennoch sorgte er unermüdlich für ihre Pflege. Weil einmal seine Frau für ihn das Gemüse nicht gekocht hatte, verstieß er sie. Jemand sagte: »Das ist doch keiner der sieben Gründe zur Ehescheidung.« Er erwiderte: »Das Kochen von Gemüse ist eine kleine Sache. Ich wollte, daß sie es gar kocht, und sie folgte nicht meinem Befehl; wie würde sie es erst in wichtigen Sachen machen.« Darauf verstieß er sie und heiratete lebenslang nicht wieder. Sein Sohn Yüan redete ihm zu, sich wieder zu verheiraten. Da sagte er zu seinem Sohn: »Der König Gau Dsung hat um seiner zweiten Frau willen seinen Sohn Hiau Gi getötet. Yin Gi Fu hat um seiner zweiten Frau willen seinen Sohn Bo Ki verstoßen. Ich erreiche den Gau Dsung nicht und kann mich nicht mit Gi Fu vergleichen. Wer weiß, ob du einem gleichen Schicksal entgehen würdest oder nicht?«

13. Tan-Tai Mië-Ming war aus Wu Tscheng. Sein Beiname war Dsï Yü. Er war 49 Jahre jünger als Meister Kung. Er hatte die Eigenschaften eines Edlen. Meister Kung hatte aus seinem Äußeren auf seine Begabung geschlossen, aber seine Begabung erfüllte nicht die Erwartungen des Meisters Kung. Doch war er als Mensch rechtlich und ohne Selbstsucht im Nehmen und Geben, Meiden und Suchen. Er war durch seine ehrliche Wortkargheit ausgezeichnet. Er diente in Lu als hoher Rat.

14. Gau Tschai war aus Tsi, aus einer Seitenlinie des Adelsgeschlechtes Gau. Sein Beiname war Dsï Gau. Er war um 40 Jahre jünger als Meister Kung. Er war kaum 6 Fuß hoch und von sehr häßlichem Äußeren. Als Mensch war er von inniger Ehrfurcht und durchaus rechtlich. In seiner Jugend wohnte er in Lu und kam so unter die Jünger des Meisters Kung. Er diente als Amtmann von Wu Tscheng[9].

15. Fu Bu Tsi war aus Lu. Sein Beiname war Dsï Dsiën. Er war um 49 Jahre jünger als Meister Kung. Er diente als Amtmann von Schan Fu. Er war sehr begabt, weise und gütig. Er liebte das Volk und brachte es nicht über sich, zu betrügen. Meister Kung lobte ihn.

16. Fan Sü war aus Lu. Sein Beiname war Dsï Tschï. Er war 46 Jahre jünger als Meister Kung. In seiner Jugend diente er der Familie Gi.

17. Yu Jo war aus Lu. Sein Beiname war Dsï Yu. Er war 36 Jahre jünger als Meister Kung. Als Mensch besaß er ein starkes Gedächtnis und liebte die Lehren der Alten.

18. Gung Si Tschï war aus Lu. Sein Beiname war Dsï Hua. Er war 42 Jahre jünger als Meister Kung. Er stand gegürtet bei Hofe und waltete der Bräuche bei fürstlichen Empfängen.

19. Yüan Hiën war aus Sung. Sein Beiname war Dsï Sï.

Er war um 36 Jahre jünger als Meister Kung. Er war rein und hielt an seinen Grundsätzen fest. Trotz seiner Armut war er fröhlich über die Wahrheit (Tao). Als Meister Kung Oberrichter in Lu war, war er des Meisters Amtmann. Nach dem Tode von Meister Kung zog er sich aus dem Leben zurück und weilte in der Verborgenheit in We.

20. Gung Ye Tschang war aus Lu. Sein Beiname war Dsï Tschang. Er vermochte Schmach zu erdulden. Meister Kung gab ihm seine Tochter zur Frau.

21. Nan-Gung Tau war aus Lu. Sein Beiname war Dsï Jung. Er wußte sich durch seine Weisheit zu schützen. War die Welt in Reinheit, so wurde er nicht beiseite gesetzt. War die Welt unrein, so beschmutzte er sich nicht. Meister Kung gab ihm die Tochter seines älteren Bruders zur Frau[10].

22. Gung-Si Ai war aus Tsi. Sein Beiname war Gi Tschen. Obwohl die Welt verroht war und viele in den Familien der Hohen Räte als Unterbeamte dienten, beugte er niemals seine Grundsätze, daß er Menschenknecht geworden wäre. Meister Kung schätzte ihn besonders hoch.

23. Dseng Diën war der Vater des Dseng Schen. Sein Beiname war Dsï Si. Er war betrübt, daß zu seiner Zeit die Kultur nicht blühte, und wollte sie pflegen. Meister Kung nannte das gut. Er ist es, von dem es in den Gesprächen heißt, daß er im Flusse baden und im Hain des Lufthauchs Kühlung genießen wollte[11].

24. Yen Lu war der Vater des Yen Hui. Sein Beiname war Gi Lu. Als Meister Kung anfing, Unterricht in seinem Heimatdorf zu erteilen, war er sein Schüler. Er war 6 Jahre jünger als Meister Kung.

25. Schang Gü war aus Lu. Sein Beiname war Dsï Mu. Er war 29 Jahre jünger als Meister Kung. Er war besonders dem Buch der Wandlungen zugetan. Der Meister überlieferte ihm seine Bedeutung.

26. Tsi Diau Kai war aus Tsai. Sein Beiname war Dsï Jo. Er war 11 Jahre jünger als Meister Kung. Er übte sich im

Buch der Urkunden. Er hatte keine Freude an amtlicher Tätigkeit. Meister Kung sprach einst zu ihm: »Deinem Alter nach könntest du ein Amt annehmen, sonst wird es zu spät.« Dsï Jo deutete auf sein Buch und sprach: »Ich kann das noch nicht erklären.« Meister Kung war hocherfreut darüber[12].

27. Gung Liang Ju war aus Tschen. Sein Beiname war Dsï Dscheng. Er war weise und tatkräftig. Als Meister Kung umherwanderte, folgte er ihm stets mit fünf Wagen seines eigenen Hauses.

28. Tsin Tschang war aus Lu. Sein Beiname war Bu Dsï. Er war vier Jahre jünger als Meister Kung. Sein Vater hieß Gin Fu. Gin Fu war ebenso wie der Vater des Meisters Kung, Schu Liang Ho, wegen seiner Stärke berühmt.

29. Yen Ko war aus Lu. Sein Beiname war Dsï Kiau. Er war 50 Jahre jünger als Meister Kung. Als Meister Kung nach We ging, lenkte Dsï Kiau für ihn den Wagen. Der Fürst Ling von We fuhr mit seiner Gattin, der Nan Dsï, im selben Wagen aus und ließ seinen Eunuchen Yung Liang mitfahren, während er den Meister Kung im zweiten Wagen fahren ließ. Als sie über den Marktplatz fuhren, da schämte sich Meister Kung.

Yen Ko sprach: »Warum schämt Ihr Euch, Meister?« Meister Kung sprach: »In den Liedern heißt es:

> Und treff ich dich, du meine Braut,
> So wird mein Herz getröstet sein[13].«

Dann seufzte er und sprach: »Ich habe noch niemand gesehen, der geistigen Wert liebte wie Frauenschönheit[14].«

30. Sï-Ma Geng war aus Sung. Sein Beiname war Dsï Niu. Er war aufgeregten Wesens und redete gerne. Da er den üblen Wandel seines Bruders Huan Tui sah, war er immer traurig darüber[15].

31. Wu-Ma Ki war aus Tschen. Sein Beiname war Dsï Ki. Er war 30 Jahre jünger als Meister Kung. Als Meister Kung einst in die Nachbarschaft ging, ließ er seine Jünger alle Regenschirme mitnehmen. Und wirklich regnete es. Wu-Ma Ki sprach: »Heute morgen war wolkenloses Wetter. Bei Sonnenaufgang hießt Ihr uns Regenschirme mitnehmen, darf ich fragen, woher Ihr wußtet, daß es regnen würde?« Der Meister sprach: »Gestern abend stand der Mond im Siebengestirn. Heißt es nicht in den Liedern:

> Steht der Mond in den Plejaden,
> Wird es schließlich Regen geben[16].

Daher wußte ich es.«

32. Liang Dschan war aus Tsi. Sein Beiname war Schu Yü. Er war 39 Jahre jünger als Meister Kung. Als er 30 Jahre alt war, hatte er noch keinen Sohn und wollte deshalb seine Frau verstoßen. Schang Gü aber sprach zu ihm: »Tu es noch nicht. Ich hatte mit 38 Jahren noch keinen Sohn, und meine Mutter wollte nach einer anderen Frau für mich sehen. Der Meister wollte mich nach Tsi schicken. Meine Mutter aber wollte mich dabehalten. Der Meister sprach: Seid nicht traurig, wenn Gü die Vierziger überschritten hat, soll er noch fünf Söhne bekommen.

Und jetzt ist es wirklich so gekommen. Ich vermute, daß du selber erst spät Kinder bekommst, es liegt nicht notwendig an der Frau.«

Er folgte ihm, und nach zwei Jahren hatte er einen Sohn.

33. Kin Lau war aus We. Sein Beiname war Dsï Kai, ein anderer Beiname war Dschang. Er war mit Dsung Lu befreundet. Als er hörte, daß Dsung Lu gestorben sei, wollte er hingehen und sein Beileid bezeugen. Meister Kung gestattete es nicht und sprach: »Das ist nicht der Brauch[17].«

34. Jan Ju war aus Lu. Sein Beiname war Dsï Yü. Er war 50 Jahre jünger als Meister Kung.

35. Yen Hing war aus Lu. Sein Beiname war Dsï Liu. Er war 46 Jahre jünger als Meister Kung.

36. Bo Kiën. Sein Beiname war Gië. Er war 50 Jahre jünger als Meister Kung.
37. Gung-Sun Lung war aus We. Sein Beiname war Dsï Schï. Er war 53 Jahre jünger als Meister Kung.
38. Tsau Hü war 50 Jahre jünger als Meister Kung.
39. Tschen Kang war aus Tschen. Sein Beiname war Dsï Kang. Ein anderer Beiname war Dsï Kin. Er war 40 Jahre jünger als Meister Kung.
40. Schu-Dschung Hui war aus Lu. Sein Beiname war Dsï Ki. Er war 50 Jahre jünger als Meister Kung. Er war gleich alt wie Kung Süan[18]. Jedesmal wenn die Knaben mit den Griffeln in der Hand beim Meister Dinge schrieben, standen die beiden abwechselnd zu seiner Rechten und Linken.
Meng Wu Bo besuchte einst den Meister Kung und sprach: »Diese beiden Knaben sind noch zu jung zum Lernen, sie können es nicht behalten, bis sie erwachsen sind.«
Meister Kung sprach: »Was in der Jugend zustande kommt, das wird zur zweiten Natur, was zur festen Gewohnheit geworden ist, geht später ganz von selbst.«
41. Tsin Dsu. Beiname Dsï Nan.
42. Hi Dschen. Beiname Dsï Gië.
43. Gung Dsu Dsï. Beiname Dsï Dschï.
44. Liën Gië. Beiname Dsï Tsau.
45. Gung-Si Yü. Beiname Dsï Schang.
46. Dsai-Fu He. Beiname Dsï He.
47. Gung-Si Diën. Beiname Dsï Schang.
48. Jang Sï Tschï. Beiname Dsï Tsung.
49. Jan Gi. Beiname Dsï Tschan.
50. Süo Bang. Beiname Dsï Tsung.
51. Schï Tschu. Beiname Dsï Li.
52. Hiën Tan. Beiname Dsï Siang.
53. Dso Ying. Beiname Dsï Hing.
54. Di He. Beiname Si Dschï.
55. Schang Dse. Beiname Dsï Siu.
56. Jen Bu Tsi. Beiname Dsï Süan.

57. Yung Ki. Beiname Dsï Ki.
58. Yen Kuai. Beiname Dsï Scheng.
59. Yüan Kang. Beiname Dsï Dsi.
60. Gung Giën. Beiname Dsï Dschung.
61. Tsin Fe. Beiname Dsï Dschï.
62. Tsi Diau Tsung. Beiname Dsï Wen.
63. Yen Gi. Beiname Dsï Sï.
64. Gung Hia Schou. Beiname Dsï Scheng.
65. Gou Dsing Giang.
66. Bu Schu Scheng. Beiname Dsï Gü.
67. Schï Dsï Schu. Beiname Dsï Ming.
68. Gui Sun. Beiname Dsï Liën.
69. Schï Dschï Tschang. Beiname Dsï Tschang.
70. Schen Dsi. Beiname Dsï Dschou.
71. Yüo Hin. Beiname Dsï Scheng.
72. Yen Dschï Pu. Beiname Dsï Schu.
73. Kung Fu. Beiname Dsï Mië.
74. Tsi Diau Tschï. Beiname Dsï Liën.
75. Hiën Tscheng. Beiname Dsï Heng.
76. Yen Siang. Beiname Dsï Siang.

39. KAPITEL

BEN SING GIË / *Der Stammbaum des Meisters*

Auf den hier wiedergegebenen Stammbaum des Meisters Kung ist – in Einzelteilen – in der älteren Literatur öfters hingewiesen. Die neuere Forschung ist geneigt, ihn für apokryph zu halten. Zur Hanzeit bildete er – mit Abweichungen in Einzelteilen – einen feststehenden Bestandteil der konfuzianischen Tradition.

1.

Die Vorfahren des Meisters Kung waren Nachkommen des Fürstengeschlechts von Sung. Der Freiherr Ki von We war der älteste Sohn des Herrschers[1], ein Bruder des Dschou-Sin von einer Nebenfrau. Er war als Fürst der kaiserlichen Domäne am Hof als Hoher Rat tätig. We ist der Name seines Lehens. Sein Rang war der eines Freiherrn.

Als König Wu das Haus Yin überwältigt hatte, belehnte er den Sohn des Dschou-Sin, Wu Geng, mit dem Gebiet der alten Hauptstadt Dschau Go mit dem Auftrage, für die Opfer des Tang[2] zu sorgen. Nach dem Tode des Königs Wu machte dieser zusammen mit den drei Brüdern des Königs, Guan, Tsai und Huo[3], einen Aufstand. Der Herzog von Dschou war Kanzler des Königs Tscheng. Er rüstete einen Strafzug nach Osten aus. Nach zwei Jahren ward er der Verbrecher habhaft. Darauf setzte er den Freiherrn von We als Fortsetzer des Geschlechts von Yin ein. Er verfaßte den Erlaß an den Freiherrn von We, in dem er ihm seine Pflichten erklärte. Er gab ihm ein Lehensgebiet in Sung.

Von den Verwandten des Hauses Yin war der Freiherr von We der erste gewesen, der in die Dienste des Hauses Dschou überging, darum belehnte er ihn wegen seiner Würdigkeit. Sein Bruder hieß Dschung Sï, mit dem Rufnamen Yen oder Sië. Er folgte dem Freiherrn von We auf dem Throne nach, darum war seine Bezeichnung We Dschung (der jüngere We). Er erzeugte Gi, den Herzog von Sung. Die Angehörigen des alten Kaiserhauses behielten nämlich für ihre eigene Person ihren alten Titel bei, auch nachdem sie ein anderes Lehen und eine andere Stellung erhalten hatten, da der neue Rang nicht so hoch war wie der alte. Obwohl daher die beiden Prinzen von We zu Herzögen von Sung ernannt worden waren, behielten sie doch den Titel von We bis an ihr Lebensende bei. Erst Gi nannte sich Herzog von Sung.

Der Herzog von Sung erzeugte den Schen, den späteren Herzog Ding, dieser erzeugte den Gung, den späteren Herzog Min, und Hi, den späteren Herzog Siang. Hi erzeugte den Fu Fu Ho und den Fang Sï, den späteren Herzog Li.

Von Fang Sï ab waren die späteren Geschlechter (des älteren Zweigs) Hohe Räte in Sung. Fu Fu Ho erzeugte den Sung-

Fu Dschou. Dieser erzeugte den Schï-Dsï Scheng. Dieser erzeugte den Dscheng Kau Fu. Kau Fu erzeugte den Kung-Fu Gia.

Da nach fünf Generationen die fürstliche Verwandtschaft erlosch, wurde die Familie nunmehr ein nichtfürstlicher Stamm, darum haben die späteren Nachkommen Kung als Geschlechtsnamen angenommen. Nach einer anderen Nachricht wäre Kung-Fu (Großer Vater) die Bezeichnung gewesen, die dieser bei seiner Geburt erhielt, und die Nachkommen haben den Namen deshalb als Geschlechtsnamen angenommen.

Kung-Fu erzeugte den Sohn Mu Gin Fu. Dieser erzeugte den Gau I. Gau I erzeugte den Fang Schu. Der wich den Verfolgungen der Familie Hua[4] aus und flüchtete sich nach Lu. Fang Schu erzeugte den Bo Hia. Bo Hia erzeugte den Schu Liang Ho.

Schu Liang Ho hatte wohl 9 Töchter, aber keinen Sohn. Seine Nebenfrau gebar ihm den Mong Pi, der auch den Beinamen Bo Ni hat. Dieser hatte eine Fußkrankheit. Deshalb suchte sein Vater eine Eheverbindung mit der Familie Yen. Yen hatte drei Töchter. Die jüngste davon hieß Dscheng Dsai. Der Vater Yen fragte seine drei Töchter und sprach: »Die Familie des Verwalters von Dsou ist zwar seit einigen Generationen eine einfache Rittersfamilie. Allein seine Vorfahren sind Nachkommen von heiligen Königen. Er ist 10 Fuß hoch und an kriegerischer Kraft tut es ihm keiner gleich. Ich habe ihn sehr gern. Obwohl er schon bejahrt ist und strengen Wesens, liegt kein Bedenken vor. Wer von euch drei Kindern will seine Frau werden?«

Die beiden Ältesten gaben keine Antwort. Da trat Dscheng Dsai vor und sprach: »Ich folge den Anordnungen unseres Vaters; was bedarf es der Frage?«

Da sagte der Vater: »Du paßt für ihn.« Darauf gab er sie ihm zur Frau.

Als sie nun hinging und im Ahnentempel ihrem Gemahl

vorgestellt wurde, fürchtete sie, daß sie seines hohen Alters wegen keinen Sohn mehr von ihm haben würde. Darum betete sie im stillen zu dem Ni-Kiu-Berg und bat ihn um einen Sohn. Sie gebar den Meister Kung. Darum nannte sie ihn Kiu und gab ihm den Beinamen Dschung Ni[5].
Als Meister Kung drei Jahre alt war, starb sein Vater Schu Liang Ho und wurde begraben in Fang.
Mit 19 Jahren heiratete er eine geborene Giën-Guan aus Sung und erzeugte den Bo Yü. Als Bo Yü geboren wurde, schenkte der Fürst Dschau von Lu dem Meister Kung einen Karpfen. Um das Geschenk des Fürsten zu ehren, nannte er daher seinen Sohn Li (Karpfen) und gab ihm den Beinamen Bo Yü (Ältester Fisch). Dieser starb im Alter von 50 Jahren, noch vor dem Meister Kung.

2.

Einst kam Dsï Yü, der Gerichtsschreiber von Tsi, nach Lu und besuchte den Meister Kung. Meister Kung redete mit ihm über die Wahrheit (Tao). Dsï Yü sprach erfreut: »Ich bin ein einfacher Mensch, lange schon habe ich Euren Namen gehört, ohne Euch persönlich zu sehen, und kannte Euren wahren Wert noch nicht. Von nun an aber kenne ich die Höhe des Taischan und die Weite des Weltmeers. Wie schade, daß Ihr keinen weisen König getroffen habt, so daß Euer Weg (Tao) und Eure Geisteskraft nicht dem Volk zugute kommen können und Ihr Eure Schätze künftigen Geschlechtern überlassen müßt.« Darauf zog er sich zurück und sagte zu Nan-Gung Ging-Schu: »Meister Kung ist der Nachkomme von alten Heiligen. Seit Fu Fu Ho haben seine Ahnen aller Generationen sich durch Tugend und Demut ausgezeichnet. Darauf ruht der Segen des Himmels. Der Vollender Tang war König über die Welt kraft seiner kriegerischen Tugend. Sein Gegenstück wäre ein Herrscher in der Kraft der Tugenden des Friedens. Aber seit dem Ahn des Yin-Hauses gab es einen solchen nicht.

Meister Kung ist geboren zur Zeit des Verfalls des Dschou-Hauses. Die Ordnungen und Aufzeichnungen der alten Könige sind in wirrem Durcheinander oder verloren. Er behandelt die hinterlassenen Schriften seiner Vorgänger, er prüft und ordnet ihren Sinn. Er führt das Werk von Yau und Schun fort und bringt die Taten der Könige Wen und Wu ins Licht. Er hat die Lieder gereinigt, die Urkunden überliefert, die Sitten festgesetzt, die Musik geordnet, die Frühlings- und Herbst-Annalen gestaltet und das Buch der Wandlungen erläutert. Seine Lehren kommen auf künftige Geschlechter als Muster und Vorbild. Er strahlt im Glanze der Kraft des Friedens. Trotzdem hat er jeden belehrt, der auch nur ein Bündel Dörrfleisch brachte.[6] Die Zahl seiner Schüler übersteigt schon dreitausend. Ob vielleicht der Himmel ihm die Macht eines ungekrönten Königs verleihen will? Wie herrlich ist er doch.«

Ging-Schu sprach: »Ihr werdet wohl recht haben. Kein Ding ist ganz vollkommen. Ich habe gehört, daß unter den Nachkommen der Heiligen außer ihm keiner ist, der wert wäre, ihr Werk fortzusetzen. Des Meisters Kung Lehre ist vollkommen. Sie wird sicher in Ewigkeit wirken. Es ist ganz unmöglich, daß nicht des Himmels Segen auf ihr ruhte.«

Dsï Gung hörte es und erzählte die Worte der beiden dem Meister Kung. Der Meister sprach: »Wie wäre ich so hoher Ehre würdig. Ich habe mir einfach vorgenommen, das Verwirrte zu ordnen und das Gefallene zu erheben. Das war mein eigener Wunsch. Kann ich dafür des Himmels Lohn erwarten?«

40. KAPITEL: DSCHUNG GI GIË / *Das Ende des Meisters*
Die folgenden Berichte über den Tod und die Beerdigung des Meisters finden sich in Parallelen im Kapitel Tan Gung des Siau Dai Li Gi, vgl. im Anhang »Kungfutse über den Tod« S. 223.

41. KAPITEL

DSCHENG LUN GIË / *Richtigstellung der Reden*

Die Episoden dieses Kapitels haben zum großen Teil ihre Parallelen im Dso Dschuan. In der Regel ist der Gia Yü-Text prägnanter, vielfach auch präziser. Aus einer Reihe von Abweichungen scheint sich zu ergeben, daß Wang Su eine unabhängige Tradition zur Verfügung hatte.

1. Der Förster
siehe Mong Dsï S. 61.

2. Wo Kungs Jünger das Kämpfen gelernt haben
siehe Wilhelm 1928 S. 33.

3. Hinterlassene Anordnungen des Mong Hi Dsï

Nan-Gung Schuo und Dschung-Sun Ho-Gi[1] hatten den Mong Hi Dsï beerdigt. Da aber der Fürst Dschau zu jener Zeit auswärts war, waren sie nicht in ihre Adelslehen eingesetzt worden. Als Fürst Ding den Thron bestieg, verlieh er ihnen ihren Rang. Sie aber lehnten ab und sprachen: »Unser Vater hat eine letztwillige Verfügung hinterlassen und gesagt: Die Sitte ist der feste Halt des Menschen, ohne die Sitte vermag er nicht zu bestehen. Darum hat er den Hausverwalter beauftragt, daß er uns unter allen Umständen zum Meister Kung in die Lehre schicke, um bei ihm die Sitte zu lernen, so daß wir unsern Platz ausfüllen können.« Der Fürst gab seine Einwilligung, und die beiden gingen zu Meister Kung in die Lehre.

Meister Kung sprach: »Wer seine Fehler auszugleichen versteht, ist ein Edler. Im Buch der Lieder heißt es:

> Die hohen Männer sind das Vorbild,
> Sind das Maß[2].

Mong Hi Dsï kann wirklich als Maß und Vorbild dienen. Seine eigenen Gebrechen seinen Erben als Warnung vorzuhalten, das ist eine Handlung von der Art, wie es in den großen Festgesängen heißt:

> Er hat für Enkel Ziel und Art,
> Und Ruh und Schutz dem Sohn bewahrt[3].«

4. Ungehörige Freudenzeichen

Der Freiherr Sun Wen von We hatte sich den Unwillen des Herzogs Hiën zugezogen und hatte sich auf sein Schloß in Tsi zurückgezogen. Der Fürst war gestorben. Noch ehe er beerdigt war, ließ Freiherr Wen Glockenmusik machen. Der Prinz Gi Dscha von Wu kam auf seiner Reise nach Dsin über die Stadt Tsi. Als er die Musik hörte, sprach er: »Seltsam. Ihr sitzt hier wie eine Schwalbe, die ihr Nest an einem Zelt gebaut hat. Noch seid Ihr nicht frei von Befürchtungen, was habt Ihr da für einen Grund, Musik zu machen? Außerdem, ist dies überhaupt angängig, wo Euer Fürst noch unbeerdigt auf der Totenbahre liegt?«
Als Freiherr Sun Wen diese Worte hörte, da mochte er sein Leben lang kein Saitenspiel mehr hören.
Meister Kung hörte davon und sprach: »Gi Dscha verstand es, die Leute durch Hinweis auf ihre Pflicht zurechtzubringen. Der Freiherr Wen brachte es über sich, sich zu verleugnen und der Pflicht zu unterwerfen. Das ist eine gute Bekehrung.«

5. Fiat justitia

Meister Kung las in der Geschichte des Staates Dsin. Dschau Tschuan hatte den Herzog Ling von Dsin getötet. Dschau Dun, der vor dem Fürsten auf der Flucht war, hatte in diesem Augenblick noch nicht die Grenzberge überschritten gehabt. Er kehrte zurück. Der Geschichtsschreiber zeichnete den Vorfall folgendermaßen auf:
»Dschau Dun hat seinen Fürsten ermordet.« Dschau Dun sprach: »So ist es nicht gewesen.« Da sprach der Geschichtsschreiber: »Ihr seid der höchste Beamte im Land.

Ihr waret geflohen und hattet noch nicht die Grenze überschritten. Ihr kamet zurück und habt den Mörder[4] nicht bestraft. Wenn Ihr es nicht gewesen seid, wer war es dann?«
Dschau Dun sprach: »Wehe mir. Auf mich treffen die Worte des Liedes:

> Den ich liebe,
> Der hat sich selbst ins Leid gebracht[5].«

Meister Kung sprach seufzend: »Dung Hu[6] war ein echter Geschichtsschreiber von alter Art. Er schrieb seine Geschichte so gerecht, daß er keinen Fehler verhüllte. Dschau Dun war ein echter Minister von alter Art, der um der Gerechtigkeit willen also leiden mußte. Daß er zu leiden hatte, ist zu bedauern. Wäre er schon außer Landes gewesen, so wäre er allem entgangen.«

6. Diplomatische Geschicklichkeit

Der Staat Dscheng zog gegen den Staat Tschen und drang siegreich vor. Man sandte den Kanzler Dsï Tschan[7], um den Sieg nach Dsin zu berichten[8].
Die Leute von Dsin fragten nach der Schuld von Tschen.
Dsï Tschan erwiderte: »Tschen hat die großen Tugenden des Hauses Dschou verloren und einzig im Vertrauen auf die Übermacht des Staates Tschu[9] unsere Hauptstadt bedrängt, was wir im vergangenen Jahre ja auch berichtet haben. Es wurde uns aber kein Befehl zum Angriff auf Tschen zuteil, selbst als Tschen nochmals bis vor das Osttor unserer Hauptstadt vordrang. Auf dem ganzen Wege, den die Heere von Tschen durchzogen hatten, hatten sie die Brunnen zugefüllt und die Bäume gefällt, so daß unsere Hauptstadt in große Angst geriet. Aber der Himmel hat es zum Besten gewandt, er hat den Leuten unserer Hauptstadt das Herz geöffnet, also daß wir ihnen ihre Sünden zum Bewußtsein brachten und sie sich uns unterwarfen. Darum erlaube ich mir, über das vollbrachte Werk zu berichten.«

Die Leute von Dsin fragten: »Warum habt Ihr einen so kleinen Staat angegriffen?«

Dsï Tschan antwortete: »Die heiligen Könige des Altertums richteten sich nur allein danach, wer wirklich schuldig war. Jede Schuld wurde entsprechend bestraft. Außerdem war im Altertum das Königsland 1000 Meilen im Geviert und die Gebiete der Lehnsfürsten 100 Meilen im Geviert. So bestimmte es die Staatsordnung des Hauses Dschou. Heutzutage haben die Großstaaten ein Gebiet, das den ursprünglichen Umfang des Königslandes um ein Vielfaches übertrifft. Wie hätten sie das erreicht, wenn sie niemals kleinere Staaten überfallen hätten?«

In Dsin sagte man darauf: »Seine Worte lassen sich hören.«

Meister Kung hörte davon und sprach zu Dsï Gung: »In einem alten Geschichtsbuch heißt es: Die Rede dient dazu, um die Absicht auszudrücken. Der Stil dient dazu, um die Rede zu gestalten. Redet man nicht, wer soll dann wissen, was wir meinen? Hat die Rede keinen Stil, so ist ihre Wirkung beschränkt. Dsin war die Vormacht zu jener Zeit. Wenn der Einfall in Tschen nicht so geschickt stilisiert gewesen wäre, so wäre er dem Staate Dscheng nicht als Verdienst angerechnet worden. Ja, man muß vorsichtig sein in der Wahl seiner Worte.«

7. Diplomatische Mahnung eines Fürsten

Der König Ling von Tschu war hochmütig und verschwenderisch. Der Meister der Rechten, Dsï Go, saß bei ihm. Da ging der Geschichtsschreiber der Linken, I Siang, mit ehrerbietigen Schritten am König vorüber.

Der König sprach: »Das ist ein vorzüglicher Geschichtsschreiber, seht ihn Euch ordentlich an, der kann die drei Urgeschichten, fünf Urkunden, acht Wahrsageregeln und neun Abschnitte der Erdkunde alle auswendig.«

Jener erwiderte: »Ein guter Geschichtsschreiber vermerkt die Fehler seines Fürsten und bringt die guten Taten seines

Fürsten auf die Nachwelt. Dieser Herr, der sein Amt nur im Flunkern sieht, kann nicht ein guter Geschichtsschreiber genannt werden. Auch habe ich ihn kürzlich gefragt: Als einst der König Mu von Dschou seinen Gelüsten freien Lauf ließ und die ganze Welt durchreiste, so daß Wagengeleise und Pferdespuren allenthalben zu finden waren, da machte der Herzog von Tsai, Mou Fu, das Lied von Dschau, durch das des Königs Herz zurecht gebracht wurde, so daß es ihm vergönnt war, eines natürlichen Todes in seinen Gemächern zu sterben. Ich fragte, wie dieses Lied heiße, aber er wußte es nicht. Wenn man ihn nun erst nach noch weiter zurückliegenden Dingen fragen wollte, wie wäre er imstande, die zu wissen?«

Der König sprach: »Kennt Ihr das Lied?«

Jener erwiderte: »Ja, ich kenne es, es lautet folgendermaßen:

> Ich flehe, daß die sänftigenden Töne
> Edler Musik des Königs Seele läutern,
> Damit das Vorbild unseres Königs leuchte
> Als wie Nephrit und gleich wie edles Gold,
> Daß er des Volkes Kraft gestalten möge,
> Und daß er Trinkgelagen werd' abhold.«

König Ling verneigte sich und zog sich zurück. Man brachte ihm Speise, aber er aß nichts. Man brachte ihn zur Ruhe, aber er schlief nicht. So ging es mehrere Tage lang. Schließlich konnte er seine Natur aber doch nicht bemeistern, und so kam er zu einem üblen Ende.

Meister Kung las seine Geschichte und sprach: »Die Alten hatten ein Wort: Sich selbst verleugnen und sich der Sitte zuwenden, ist wahre Güte. Das ist gewißlich wahr. Wenn König Ling von Tschu es über sich vermocht hätte, also zu handeln, dann hätte ihn nicht die Schmach von Gan Hi erwartet. Die Art, wie Dsï Go die Flunkerei des Geschichtsschreibers verurteilte und das Lied zitierte, um den König zu warnen, war wirklich geschickt.«

8. Unparteilichkeit

Schu-Sun Mu-Dsï floh wegen innerer Schwierigkeiten nach Tsi. Er übernachtete unterwegs in der Stadt Geng-Dsung. Er hatte Verkehr mit einer Witwe von Geng-Dsung, die gebar einen Sohn, namens Niu. Als Mu-Dsï nach Lu zurückkehrte, machte er den Niu zu seinem Kämmerer und Hausverwalter. Niu verleumdete die beiden Söhne des Schu-Sun bei ihrem Vater und brachte sie um. Als Schu-Sun krank war, da entzog Niu ihm das Essen, und er starb Hungers. Darauf half Niu dem Schu-Sun Dschau, einem Sohn einer Nebenfrau des Schu-Sun, und setzte ihn als Nachfolger ein.

Als Dschau eingesetzt war, da versammelte er alle Familienangehörigen und sprach zu ihnen: »Der Kämmerer Niu hat Leid über die Familie Schu-Sun gebracht und die ganze Ordnung verwirrt. Er hat die vollbürtigen Söhne getötet und mich, den Sohn einer Nebenfrau, zum Haupt der Familie gemacht; er hat der Familie ferner Land geraubt, um Straflosigkeit für seine Verbrechen zu erwirken[10]. Man kann sich kein schlimmeres Verbrechen denken. Er muß sofort umgebracht werden.«

Darauf ließ er den Kämmerer Niu töten.

Meister Kung sprach: »Die Unparteilichkeit des Schu-Sun Dschau-Dsï ist unerreichbar. Von Dschou Jen[11] gibt es ein Wort: Ein Herrscher darf nicht persönliche Dienste belohnen und nicht persönliche Beleidigungen strafen. Im Buch der Lieder heißt es:

> Wer wahre Geisteskraft besitzt,
> Dem folgen willig alle Lande[12].

Dschau-Dsï besaß sie.«

9. Der unparteiische Bruder

Im Staate Dsin stritten einst zwei Männer namens Hing Hou und Yung Dsï um ein Stück Land. Der Richter Schu

Yü hatte die Entscheidung zu fällen. Yung Dsï war im Unrecht, deshalb brachte er seine Tochter dem Richter Schu Yü, und dieser entschied infolgedessen den Prozeß zu Ungunsten des Hing Hou. Hing Hou war empört und brachte Schu Yü und Yung Dsï bei Hofe um. Der Kanzler Han Süan-Dsï fragte den Schu Hiang nach der Schuld. Schu Hiang sprach: »Die drei Verbrecher sind gleich schuldig. Man mag den Lebenden hinrichten und die Leiber der Gemordeten dem Schimpf preisgeben. Yung Dsï wußte, daß er im Unrecht war, und griff zur Bestechung, um das Recht zu beugen. Mein Bruder Schu Yü hat den Prozeß nach Gunst entschieden. Hing Hou hat eigenmächtig gemordet. Ihre Schuld ist die gleiche. Wer im Unrecht ist und sich durch Bestechung Recht verschafft, ist ein Betrüger. Wer als Beamter durch seine Habgier der Bestechung zugänglich ist, ist ein Finsterling, wer andere tötet ohne Scheu, ist ein Mörder. In den Urkunden des Hauses Hia heißt es: Betrüger, Finsterlinge und Mörder verdienen den Tod. Das ist die Strafe, die Gau Yau[13] festgesetzt hat. Ich bitte, danach zu verfahren.«

Darauf wurde Hing Hou hingerichtet und die Leichname des Yung Dsï und Schu Yü auf dem Markt ausgestellt.

Meister Kung sprach: »Schu Hiang war ein ehrlicher Charakter von alter Art. Bei der Regierung eines Staates und der Handhabung der Strafen darf man keine Rücksicht auf Verwandtschaft nehmen. Schu Hiang hat dreimal die Fehler seines Bruders Schu Yü ans Licht gebracht, das war wirklich viel. Aber jedenfalls war es ein Zeichen besonderer Ehrlichkeit von ihm. Bei der Versammlung von Ping Kiu[14] hat er seines Bruders Bestechlichkeit aufgedeckt und dadurch den Leuten von We Erleichterung verschafft und den Staat Dsin von dem Vorwurf der Gewalttätigkeit befreit. Bei der Freigabe des Freiherrn Gi von Lu[15] hat er seines Bruders Verschlagenheit ans Licht gebracht und dadurch dem Staate Lu Erleichterung verschafft und den Staat Dsin von dem Vor-

wurf der Grausamkeit befreit. In dem Prozesse des Hing
Hou hat er seine Habsucht ans Licht gebracht und dadurch
dem Recht zur Geltung verholfen und den Staat Dsin von
dem Vorwurf der Parteilichkeit befreit. Dreimal hat er geredet und dadurch dreimal ein Übel abgewandt und einen
Nutzen gestiftet. Seine Nächsten nicht zu schonen und dadurch nur um so herrlicher zu erscheinen, das ist auch
Pflichttreue.«

10. Das Ventil der öffentlichen Meinung

In Dscheng gab es Landschulen. Die Lehrer dieser Schulen
kritisierten die regierenden Kreise. Dsung Ming[16] wollte
darauf die Landschulen abschaffen. Aber der Kanzler Dsï
Tschan sprach: »Warum sie abschaffen? Wenn die Leute
morgens und abends in ihrer freien Zeit zusammenkommen,
um über die Vorzüge und Fehler der Regierenden zu sprechen, so brauchen wir einfach das, was sie für gut befinden,
auszuführen, und das, was sie tadeln, zu bessern. Wieso soll
man diese Schulen abschaffen? Ich habe gehört, daß man
durch Gewissenhaftigkeit und Tüchtigkeit der Mißstim-
mungen Herr werden soll, aber nicht, daß man durch Ein-
schüchterung die Mißstimmung eindämmen soll. Wenn man
die Mißstimmung eindämmt, das ist, wie wenn man Wasser
eindämmt. Bricht es durch und es gibt eine Überschwem-
mung, so kommen notwendig viele Menschen zu Schaden,
und ich kann sie nicht retten. Da ist es besser, einen kleinen
Abfluß zu lassen und es abzuleiten. So ist es auch besser,
wenn ich das, was ich höre, abstelle.«

Meister Kung hörte diese Worte und sprach: »Ziehe ich
dies in Betracht, so glaube ich es einfach nicht, wenn jemand
sagt, Dsï Tschan sei nicht gütig.«

11. Dsï Tschans Eintreten für sein Land

Herzog Ping von Dsin versammelte die Fürsten in Ping
Kiu. Als auch der Fürst von Tsi zum Bundesschluß bereit

war, beklagte sich Dsï Tschan, der Kanzler von Dscheng, über die Verteilung der Abgaben. Er sprach: »Einst war es Sitte, daß der Himmelssohn die Höhe der Abgaben abstufte, und zwar wurden sie abgestuft nach dem Rang der Fürsten; das gehört zu den Einrichtungen des Hauses Dschou. Fürsten von niederem Rang, die dennoch hohe Abgaben zu entrichten hatten, waren nur die, deren Gebiet innerhalb der königlichen Domäne lag. Der Graf von Dscheng hat nur den Rang eines Freiherrn und soll dieselben Abgaben entrichten wie die Herzöge und Fürsten. Ich fürchte, es wird ihm nicht möglich sein, und ich wage daher für ihn zu bitten.«
Er stritt vom Mittag bis zum Abend, da gestand Dsin es zu. Meister Kung sprach: »Durch diese Handlung hat Dsï Tschan sich als Lenker eines Staates gezeigt. Im Buch der Lieder heißt es:

> Ich freue mich der edlen Herren,
> Die unserm Staat als Säulen stehen[17].

Dsï Tschan war ein Edler, über den die Bürger sich freuen konnten.«
Außerdem sprach er: »In Anwesenheit der sämtlichen Landesfürsten die Angelegenheit der Abgaben zu regeln, das entspricht der Sitte.«

12. *Das Vermächtnis Dsï Tschans an seinen Nachfolger*

Dsï Tschan von Dscheng war krank, da sprach er zu Dsï Tai Schu: »Ich werde sterben, und du wirst sicher zur Leitung der Regierungsgeschäfte berufen werden. Nur ein Mann von höchster Geisteskraft vermag durch Milde das Volk fügsam zu machen; Leute geringerer Art fahren am besten mit Härte. Das Feuer brennt hell, die Leute sehen es von fern und scheuen sich davor, darum stirbt selten jemand durch Verbrennen. Das Wasser ist weich und schwach, die Leute achten seiner nicht und gehen viel damit um, darum kommt es häufig vor, daß Leute durch Ertrinken sterben. Darum ist Milde sehr schwer.«

Als Dsï Tschan gestorben war, wurde Dsï Tai Schu zur Regierung berufen. Er brachte es nicht über sich, hart zu sein, und versuchte es mit Milde. Da kamen im Staate Dscheng viele Diebstähle und Räubereien vor. Da bereute Tai Schu sein Verfahren und sprach: »Wenn ich meinem Vater gleich gefolgt hätte, so wäre das nicht vorgekommen.« Meister Kung hörte es und sprach: »Vortrefflich. Ist die Regierung zu milde, so wird das Volk nachlässig. Der Nachlässigkeit muß man durch Härte begegnen. Ist die Regierung zu hart, so wird das Volk bedrückt. Bedrückung des Volkes muß man durch Milde erleichtern. Wenn so die Milde die Härte ausgleicht und die Härte die Milde ausgleicht, so wird durch diesen gegenseitigen Ausgleich die Regierung harmonisch. Im Buch der Lieder heißt es:

> Und hat das Volk auch schwer zu tragen,
> Um etwas leichter könnt's ihm sein.
> Tut Gutes dieser Landesmitte!
> Das wird dem Reiche Ruh verleihn[18].

Das bezieht sich auf die Ausübung der Milde.

> Schont nicht der Schurken und der Kriecher!
> Das schüchtert Schlechtgesinnte ein.
> Tut Einhalt Räubern und Bedrückern,
> Die selbst das helle Licht nicht scheun[19].

Das bezieht sich auf die Ausübung der Strenge.

> Seid mild den Fremden, helft den Nächsten,
> Dann wird des Königs Macht gedeihn[20].

Das bezieht sich auf den harmonischen Ausgleich. Und abermals heißt es:

> Von Ungestüm und Lässigsein,
> Von Härte wie von Schwäche rein,

> Regiert er groß und ungemein,
> Und aller Segen wurde sein[21].

Das ist der Gipfel der Harmonie.«
Als Dsï Tschan gestorben war, vergoß Meister Kung beim Empfang der Nachricht Tränen und sprach: »Das war ein liebevoller Mann von alter Art.«

13. Grausamkeit der Regierung

Siehe Buch der Sitte S. 277.

14. Gerechte Verteilung

In Dsin führte We Hiën Dsï die Regierung. Er hatte das Land der Familien Ki und Yang-Sche zu verteilen und die hohen Würdenträger zu belehnen. Er ließ auch seinem Sohn Schu etwas zukommen, da ihn alle als würdig empfahlen. Außerdem sprach er zu Gia Sin: »Du hast dich um das Königshaus verdient gemacht, darum erhebe ich dich. Sei in all deinen Handlungen gewissenhaft, verringere nicht deine Anstrengungen.«
Meister Kung hörte davon und sprach: »Freiherr We erhob die Würdigen so, daß er auch seine Nächsten nicht überging, aber ebensowenig die Fernstehenden vernachlässigte. Das mag man gerecht nennen.«
Außerdem hörte er, wie er den Gia Sin ermahnte. Das bezeichnete er als gewissenhaft.
»Im Buch der Lieder heißt es:

> Wer immer festhält am Gesetz des Herrn,
> Der schafft sich selber großes Glück[22].

Das ist die Gewissenhaftigkeit.
We Hiën Dsï war in der Art, wie er die Leute erhob, gerecht, in der Art, wie er sie ermahnte, gewissenhaft. Möge er immer Nachkommen in Dsin haben.«

15. Eherne Gesetze

Dschau Giën Dsï legte dem Staat Dsin die Abgabe von fünf Zentnern Glockenspeise auf, um daraus einen Dreifuß zu gießen, auf dem er das Strafgesetz[23] des Fan Süan Dsï eingraben ließ. Meister Kung sprach: »Dsin scheint wirklich dem Untergang geweiht zu sein, da es seine Verfassung verliert. Solange der Staat Dsin festhielt an den Gesetzen und Einrichtungen, die Tang Schu empfangen hatte, um die Leute in festen Bahnen zu halten, da hatten die hohen Würdenträger etwas, das sie den Rangunterschieden entsprechend festzuhalten hatten. Die Leute konnten infolge davon die ihnen vorgezeichnete Bahn hochhalten, und die Vornehmen konnten ihren Erbbesitz wahren. Hoch und nieder erlaubten sich keine gegenseitigen Übergriffe. Das heißt Verfassung. Infolge davon richtete der Herzog Wen Beamte ein, die die Ordnung aufrechtzuerhalten hatten, und schuf die Gesetze von Bi Lu und wurde dadurch zum Bundeshaupt. Wenn man nun die Verfassung verwirft und Strafdreifüße macht, so sieht das Volk nur noch auf die Dreifüße und hat keinen Grund mehr, seine Oberen zu ehren, und diese vermögen ihren Erbbesitz nicht mehr zu wahren. Wenn hoch und nieder keine Rangunterschiede mehr kennen, wie will man da noch den Staat handhaben? Außerdem sind die Strafen des Fan Süan Dsï zur Zeit der Jagd in I entstanden; es sind Festsetzungen einer Zeit, da Dsin in Verwirrung war, und sind schon deshalb vollkommen ungeeignet, als Vorbild dienen zu können.«

16. Freiheit von Aberglauben

König Dschau von Tschu war krank. Man fragte das Orakel, das sagte: Der Geist des Gelben Flußes übt unheilvollen Einfluß aus. Der König opferte ihm dennoch nicht. Die Würdenträger baten, ihm auf dem Anger opfern zu dürfen.

Der König sprach: »Seit den drei Dynastien ist es Sitte, daß die Fürsten nicht anderen Göttern opfern sollen als den Genien solcher Plätze, die man von dem betreffenden Land aus sehen kann. Der Giang, der Han, der Dsü, der Dschang sind die Flüsse, die von Tschu aus gesehen werden können. Glück oder Unglück kommen nicht dadurch, daß Geister von Plätzen darüber hinaus nicht günstig sind. So kann der Gelbe Fluß, selbst wenn ich nicht tugendhaft bin, von mir nicht beleidigt werden.« So opferte er ihm nicht.

Meister Kung sprach: »Der König Dschau von Tschu kennt die großen Naturgesetze (Tao). Daß er sein Land nicht verliert, ist in der Ordnung. In den Urkunden von Hia heißt es:

> Einst war der Fürst von Tau und Tang,[24]
> Der sich errang den Platz von Ki.
> Nun hat man seinen Platz verloren
> Und seine Ordnungen verwirrt:
> Das bringt uns Tod und Untergang.

Abermals heißt es:

> Aus meinem Herzen kommt kein anderer Gedanke:
> Er ist der Mann[25].

Es ist zu billigen, daß man in freier Selbständigkeit den ewigen Gesetzen folgt.«

17. Des Meisters Rückkehr nach Lu

Siehe Wilhelm 1928 S. 33.

18. Fürstenmord

Tschen Heng aus Tsi hatte den Herzog Giën ermordet. Meister Kung hörte es. Er badete und reinigte sich drei Tage lang, dann ging er zu Hofe, um es dem Herzog Ai anzuzeigen. Er sprach: »Tschen Heng hat seinen Fürsten ermordet. Ich bitte, gegen ihn einzuschreiten.«

Fürst Ai war nicht einverstanden. Als er dreimal gebeten

hatte, sprach der Fürst: »Lu ist seit langem schon durch Tsi geschwächt. Wie wollt Ihr es denn machen, gegen ihn einzuschreiten?«

Er erwiderte: »Tschen Heng hat seinen Fürsten ermordet. Mindestens die Hälfte des Volkes ist damit nicht einverstanden. Wenn man nun mit der Gesamtmacht von Lu die Hälfte der Macht von Tsi vereinigt, so kann man mit ihm fertigwerden.«

Der Fürst sprach: »Zeigt es dem Freiherrn Gi an.«

Meister Kung lehnte ab. Als er von Hofe kam, sagte er zu den Leuten: »Nachdem ich ein öffentliches Amt bekleidet habe, wagte ich nicht, die Anzeige zu unterlassen.«

19. Hoftrauer

Dsï Dschang fragte: »In den Urkunden heißt es, daß der Herrscher Gau Dsung nach dem Tode seines Vaters drei Jahre lang kein Wort gesprochen habe. Und als er wieder gesprochen, haben sich die Leute darüber gefreut. Ist das so gewesen?«

Meister Kung sprach: »Warum sollte es anders gewesen sein? Im Altertum war es Sitte, daß, wenn der Sohn des Himmels verschied, der Thronfolger die Regierung drei Jahre lang dem Kanzler übertrug. Als der Vollender Tang verschieden war, hat Tai Gia auf den Kanzler I Yin gehört; als König Wu bestattet war, hat König Tscheng auf den Fürsten von Dschou gehört. Der Sinn war stets derselbe.«

20. Gefährliche Ehrung

Sun Huan Dsï aus We fiel einst in Tsi ein und erlitt eine Niederlage. Die Leute von Tsi setzten ihm nach. Da kam der Herr von Sin Dschu, namens Dschung-Schu Yü-Hi, mit seinen Scharen dem Sun Huan Dsï zu Hilfe, so daß Sun Huan Dsï entkam. Der Staat We wollte den Dschung-Schu Yü-Hi durch Verleihung einer Stadt belohnen. Der aber lehnte ab und bat um das Recht, sich eine fürstliche Musikkapelle halten und in einer fürstlichen Karosse zu Hofe fahren zu dürfen. Es wurde ihm zugesagt und in den Akten der drei Hofministerien eingetragen.

Dsï Lu war im Amte in We. Er sah diese Einrichtung und befragte Meister Kung darüber.

Meister Kung sprach: »Wie schade, hätte man ihm lieber noch mehr Städte gegeben. Die Vorrechte an Geräten und Rang darf ein Fürst nicht an andere verleihen. Was der Fürst zu verwalten hat, das ist sein Name, um Vertrauen zu erzeugen; das Vertrauen zu ihm bewirkt, daß er seine ihn auszeichnenden Geräte bewahren kann; diese Geräte ermöglichen es ihm, die Sitten richtig zu vollführen; diese Sitten sichern die Durchführung der Gerechtigkeit; die Gerechtigkeit erzeugt das allgemeine Beste; das allgemeine Beste macht die Leute zufrieden. Das sind die wichtigsten Werkzeuge der Regierung. Gibt ein Fürst sie aus der Hand, so gibt er damit die Regierungsgewalt weg. Ist erst die Regierungsgewalt weg, dann folgt der Staat nach, ohne daß es sich hindern läßt.«

21. Die Arbeit der Frau

Gung-Fu Wen-Bos Mutter war unermüdlich im Spinnen. Gung-Fu Wen-Bo ermahnte seine Mutter, es nicht zu tun. Sie aber sprach: »In alter Zeit wob die Königin eigenhändig die dunklen Troddeln für die Krone des Königs. Die Gattinnen der Landesfürsten fügten ihren Gatten die roten Bänder hinzu, die Frauen der hohen Räte machten ihren Männern die Hofkleidung. Von dem niederen Adel abwärts sorgte jede Frau für die gesamte Kleidung ihres Mannes, im Herbst für die kriegerischen Unternehmungen und beim Winteropfer, um die vollbrachten Taten vor die Ahnen zu bringen. So waren durch die Ordnungen der heiligen Könige die Pflichten der Männer und Frauen festgelegt. Ich bin eine Witwe, du bist im Amt von früh bis spät von deinen Geschäften in Anspruch genommen. Da muß ich besorgt sein, daß das Vermögen, das von den Vorfahren hinterlassen ist, nicht verlorengeht. Wollte ich mich nachlässiger Ruhe hingeben, so verdiente ich Strafe.«

Meister Kung hörte es und sprach: »Kinder, merkt es euch, von dieser Frau aus dem Hause Gi kann man sagen, daß sie frei von Fehlern ist.«

22. Unklugheit

Fan Tschï fragte den Meister Kung und sprach: »Bau Kiën[26] diente beim Fürsten von Tsi. Er ließ sich in seiner Führung der Regierungsgeschäfte nichts zuschulden kommen, so daß man ihn als treu bezeichnen kann. Und doch ließ der Fürst ihm die Füße abhacken. War das nicht der Gipfel finsterer Bosheit?«

Meister Kung sprach: »In alten Zeiten hielten es die Ritter also, daß, wenn ein Staat in Ordnung (Tao) war, sie treu waren bis aufs äußerste, um ihm zu helfen. Wenn im Staat Unordnung herrschte, so zogen sie sich zurück, um üblen Folgen zu entgehen. Bau Kiën dagegen hat seine Besoldung von einem verkommenen und sittenlosen Fürsten angenommen und, da er seines Herren Umnachtung nicht zu berechnen verstand, sich diese schwere Strafe zugezogen. Er war noch nicht einmal so klug wie eine Sonnenblume, denn eine Sonnenblume versteht es, ihren Fuß zu schützen[27].«

23. Habsucht

Freiherr Gi Kang Dsï wollte von jedem Brunnengebiet eine besondere Abgabe erheben. Er ließ darüber bei Meister Kung anfragen.

Der sprach: »Davon verstehe ich nichts.«

Jan Yu wurde dreimal gesandt, schließlich sprach er: »Ihr gehört zu den Landesältesten, Meister, wir wollen uns bei unseren Handlungen nach Euch richten, warum redet Ihr nicht?«

Meister Kung antwortete trotzdem nicht. Im geheimen sagte er aber zu Jan Yu: »Kiu, komm her. Hast du nicht gehört, daß die alten Könige das Land so verteilt haben, daß die Inhaber der Felder ihre Abgaben durch Fronden abzuleisten hatten? Sie glichen die Unterschiede der Lage aus. Steuer war nur von den Marktständen zu bezahlen, wobei Rücksicht genommen wurde auf ihre Einnahmen. Die einzelnen Arbeiter hatten ihre körperlichen Dienste zu vollbringen, wobei Alter und Jugend Erleichterungen erhielten. So hatten Witwer und Witwen, Waisen, Kranke und Greise nur in Kriegszeiten öffentliche Leistungen zu verrichten. Sonst blieben sie frei. In solchen Jahren hatten sie von der Ernte eines Brunnengebiets eine Garbe, einen Topf Reis und Stroh zu liefern, nichts mehr. Denn die alten Könige hielten das für genug. Der Edle hält sich in all seinen Handlungen an das Maß der Sitte. Im Austeilen ist er freigebig, im Zumessen der Dienste ist er gerecht, und für sich selbst hält er sparsam haus. Auf diese Weise sind die Kriegsabgaben ausreichend. Wenn man sich aber nicht nach den Regeln der Sitte richten will, sondern unersättlicher Habgier die Zügel schießen läßt, so kommt man auch mit besonderen Feldabgaben nicht aus. Wenn du und der Freiherr Gi in eurem Tun euch nach den Gesetzen richten wollt, so sind die Einrichtungen des Herzogs von Dschou ja noch vorhanden. Wenn ihr aber die Gesetze übertreten wollt, so tut, was ihr mögt. Warum fragt ihr da erst noch?«

24. Dsï Tschans Güte

Dsï Yu fragte den Meister Kung: »Ihr redet immer von der Freundlichkeit des Dsï Tschan, Meister. Darf ich hören, worin sie besteht?«
Meister Kung sprach: »In seiner Liebe zu den Menschen.«
Dsï Yu sprach: »Liebe zu den Menschen ist doch das höchste Ziel der Kultur überhaupt, wieso nennt Ihr das nur Freundlichkeit?«

Meister Kung sprach: »Dsï Tschan war wie eine Mutter aller seiner Leute, die ihre Kinder zu nähren weiß, aber nicht zu lehren.«

Dsï Yu sprach: »Darf ich ein Beispiel dafür hören?«

Meister Kung sprach: »Dsï Tschan führte in seinem eigenen Wagen im Winter die Leute über den Fluß, das ist Liebe ohne Belehrung.«

25. Ehre vor dem Alter

Herzog Ai fragte den Meister Kung: »Meine Würdenträger ermahnen mich alle, den hohen Jahren reiche Ehren zu zollen. Wie steht es damit?«

Meister Kung erwiderte: »Wenn Ihr dieses Wort verwirklicht, so wird die ganze Welt es Euch danken, nicht nur der Staat Lu.«

Der Herzog sprach: »Was? Darf ich die Bedeutung dieser Rede vernehmen?«

Meister Kung sprach: »Vor alters, als Schun Herrscher war, bevorzugte er die Tugend und achtete das Alter. Die Herrscher aus dem Geschlechte Hia bevorzugten den Adel, aber sie achteten auch das Alter. Die Leute von Yin bevorzugten den Reichtum, aber sie achteten auch das Alter. Die Leute von Dschou bevorzugten ihre Verwandten, aber sie achteten auch das Alter. Schun, Yü, Tang und Wu waren die größten Könige auf Erden. Und keiner von ihnen hat das Alter vernachlässigt. Das Alter genießt seit langem diese Wertschätzung auf Erden, die nur zurücksteht hinter dem Dienst der Eltern. Darum entscheidet bei Hofe bei gleichem Rang das Alter über den Vortritt. Siebzigjährige dürfen auf den Stab gestützt bei Hof erscheinen, und wenn der Fürst sie etwas zu fragen hat, dürfen sie sich setzen. Achtzigjährige warten überhaupt nicht mehr bei Hofe auf; wenn der Fürst sie etwas zu fragen hat, so besucht er sie. So wurde die Rücksicht auf das Alter allgemein bei Hofe ausgeübt.

Geht man mit einem Älteren auf der Straße, so bleibt man

mit seiner Schulter etwas hinter ihm. Gehört man einer jüngeren Generation an, so geht man hinter ihm. Einen Grauhaarigen läßt man keine Lasten schleppen auf der Straße. So wird die Rücksicht auf das Alter selbst auf Straßen und Wegen allgemein ausgeübt.
Auf dem Lande selbst geht das Alter vor. Ein Greis, der arm ist, wird nicht im Stich gelassen, die jüngeren Starken wenden sich nicht gegen die älteren Schwachen, die Mehrheit der Jüngeren unterdrückt nicht die Minderheit der Älteren. So wird die Rücksicht auf das Alter auch in Dörfern und Weilern allgemein ausgeübt.
Die Ordnung (Tao) der Alten bestimmte, daß vom fünfzigsten Jahr an keine Jagddienste mehr geleistet werden mußten. Bei der Verteilung des Wildbrets wurden die Älteren besonders reichlich bedacht. So wurde die Rücksicht auf das Alter auch bei Jagden allgemein ausgeübt.
In den Abteilungen des Heeres geht bei gleichem Rang das Alter vor. So wurde die Rücksicht auf das Alter auch im Heer allgemein ausgeübt.
Nach den Lehren dieser Heiligen hatte die kindliche Ehrfurcht vor den Eltern und die Rücksicht auf das Alter ihren Ausgangspunkt beim Hofe, sie wurde beobachtet auf Straßen und Wegen, drang ein in die entlegensten Dörfer und Weiler, wurde befolgt bei den großen Jagden und fand selbst im Heere Beachtung. Dadurch wurden alle dahin beeinflußt, daß sie bereit waren, für ihre Pflichten in den Tod zu gehen, und niemand es wagte, sich zu widersetzen.«
Der Herzog sprach: »Vortrefflich. Aber obwohl ich das alles gehört habe, bin ich nicht imstande, es zu verwirklichen.«

26. Unheilvolle Einflüsse

Herzog Ai fragte den Meister Kung: »Ich höre, es sei unheilvoll, Anbauten am östlichen Flügel zu machen. Ist das wirklich so?«

Meister Kung sprach: »Unheilvolle Dinge gibt es fünf, und der Anbau am Ostflügel gehört nicht darunter. Andern schaden und sich selbst bereichern, das bringt Unheil über die eigene Person. Die Alten verwerfen und die Jungen heranziehen, das bringt Unheil über das Haus. Die Tüchtigen entlassen und die Untüchtigen anstellen, das bringt Unheil über den Staat. Wenn die Alten nicht lehren und die Jungen nicht lernen, das bringt Unheil über die Sitten. Wenn die Weisen sich verbergen müssen und die Narren die Macht an sich reißen, das bringt Unheil über die ganze Welt. Fünf Dinge gibt es, die Unheil bringen, und der Anbau am Ostflügel ist nicht dabei.«

27. Nehmen und geben

Meister Kung ging in das Haus des Freiherrn Gi. Der Amtmann des Freiherrn begrüßte ihn und sprach: »Der Fürst hat einen Boten gesandt, um sich ein Pferd verleihen zu lassen. Soll man es ihm geben?«

Noch ehe Freiherr Gi geredet hatte, sprach Meister Kung: »Ich habe gehört, wenn der Fürst etwas von seinen Untertanen nimmt, das nennt man annehmen, wenn er seinen Untertanen etwas gibt, das nennt man gewähren. Wenn der Untertan von seinem Fürsten etwas entgegennimmt, das nennt man sich verleihen lassen, wenn er dem Fürsten etwas gibt, das nennt man darbringen.«

Freiherr Gi kam in Verlegenheit, besann sich und sprach: »Ich hatte bisher den Sinn dieser Ausdrucksweise tatsächlich nicht verstanden.« Darauf befahl er seinem Amtmann: »Wenn von heute ab der Fürst wieder etwas annehmen will, so darf es nicht mehr als Verleihung bezeichnet werden.«

42. KAPITEL

KÜ LI DSÏ GUNG WEN
Die Fragen des Dsï Gung nach den Einzelsitten

1. Korrektur der Geschichte

Dsï Gung fragte den Meister: »Der Fürst Wen von Dsin hat doch in Wirklichkeit den König kommen lassen und die Lehnsfürsten zur Audienz versammelt. Als Ihr die Annalen von Frühling und Herbst machtet, sagtet Ihr: Der himmlische König begab sich auf die Jagd nördlich vom Gelben Fluß. Was bedeutet das?«

Meister Kung sprach: »Daß ein Untertan seinen Fürsten herbeibefiehlt, das wäre kein Beispiel für die Nachwelt. Daher schrieb ich nur, daß der Fürst Wen an der Spitze der Lehnsfürsten dem Himmelssohn gedient habe[1].«

2. Paradoxe

Als Meister Kung in Sung war, sah er, wie Huan Tui für sich selbst einen steinernen Sarkophag herstellen ließ. Nach drei Jahren war die Arbeit noch nicht fertig, und die Arbeiter waren alle krank vor Überanstrengung.

Meister Kung sprach unwillig: »Diese Üppigkeit! Da wäre es wirklich besser, er verfaulte schnell.«

Jan Kiu lenkte den Wagen und sprach: »Die Sitte will, daß man keine Vorbereitungen für Trauerfälle trifft, was hat das zu bedeuten?«

Der Meister sprach: »Ist jemand gestorben, so berät man zunächst über seinen Tempelnamen. Ist der Tempelname bestimmt, so fragt man das Orakel wegen der Beerdigung. Ist die Beerdigung vorüber, so richtet man den Tempel ein. Das sind alles Dinge, die den Beamten und Söhnen obliegen und die nicht im voraus vorbereitet werden, wieviel weniger soll man sich selbst damit beschäftigen.«

Nan-Gung Ging-Schu hatte durch seinen Reichtum den

Fürsten Ding von Lu beleidigt und war nach We geflohen. Der Fürst von We hatte sich für ihn verwandt, daß er zurückkehren durfte. Da führte er alle seine Schätze auf einem Wagen mit sich, als er sich bei Hofe meldete. Der Meister hörte davon und sprach: »So hängt er an seinem Besitz! Da wäre es besser, er wäre beim Verlust seines Amtes sofort auch gleich arm geworden.« Dsï Yu saß beim Meister und sprach: »Darf ich fragen, was der Sinn dieser Worte ist?« Meister Kung sprach: »Wer reich ist, ohne die Sitte zu beobachten, bringt sich ins Unglück. Ging-Schu hat um seines Reichtums willen sein Amt verloren, und nun hat er sich noch immer nicht gebessert. Ich fürchte, daß er noch später schwer darunter zu leiden haben wird.«
Ging-Schu hörte es. Er eilte zum Meister Kung und folgte von da ab der Sitte und teilte seinen Reichtum aus.

3. Benehmen des Fürsten in Notzeiten

Meister Kung weilte in Tsi. Zu jener Zeit war in Tsi eine große Dürre, also daß im Frühjahr eine Hungersnot ausbrach. Der Fürst Ging fragte den Meister Kung, was zu tun sei.
Meister Kung sprach: »In üblen Jahren benützt man geringe Pferde, Frondienste unterbleiben, die großen fürstlichen Poststraßen werden nicht ausgebessert. Bei den Gebeten bringt man keine Seidenstoffe und Edelsteine dar, beim Ahnenopfer macht man keine Musik, beim großen Opfer bringt man nur wenige Tiere dar. Durch diese Dinge tut ein guter Fürst der Sitte entsprechend sich selber Abbruch, um sein Volk zu retten.«

4. Gegen Unordentlichkeit

Meister Kung begab sich nach dem Hause der Familie Gi. Freiherr Gi Kang Dsï verweilte bei Tag in seinen inneren Gemächern. Meister Kung fragte, was ihm fehle. Freiherr Gi Kang Dsï kam darauf heraus und empfing den Meister

Kung. Als die Unterredung zu Ende war, zog sich Meister Kung zurück.

Dsï Gung fragte: »Der Freiherr Gi war nicht krank, und doch habt Ihr nach seiner Krankheit gefragt, ist das der Sitte gemäß?«

Meister Kung sprach: »Die Sitte schreibt vor, daß der Edle abgesehen von Trauer um seine Eltern nicht außerhalb des Hauses übernachtet, ebenso, daß er außer in Fällen des Fastens oder der Krankheit bei Tage nicht in den inneren Gemächern verweilt. Wenn man daher jemand antrifft, der bei Nacht außerhalb des Hauses weilt, so mag man ihm sein Beileid bezeugen; wer bei Tag in seinen inneren Gemächern weilt, den mag man fragen, was ihm fehlt[2].«

5. Der Stallbrand

Meister Kung war Oberrichter in Lu, als die fürstlichen Ställe abbrannten. Der Meister zog sich vom Hofe zurück und begab sich an den Brandplatz. Es waren Leute vom Lande wegen des Feuers herbeigekommen. Vor denen verneigte er sich, wenn es Ritter waren, einmal, und wenn es hohe Würdenträger waren, zweimal.

Dsï Gung sprach: »Darf ich fragen, weshalb Ihr das tut?«

Meister Kung sprach: »Damit, daß sie gekommen sind, bezeigen sie ihre Anteilnahme. Ich bin Vertreter der Regierung, deshalb habe ich mich bedankt[3].«

6. Luxus und Knickerigkeit

Dsï Gung fragte: »Guan Dschung hatte den Fehler, daß er zu üppig war, Yen Dsï machte den Fehler, daß er zu knickerig war. Welcher von ihnen ist der bessere?«

Meister Kung sprach: »Guan Dschung hatte ziselierte Opfergefäße und ein Scharlachband am Hut[4]. Er hatte eine Schutzwand vor dem Tor und zwischen den beiden Hauptsäulen einen Stand für die Becher. Er hatte herzförmige Kapitelle auf seinen Säulen und geschnitzte Dachbalken. Er war ein tüchtiger Beamter, aber es war schwer, sein Vorgesetzter zu sein.

Yen Ping Dschung opferte seinen Ahnen, und die Schulter des Ferkels, die er darbrachte, bedeckte nicht einmal den Opferteller. Einen und denselben Pelzmantel hat er dreißig Jahre lang getragen. Er war ein tüchtiger Beamter, aber es war schwer, sein Untergebener zu sein. Der Edle mischt sich nicht als Vorgesetzter in die Angelegenheiten seiner Untergebenen ein, und als Untergebener usurpiert er nicht die Rechte seiner Vorgesetzten.«

7. Dsang Wen Dschung

Jan Kiu sprach: »Als Dsang Wen Dschung der Verwaltung des Staates Lu vorstand, traf er solche Einrichtungen, daß seine Worte noch bis heute maßgebend sind und daß man sie nicht beseitigen darf. Kann man von ihm sagen, daß er die Sitte verstand?«

Meister Kung sprach: »Der alte Dsang Wen Dschung hat nichts von der Sitte verstanden. Hia-Fu Fu-Gi hat die Reihenfolge der fürstlichen Opfer verwirrt, und er hat ihn daran nicht gehindert. Außerdem hat er dem Herdgeist einen Scheiterhaufen angezündet als Opfer. Nun ist der Herdgeist ein Gott, dem die alten Weiber opfern auf einem Teller und in einem Krug, dem aber kein feierliches Opfer zukommt. So heißt es: Die Sitte ist sozusagen der Leib. Hat einer an seinem Leibe eine Unvollkommenheit, so ist er kein völliger Mensch. Wenn man unrichtige Bräuche einführt, so ist das sozusagen eine Unvollkommenheit.«

8. Dsang Wu Dschung

Dsï Lu fragte den Meister Kung: »Dsang Wu Dschung führte ein Heer gegen die Landschaft Dschu, es kam zur Schlacht bei Hu Tai, und er wurde geschlagen. Es fielen eine große Anzahl von Kämpfern, und doch wurde der Feldherr nicht bestraft. Ist das der Weg (Tao) der Alten?«

Meister Kung sprach: »Jeder, der einen Fürsten im Krieg berät, muß für ihn sterben, wenn das Heer geschlagen wird. Wer einen Fürsten in staatlichen Angelegenheiten berät, der muß mit ihm untergehen, wenn Gefahr droht. Das ist der Weg der Alten. Wenn ein Fürst da ist, so hat er zu befehlen, und es brauchen keine Strafzüge unternommen zu werden.«

9. Die stärkste Wehr

Der Staat Dsin wollte den Staat Sung angreifen; man sandte Spione, um Kundschaft einzuholen. Am Südtor der Hauptstadt von Sung war ein Wächter gestorben. Der Aufseher über die öffentlichen Arbeiten Dsï Han klagte bitterlich um ihn. Die Spione kehrten um und berichteten dem Fürsten von Dsin: »Am Südtor war ein Wächter gestorben. Und Dsï Han hat ihn persönlich bitterlich beweint. Das ganze Volk war darüber erfreut. Man kann Sung wohl nicht angreifen.«

Meister Kung hörte es und sprach: »Das waren tüchtige Spione. In den Liedern heißt es:

> Traf irgendwen ein Todesfall,
> Ich kroch hinzu, um ihm zu helfen[5].

So hat es Dsï Han gemacht. Selbst wenn nicht nur der Staat Dsin, sondern die ganze Welt sie hätte angreifen wollen, wer hätte ihnen standhalten können? Darum gibt es ein Wort von Dschou Jen:

> Ein Volk, das seine Wohltäter liebt, ist unüberwindlich.«

10. Mitleid im Krieg

Der Staat Tschu hatte den Staat Wu angegriffen. Der Aufseher der öffentlichen Arbeiten Schang Yang und der Prinz Tschen Ki-Dsi verfolgten miteinander das flüchtende Heer von Wu. Als sie es eingeholt hatten, sprach Ki-Dsi: »Es ist die Sache des Königs. Ihr tätet wohl, den Bogen zu ergreifen.«

Schang Yang nahm den Bogen zur Hand. Ki-Dsi sprach: »Nun schießt auch.« Da schoß er einen Mann tot und steckte den Bogen wieder in den Köcher.

Als sie den Fliehenden wieder nachgekommen waren, feuerte ihn Ki-Dsi wieder an, und er erschoß noch zwei Leute. Sooft er einen erschossen hatte, bedeckte er seine Augen mit der Hand.

Dann ließ er den Wagen halten und sprach: »Ich bin nur ein untergeordneter Beamter. Da habe ich meiner Pflicht genug getan, wenn ich drei Menschen getötet habe.«

Meister Kung hörte es und sprach: »Mitten im Menschenmorden zeigte er noch Sittlichkeit.«

Dsï Lu trat ärgerlich vor und sprach: »Der Diener eines Fürsten muß, wenn es sich um wichtige Sachen seines Herrn handelt, tun, was in seiner Kraft steht, und darf bis zum Tode nicht abstehen. Wie kommt Ihr dazu, Meister, diesen Menschen zu loben.«

Der Meister sprach: »Ja, es ist so, wie du sagst. Ich habe mich nur über sein gutes Herz gefreut, daß er es nicht über sich brachte, Menschen zu töten.«

11. Reform der Trauersitten

Meister Kung war in We, als Erziehungsminister Ging-Dsï starb. Der Meister ging hin, um sein Beileid zu bezeugen; aber der Hauptleidtragende zeigte keine Trauer. Darum weinte der Meister auch nur halblaut und zog sich wieder zurück.

Gü Bo Yü[6] wandte sich an ihn mit der Bitte: »Hier in We sind die Sitten roh, und die Leute sind ungeübt in den Trauerbräuchen; darf ich Euch bitten, Meister, daß Ihr Euch herablaßt, behilflich zu sein?«

Der Meister Kung sagte es zu. Er ordnete an, daß in der Mitte des Saales der Boden aufgegraben würde, um den Toten dort zu waschen, daß der Herd abgebrochen würde, um mit den Ziegeln dem Toten die Füße zu stützen, daß er eingekleidet würde auf dem Bette liegend, daß bei der Beerdigung ein Loch in die Mauer des Ahnentempels gebrochen würde und der Zug sich über den Hügel für den Gott der Wege hinweg zum Haupttor des Ahnentempels hinausbewegte. Am Grabe angekommen standen die Männer alle mit dem Gesicht nach Westen und die Frauen mit dem Gesicht nach Osten. Nachdem das Grab geschlossen war, kehrte man zurück. Dies waren alles Anordnungen, die den Regeln der Yindynastie entsprachen, und Meister Kung führte sie aus.

Dsï Yu fragte: »Ein Edler macht sich bei der Ausübung der Sitte zur Pflicht, keine Änderungen in den bestehenden Bräuchen vorzunehmen. Ihr habt aber Änderungen vorgenommen, Meister.«

Meister Kung sprach: »Nicht das ist die Meinung. Bei den Beerdigungsbräuchen muß man vor allem einmal das Wesentliche durchführen.«

12. Rücksicht auf verstorbene Beamte

Im achten Jahre des Fürsten Süan war im sechsten Monate am Tage Sin-Sï[7] großes Opfer im fürstlichen Ahnentempel. An diesem Tage starb der hohe Beamte Dung-Men Siang-Dschung. Dennoch fand am darauffolgenden Tage Jen-Wu das Nachopfer statt. Dsï Yu las die Aufzeichnung darüber und fragte den Meister Kung: »Ist das der Sitte entsprechend?«

Der Meister Kung sprach: »Nein. Wenn ein hoher Würdenträger stirbt, fällt das Nachopfer aus.«

13. Mangelhafte Trauerkleidung

Während der Trauer um den Freiherrn Gi Huan Dsï trug sein Sohn, der Freiherr Gi Kang Dsï, das seidene Trauergewand, aber nicht das hänfene Trauergewand darüber. Dsï Yu fragte den Meister Kung: »Nach Ablauf des ersten Trauerjahres, kann man da das Seidengewand tragen und das hänfene Gewand ablegen?«

Meister Kung sprach: »Nein, das hänfene Gewand darf man, außer wenn man einen geehrten Gast empfängt, die ganze Trauerzeit über nicht ablegen.«

14. Trauer beim Tod eines Halbbruders

Ein Mann aus Dschu hatte einen Stiefbruder, der gestorben war. Er wollte um ihn Trauer tragen und ließ deshalb durch den Schüler Yen Ko den Meister Kung nach der Sitte fragen.
Der Meister sprach: »Wenn man mit einem Stiefvater zusammen wohnt, so trägt man mit den Stiefbrüdern zusammen Trauer um ihn. Um einen Stiefvater, mit dem man nicht zusammen wohnt, trägt man keine Trauer, wieviel weniger um dessen Sohn.«

15. Ehrung jugendlicher Tapferkeit

Das Heer des Staates Tsi fiel in Lu ein. Der Prinz Gung-Schu Wu-Jen begegnete Leuten, die in die Umwallungen hineingingen mit den Lanzen auf der Schulter und vom Kampfe abstanden. Wu-Jen sprach unter Tränen: »Es geht nicht an, daß man das Volk zwar überbürdet mit Fronden und bedrückt mit Steuern, aber die Herrschenden keinen Rat wissen, und die Krieger nicht zu sterben imstande sind. Nachdem ich das gesagt, muß ich mir aber auch selbst Mühe geben.«
Mit diesen Worten bestieg er mit einem Nachbarsknaben, Wang I, den er liebhatte, zusammen einen Kriegswagen und fuhr dem Tod von Feindeshand entgegen. Sie fielen beide. Die Leute von Lu wollten darauf dem Knaben Wang I das Begräbnis eines Kriegers zuteil werden lassen und fragten den Meister Kung darüber.
Der Meister sprach: »Er konnte Schild und Lanze führen, um das Vaterland zu verteidigen, man mag ihn wohl als Krieger bestatten.«

16. Mangelhafte Trauer

Die Witwe des Fürsten Dschau von Lu, Wu Mong Dsï[8], starb, ohne daß Traueranzeigen an die Fürsten versandt worden wären. Meister Kung ging, da er früher Beamter gewesen war, hin, um sein Beileid zu bezeigen. Er kam in das Haus des Freiherrn Gi. Der Freiherr trug aber keine Trauerbinde um den Kopf. Da tat Meister Kung auch seine Trauerbinde ab und verneigte sich nicht.
Dsi Yu fragte: »Ist das die Sitte?«
Meister Kung sprach: »Wenn der Leidtragende nicht in der gebührenden Trauerkleidung ist, so ist es für den Beileidbezeugenden Sitte, daß er seine Trauerbinde abnimmt.«

17. Beachtung der Regel

Bei der Trauer um ihren Gemahl Gung-Fu Mu-Bo weinte seine Witwe Ging Giang nur tagsüber, bei der Trauer um ihren Sohn weinte sie Tag und Nacht.
Meister Kung sprach: »Die Witwe des Herrn von Gi weiß, was sich geziemt, sie zeigte Liebe ohne Selbstsucht und machte einen deutlichen Unterschied in der Trauer um den Gatten und den Sohn.«

18. Traueranweisung an die Nichte

Die Frau des Nan-Gung Tau war die Nichte des Meisters Kung. Als sie ihre Schwiegermutter zu betrauern hatte, unterwies sie der Meister, wie sie ihr Haar aufstecken solle. Er sprach: »Du mußt dein Haar nicht hoch tragen und keinen großen Knoten machen. Du nimmst am besten einen Haarpfeil von Haselnuß, einen Fuß lang, und läßt die Zöpfe acht Zoll herunterhängen.«

19. Die höchste Trauerbezeigung

Dsï Dschang hatte um seinen Vater zu trauern. Gung Ming I stand ihm zur Seite. Er fragte über die Art, wie man mit der Stirn die Erde zu berühren habe, den Meister Kung.

Meister Kung sprach: »Erst mit dem Haupt bis auf die aufgestützten Hände sich zu neigen und dann sich vollends mit der Stirn zur Erde neigen, ist einfacher. Erst mit der Stirn die Erde zu berühren und dann sich vor den Besuchern zu verneigen, ist schwieriger und vollkommener. Im Falle der Trauer um Vater und Mutter bin ich für das vollkommenste.«

20. Vollendung der Trauer

Siehe Buch der Sitte S. 270-271.

21. Grenzen der Trauer

Einem Mann aus Biën war seine Mutter gestorben, und er weinte wie ein Kind um sie.
Meister Kung sprach: »Es klingt ja sehr rührend, aber es läßt sich schwer nachmachen. Die Sitte muß sich überliefern, muß sich fortsetzen lassen, darum gibt es bestimmte Grenzen für das Weinen und Toben und eine bestimmte Zeit für die Ablegung der Trauergewänder.«

22. Höhere Stufe der Vollkommenheit

Nachdem der Freiherr Mong Hiën Dsï das Opfer zum Beschluß der Trauerzeit dargebracht hatte, hängte er wohl seine Musikinstrumente wieder auf, aber er ließ noch keine Musik machen. Seine Frauen waren bereit, ihm aufzuwarten, aber er weilte noch nicht in den inneren Gemächern. Dsï Yu fragte den Meister Kung: »Das heißt die Anforderungen der Sitte zu weit treiben.«
Meister Kung sprach: »Von Mong Hiën Dsï kann man sagen, daß er eine Stufe höher steht als andere Menschen.«

23. Ende der Trauer

In Lu lebte ein Mann, der am selben Tag, an dem er morgens das Heilopfer[9] dargebracht hatte, abends schon wieder sang. Dsï Lu machte sich über ihn lustig.
Der Meister aber sprach: »Yu, du verlangst viel von den

Leuten. Soll's denn gar kein Ende haben? Eine dreijährige Trauerzeit ist doch wahrlich lang genug.«

Als Dsï Lu hinausgegangen war, sprach der Meister: »Es hätte freilich nicht mehr lange gedauert. Noch einen Monat, und alles wäre gut gewesen.«

24. Armut kein Hindernis der Trauer

Siehe Buch der Sitte S. 273-274.

25. Wie Gi Dscha seinen Sohn begrub

Der Prinz Gi Dscha von Yen-Ling in Wu war auf einer Besuchsreise bei den Großstaaten begriffen und ging auch nach Tsi. Bei seiner Rückkehr starb sein ältester Sohn in der Nähe von Ying-Bo. Meister Kung hörte es und sprach: »Prinz Gi von Yen-Ling ist der Mann, der in ganz Wu am besten weiß, was die Sitte ist. Ich will hingehen und sehen, wie er seinen Sohn bestattet.«

Er kleidete den Toten nur in die der Jahreszeit entsprechenden Gewänder. Er ließ das Grab ausheben, so tief, daß man nicht bis auf Grundwasser kam. Bei der Bestattung gab er ihm keine Grabgeräte ins Grab mit. Nach der Beisetzung häufte er Erde auf, gerade über der Grube, in einer Höhe, daß man bequem die Ellbogen darauf stützen konnte. Nachdem der Hügel fertig war, entblößte Gi Dscha seinen linken Arm und umkreiste nach rechts das Grab, indem er dreimal rief: »Fleisch und Bein kehrt zur Erde zurück. Das ist Schicksal. Dein Geist kann überall hin, dein Geist kann überall hin.« Darauf reiste er weiter. Meister Kung sprach: »Prinz Gi-Dscha von Yen-Ling hat die Sitte getroffen.«

26. Wert der Gesinnung

Siehe Buch der Sitte S. 273-274.

27. Sorgfalt des Meisters

Bo-Gau war in We gestorben. Man sandte dem Meister Kung eine Todesanzeige. Der Meister sprach: »Wo soll ich ihn nur beweinen? Einen Bruder beweine ich im Ahnentempel. Den Freund meines Vaters beweine ich vor der Tür des Ahnentempels. Meinen Lehrer beweine ich im inneren Gemach. Meinen Freund beweine ich vor der Tür des inneren Gemaches. Fernere Bekannte beweine ich im Freien. Beweine ich ihn im Freien, so ist es zu wenig; beweine ich ihn in meinem innern Gemach, so ist das zuviel. Ich habe ihn durch Dsï Gung kennengelernt, so will ich ihn in Dsï Gungs Haus beweinen.«

So befahl er dem Dsï Gung, den Leidtragenden zu vertreten, mit der Weisung: »Wer zu dir kommt, um sein Beileid auszudrücken, vor dem verneigst du dich. Wer aber als Bekannter von Bo Gau kommt, vor dem verneigst du dich nicht.«

Nachdem er ihn beweint hatte, sandte er den Dsï Dschang nach We, um sein Beileid zu überbringen. Noch ehe er ankam, hatte Jan Kiu, der in We war, stellvertretenderweise ein Geschenk an Seidenstoffen und ein Viergespann hingesandt, um des Meisters Beileid damit auszudrücken.

Meister Kung sprach: »Sonderbar, dieser Jan Kiu hat mich gehindert, dem Bo-Gau gegenüber alle Anforderungen der Sitte vollkommen zu erfüllen.«

28. Dsï Lus Trauer um seine Schwester

Dsï Lu trug Trauer um seine Schwester. Er legte die Trauerkleidung nicht ab, trotzdem die Zeit vorüber war. Der Meister Kung sprach: »Weshalb legst du die Trauerkleidung nicht ab?«

Dsï Lu sprach: »Ich bringe es nicht über mich, denn ich habe sonst keine Geschwister mehr.«

Meister Kung sprach: »Jeder Mann auf der Straße hat solche Gefühle. Die alten Könige haben jedoch die Sitten geschaffen, daß die, deren Gefühle darüber hinausgehen, sich beugen und ihnen anpassen, und die, deren Gefühle nicht so weit reichen, sich strecken und zu ihnen emporsehen.«

Als Dsï Lu das gehört hatte, legte er die Trauerkleidung ab.

29. Die Trauer von Kungs Sohn

Siehe Buch der Sitte S. 270.

30. Ehehindernisse

Der Fürst von We sandte seinen Würdenträger, um eine eheliche Verbindung mit dem Hause Gi in Lu anzubahnen. Freiherr Gi Huan Dsï fragte den Meister Kung nach den Sitten hierfür.

Der Meister sprach: »Alle die denselben Geschlechtsnamen haben, bilden ein Geschlecht; das bedeutet, sie sind zu einem Stamme vereinigt. Darum sind sie durch den Geschlechtsnamen ohne Unterschied verbunden, darum werden sie bei den Opfern ohne Ausnahme gespeist. Auch nach hundert Generationen ist keine Eheverbindung zwischen ihnen möglich; das ist der Weg des Hauses Dschou.«

Gi Huan Dsï sprach: »Die Häuser von We und Lu stammen wohl ursprünglich von Brüdern ab, aber die Verwandtschaftsbeziehungen sind längst erloschen, geht es da doch nicht an?«

Meister Kung sprach: »Es ist sicher nicht mit der Sitte zu vereinbaren. Es ist die unabänderliche Lehre der alten Könige, die nach oben hin Urväter und Ahnen eingesetzt hat, um Verehrungswürdiges zu verehren, die nach unten hin Söhne und Enkel eingesetzt hat, um die Liebe zu den Nächsten zu fördern, und auf beiden Seiten ältere und jüngere Brüder eingesetzt hat, um die Eintracht zu läutern.«

31. Der Fürst und seine Verwandten

Yu Jo fragte den Meister Kung: »Wie verhält sich ein Fürst zu denen, die denselben Geschlechtsnamen tragen?«

Meister Kung sprach: »Er behandelt sie alle nach Art von Geschlechtsgenossen. Obwohl er die Ehren des Staatsoberhauptes genießt, so vernachlässigt er doch auf hundert Generationen hinaus nicht seine Verwandten, um auf diese

Weise die Liebe hochzuhalten. Was jedoch die Verwandten des Fürsten anlangt, so wagen sie ihrerseits nicht, dem Fürsten in verwandtschaftlicher Vertraulichkeit nahe zu treten. Das ist Bescheidenheit.«

43. KAPITEL

KÜ LI DSÏ HIA WEN
Die Fragen des Dsï Hia nach den Einzelsitten

1. Blutrache

Dsï Hia fragte den Meister Kung: »Wie soll man sich zum Mörder seiner Eltern verhalten?«
Meister Kung sprach: »Man schläft nie anders als auf Stroh, mit dem Schild als Kissen. Man nimmt kein Amt an. Man bleibt nicht mit ihm zusammen auf der Welt. Begegnet man ihm bei Hofe oder auf dem Markt, so greift man ihn sofort an, ohne daß man erst nach Hause müßte, um eine Waffe zu holen.«
Er sprach: »Darf ich fragen, wie man sich zum Mörder eines Bruders zu verhalten hat?«
Meister Kung sprach: »Man nimmt nicht im selben Land wie er ein Amt an. Wenn man aber auf einer Reise in staatlichem Auftrag mit ihm zusammentrifft, so greift man ihn nicht an.«
Er sprach: »Darf ich fragen, wie man sich zum Mörder eines Oheims oder Vetters verhält?«
Der Meister sprach: »Man wirft sich nicht zum Rächer auf. Wenn der nächste Rächer imstande ist, die Rache zu vollziehen, so deckt man ihm mit bewaffneter Hand den Rücken.«

2. Beschäftigung während der Trauer

Dsï Hia fragte: »Man pflegt während der Trauer um die Eltern nach der Beendigung der Totenklage sich kriegerischen Unternehmungen wieder zuzuwenden. Entspricht das der Sitte oder ist es erst von späteren Machthabern eingeführt?«
Meister Kung sprach: »Unter den Herrschern aus dem Hause Hia war es Sitte, im Fall der Trauer um die Eltern nach der Aufbahrung die öffentlichen Geschäfte aufzugeben. Unter dem Hause Yin war es Sitte, nach der Beerdigung die öffentlichen Geschäfte aufzugeben. Unter dem Hause Dschou ist es Sitte, nach Beendigung der Totenklage die öffentlichen Geschäfte aufzugeben.
Es heißt in den Aufzeichnungen: Der Edle entzieht nicht seinen Leuten die Möglichkeit, die Pflichten der Liebe zu erfüllen, und entzieht sich selbst nicht den Anforderungen der Umstände.«
Dsï Hia sprach: »Dann ist es also falsch, sich während der Trauerzeit von kriegerischen Unternehmungen nicht zurückzuziehen?«
Meister Kung sprach: »Ich habe von Lau Dan[1] sagen hören, daß der Herzog von Lu, Bo-Kin[2], Gründe gehabt habe, also zu handeln. Was aber die Leute von heute anlangt, die während der Trauer um ihre Eltern des Gewinnens wegen Kriege führen: davon will ich nichts wissen.«

3. Prinzenerziehung

Siehe Buch der Sitte S. 301.

4. Trauer um eine Fürstin

Dsï Hia fragte den Meister Kung: »Wie benimmt man sich bei der Trauer um die Mutter oder Gemahlin des Fürsten?«
Meister Kung sprach: »Beim Aufenthalt, beim Reden, beim Essen und Trinken ist man ernst. Bei der Beerdigung trägt man die entsprechenden Kleider.«

Jener fragte weiter: »Darf ich fragen, wie man sich bei der Trauer um die Frau seines Oheims väterlicherseits benimmt?«

Meister Kung sprach: »Für die Frau eines Oheims väterlicherseits trägt man ein Jahr lang Volltrauer, aber man stampft beim Klagen nicht auf die Erde. Bei der Trauer um die Schwester des Vaters oder die eigene Schwester trägt man nur neun Monate Trauerkleidung, aber man stampft beim Klagen auf die Erde. Wer das versteht, der macht es recht.«

5. Ausnahmen bei der Trauer

Dsï Hia fragte den Meister: »Wer die fünfmonatige Trauer und darüber beobachtet, der wäscht sich das Haupt und badet aus Anlaß der Opfer bei der Rückkehr von der Beerdigung, nach einem Monat, nach einem Jahr, nach zwei Jahren. Bei der dreijährigen Trauer um die Eltern läßt der Sohn seinen Gefühlen freien Lauf.«

Meister Kung sprach: »Nicht nur vor diesen Opfern badet er. Wenn er selbst während der dreijährigen Trauer ein Geschwür am Leibe hat, so badet er, hat er eine Eiterbeule am Kopf, so wäscht er sich das Haupt; erkrankt er, so trinkt er Wein und ißt Fleisch. Bis zur Erkrankung sich abhärmen, das tut der Edle nicht. Sich so abhärmen, daß man daran stirbt, das nennt der Edle lieblos. Ferner ist das Baden und Waschen bei den Opfern der Reinheit wegen, nicht um des schönen Aussehens willen.«

6. Rücksicht des Meisters

Die hier ausgesprochenen Grundsätze entsprechen denen von Lun Yü 10, 15.

7. Beim Essen

Der Meister speiste bei dem Freiherrn Gi. Als er das Speiseopfer darbrachte, sagte der Wirt nichts dazu, auch forderte er den Gast nicht zum Essen auf. Da trank er nichts zum Essen.

Dsï Hia fragte: »Ist das die Sitte?«
Meister Kung sprach: »Nein, es ist nicht die Sitte, ich habe mich nur nach dem Wirt gerichtet. Als ich bei dem Freiherrn Schau-Schï speiste, aß ich mich satt; denn er hat mich geziemend bewirtet. Als ich das Speiseopfer darbrachte, stand er auf und sagte entschuldigend: Die Speise ist zu gering zum Opfern. Als ich zu essen begann, stand er auf und sagte entschuldigend: Die Speise ist zu gering, ich fürchte, sie wird Eure Gesundheit schädigen, Meister. Wenn der Wirt die Sitte nicht beachtet, so darf der Gast nicht wagen, die Sitte ganz zu erfüllen. Wenn der Wirt alle Regeln der Sitte beachtet, so darf auch der Gast keine dieser Regeln außer acht lassen.«

8. Trauer der Beamten um Minister

Dsï Hia sprach: »Entspricht es der Sitte, daß ein früherer Hausbeamter eines Würdenträgers, nachdem er zum direkten Dienst des Fürsten aufgestiegen ist, dennoch um seinen früheren Herrn Trauer trägt?«
Meister Kung sprach: »Guan Dschung begegnete einst Räubern. Er nahm zwei von ihnen und empfahl sie dem Fürsten zur Anstellung, indem er sprach: Es sind tüchtige Menschen, die sich auf Abwegen verloren hatten. Der Fürst gab seine Zustimmung. Als nun Guan Dschung starb, da befahl der Fürst Huan, daß sie für ihn Trauer trügen. Daß Beamte für einen Würdenträger Trauer trugen, kam zum erstenmal bei Guan Dschung vor. Und damals taten sie es auf Befehl des Fürsten.«

9. Trauer um die Eltern

Die hier ausgesprochenen Grundsätze entsprechen ungefähr denen von Lun Yü 3, 4 und 3, 26.

10. Zeit der Beileidsbezeugung

Dsï Gung fragte den Meister Kung: »Unter der Yindynastie bezeugte man das Beileid nach der Bestattung am Grabe; unter der Dschoudynastie wurde es üblich, daß man weinend heimkehrte und im Hause das Beileid bezeugte. Was ist davon zu halten?«

Meister Kung sprach: »Die Beileidsbezeugung, wenn man weinend heimgekehrt ist, ist der Gipfel der Trauersitten. Wenn man heimkommt und der geliebte Tote ist fort, dann erst fühlt man ganz, daß man ihn verloren hat. Darum ist die Bezeugung des Beileids der Abschluß der Handlungen, die der Tod veranlaßt hat. Unter der Yindynastie war man darin nicht so feinfühlig, deshalb folge ich den Sitten der Dschouzeit.

Unter der Yindynastie versetzte man am Tag nach dem Opfer am Jahrestag des Todes die Ahnentafel. Unter der Dschoudynastie ist es üblich geworden, daß man die Ahnentafel am Tag nach der Beerdigung der Totenklage zu denen der anderen versetzt. Diese Versetzung ist der Anfang der Opfer für den Geist des Abgeschiedenen. Die Sitte der Dschouzeit hat es zu eilig damit, deshalb folge ich darin den Sitten der Yinzeit.«

11. Zwei Männer der Vorzeit

Dsï Gung fragte: »Ich habe von Yen Dsï sagen hören, daß Schau Liën und Da Liën sich besonders gut auf die Trauer verstanden haben. Haben sie sich besonders dabei benommen?«

Meister Kung sprach: »Sie waren bei der Trauer um ihre Eltern während der ersten drei Tage unermüdlich, während dreier Monate unablässig beschäftigt, während eines Jahres in schmerzlicher Rührung, während dreier Jahre trauerten sie. Es waren Leute aus dem fernen Osten, die sich aber auf die Sitten verstanden.«

12. Trauer für die Pflegemutter

Dsï Yu fragte: »Ist es der Sitte entsprechend, daß der Thronfolger eines Landesfürsten um seine Pflegemutter trauert wie um seine Mutter?«
Meister Kung sprach: »Nein, das ist nicht die Sitte. Seit alter Zeit hatte jeder Sohn außerhalb des Hauses einen Erzieher und innerhalb des Hauses eine Pflegemutter, die durch Befehl des Fürsten mit der Erziehung des Sohnes beauftragt waren. Aber von einer Trauer bei ihrem Tode konnte nicht die Rede sein. Der Herzog Hiau von Lu hatte als kleines Kind seine Mutter verloren. Seine Pflegemutter war sehr gütig zu ihm, daher brachte es der Fürst bei ihrem Tode nicht über sich, sie nicht zu betrauern.
Die Beamten aber sprachen: Nach der Sitte trägt ein Landesfürst um seine Pflegemutter keine Trauer. Wenn Ihr nun Trauer um sie tragt, so verletzt Ihr althergebrachte Sitten und bringt die Staatsgesetze in Verwirrung. Wenn Ihr Euch durchaus nicht davon abbringen laßt, so werden die Beamten es aufzeichnen müssen zur Warnung für die Nachwelt. Ist das nicht unangängig?
Der Fürst sprach: Vor alters trauerte der Himmelssohn um seine Pflegemutter in Seidengewand und -hut in stiller Zurückgezogenheit.
Darauf trauerte er auch in Seidengewand und -hut um seine Pflegemutter. Die Trauer um die Pflegemutter wie um eine leibliche Mutter hat zuerst der Fürst Hiau von Lu getragen.«

13. Des Meisters Trauer

Siehe Buch der Sitte S. 270-271.

14. Vorsicht des Meisters

Dsï Lu fragte den Meister Kung: »Die Würdenträger von Lu schlafen schon nach dem Opfer am Jahrestag des Todes wieder auf ihren Betten, ist das der Sitte entsprechend?«
Meister Kung sprach: »Das weiß ich nicht.«

Dsï Lu ging hinaus und sprach zu Dsï Gung: »Ich dachte, es gäbe nichts, das der Meister nicht wüßte. Es gibt aber auch Dinge, die der Meister nicht weiß.«

Dsï Gung sprach: »Was hast du ihn denn gefragt?«

Dsï Lu sprach: »Ich habe ihn gefragt, ob es die Sitte sei, daß die Würdenträger in Lu nach dem Opfer am Jahrestag des Todes wieder auf ihren Betten schlafen. Der Meister sprach darauf: Das weiß ich nicht.«

Dsï Gung sprach: »Warte, ich will für dich fragen.«

Darauf trat er vor den Meister und sprach: »Ziemt es sich, daß man schon nach dem Jahresopfer wieder auf dem Bette schläft?«

Meister Kung sprach: »Es ziemt sich nicht.«

Dsï Gung ging hinaus und sprach zu Dsï Lu: »Du dachtest, der Meister wisse es nicht. Der Meister weiß wirklich alles. Du hast nur nicht richtig gefragt. Es ist die Sitte, daß, wenn man in einem Lande weilt, man nicht seine Würdenträger verurteilt.«

15. Vorsicht im Urteil

Die Mutter von Schu-Sun Wu-Schu war gestorben. Als die kleine Einkleidung vorgenommen wurde, gingen die Leichenträger zur Tür hinaus, und Schu-Sun Wu-Schu ging ihnen nach zur Tür hinaus, entblößte sich, warf seine Mütze zur Erde und umwickelte sein Haar mit Sackleinen.

Dsï Lu war entsetzt darüber.

Der Meister sprach: »Man kann es auch so machen.«

Dsï Lu sprach: »Ehe man an die Einkleidung des Toten geht, zieht man sich um. Nun ging er zur Tür hinaus und kleidete sich dort erst um, und Ihr sagtet, man könne es auch so machen. Was bedeutet das?«

Meister Kung sprach: »Du hast unrichtig gefragt. Der Edle benützt nicht andere als Beispiele, um sich über eine Handlung auszusprechen.«

16. Yen Ping Dschungs Bescheidenheit

In Tsi war Yen Huan Dsï gestorben. Yen Ping Dschung trug ein rauhes, ungefärbtes und ungesäumtes Gewand, eine Kopfbinde aus Hanf, Gürtel und Stab und Strohsandalen. Er aß Brei und lebte in einer Hütte neben dem Grabe; er schlief auf einer Matte, mit einem Strohbündel als Kissen.

Sein Hausverwalter sprach: »Das ist nicht die Sitte für einen Würdenträger.«

Yen Dsï sprach: »Nur die hohen Räte sind eigentliche Würdenträger.«

Dseng Dsï fragte darüber den Meister Kung. Meister Kung sprach: »Von Yen Ping Dschung kann man sagen, daß er es verstanden hat, von Schaden fernzubleiben, indem er nicht durch Rechthaberei andere ins Unrecht zu setzen suchte. Durch Zurückhalten im Reden wußte er Fehler zu vermeiden. Damit hatte er recht.«

17. Warnung vor Übermut

Siehe Lü Schï Tschun Tsiu, Lü Bu We S. 125.

18. Warnung vor der Trauer um einen Unwürdigen

Meister Kungs Schüler Kin Dschang war mit Dsung Lu befreundet. Tsi Bau von We hatte Dsung Lu dem Prinzen Mong Dschï[3] empfohlen, und der Prinz gewährte ihm den dritten Platz in seinem Wagen. Als Tsi Bau später im Begriffe stand, den Prinzen Mong Dschï zu töten, sagte er es zuvor dem Dsung Lu, damit dieser ihn verließe.

Der aber sprach: »Ich bin durch Euch in seinen Dienst gekommen; wenn ich nun, da ich von der Gefahr höre, die ihm droht, ihn verlassen wollte, so würde ich Euch Lügen strafen. Tut was Ihr im Sinne habt. Ich werde sterben und durch meinen Tod Euer Wort besiegeln und dem Prinzen Mong Dschï bis in den Tod getreu sein.«

Tsi Bau schlug mit einer Streitaxt nach dem Prinzen Mong Dschï. Dsung Lu suchte ihn mit seinem Rücken zu decken, da wurde ihm ein Arm in der Mitte abgehackt, und Prinz Mong Dschï sowohl wie Dsung Lu wurden getötet. Als Kin Dschang hörte, daß Dsung Lu gestorben sei, wollte er hin, um sein Beileid auszudrücken.
Meister Kung aber sprach: »Dieser Dsung Lu hat sich gegen Tsi Bau und gegen den Prinzen Mong Dschï in gleicher Weise als Schurke betragen. Was brauchst du hinzugehen, um dein Beileid zu bezeugen? Ein Edler ißt nicht das Brot eines Verräters und nimmt nichts an von einem Aufrührer. Er bringt sich nicht um des Gewinnes willen in eine schiefe Lage und dient nicht anderen in Falschheit. Er verheimlicht kein Unrecht und verstößt nicht gegen die Sitte. Was brauchst du hinzugehen, um dein Beileid zu bezeugen?«
Kin Dschang unterließ es darauf.

19. Verstoß gegen die Sitte

Ein Mann aus Tscheng namens Dsï Pu war gestorben. Der Sohn beweinte ihn und rief: »Ich gehe zugrunde.«
Dsï Yu sprach: »Wie ungebärdig ist er in seinen Klagen, Meister Kung haßt solches ungebärdige Klagen.«
Als der Weinende das hörte, da änderte er seinen Klageruf.

20. Beim Tode Gung-Fu Wen-Bos

Als Gung-Fu Wen-Bo starb, da klagten seine Frauen und Nebenfrauen so heftig um ihn, daß ihnen die Stimme versagte.
Seine Mutter Ging Giang warnte sie und sprach: »Ich habe gehört, für einen Mann des öffentlichen Lebens sind die Ritter bereit in den Tod zu gehen, für einen Mann, der das Haus liebt, sind die Frauen bereit in den Tod zu gehen. Mein Sohn ist jung gestorben, doch ich möchte nicht, daß er in den Ruf kommt, daß er seinem Harem zugetan gewe-

sen wäre. Ihr Frauen, wenn ihr eurem früheren Gemahle treu bleiben wollt, so treibt die Trauer nicht zu weit, daß ihr abgemagert erscheint, vermeidet lautes Schluchzen, schlagt euch nicht jammernd auf die Brust, zeigt kein klägliches Benehmen, übertreibt die Trauerkleidung nicht, sondern haltet euch eher in der Kleidung etwas zurück. Folgt der Sitte und bleibt still, so werdet ihr meinen Sohn am besten ehren.«

Meister Kung hörte das und sprach: »Unter den Frauen sind doch die Ehefrauen am weisesten, unter den Männern die Ehemänner am weisesten. Die Mutter des Gung Wen war wirklich weise. Sie beschnitt die Ausbrüche des Gefühls und beschränkte die Gebräuche, weil sie wollte, daß ihr Sohn als tüchtiger Mann bekannt werde.«

21. *Der Tod des Dsï Lu*

Dsï Lu und Dsï Gau waren in We angestellt. Da brachen in We die Thronstreitigkeiten zwischen dem Fürsten und seinem Vater Kuai Wai aus.

Meister Kung war in Lu, als er davon hörte. Er sagte: »Dsï Gau wird zurückkommen, Dsï Lu wird sterben.«

Und richtig kam ein Bote aus We, der meldete, daß Dsï Lu umgekommen sei. Der Meister beweinte ihn mitten im Hof. Es kamen Leute, ihr Beileid zu äußern, und er verneigte sich vor ihnen. Als er ausgeweint hatte, ließ er den Boten hereinkommen und fragte nach den näheren Umständen. Der Bote sprach: »Sie haben ihn zu Brei zerhackt.« Darauf ließ der Meister durch die Diener das gehackte Fleisch, das auf dem Tisch stand, ausschütten und sprach: »Ich bringe es nicht mehr über mich, Gehacktes zu essen.«

22. *Der Tod des Gi Huan Dsï*

Siehe Buch der Sitte Kap. Tan-Gung.

23. Über Ahnentafeln

Dsï Han fragte den Meister Kung: »Sobald jemand gestorben ist, wird ein Namentäfelchen aufgestellt, was hat das zu bedeuten?«

Der Meister sprach: »Diese Namentafel hat dieselbe Bedeutung wie die Ahnentafel. Zur Zeit der Yin wurde diese Namentafel zusammen mit der Ahnentafel aufbewahrt. Unter der Dschoudynastie wird sie nach Fertigstellung der Ahnentafel beseitigt.«

Er sprach: »Darf ich fragen, warum man bei der Beerdigung den Ahnentempel besucht?«

Der Meister sprach: »Dieser Besuch im Ahnentempel bringt die ehrfurchtsvolle Gesinnung des Verstorbenen zum Ausdruck. Darum bringt man ihn erst zum Tempel der Ahnen, ehe man ihm das letzte Geleit gibt. Zur Zeit der Yin erschien man erst im Ahnentempel und bahrte dann den Leichnam dort auf. Zur Zeit der Dschou geht man erst in den Ahnentempel und vollzieht dann die Beerdigung.«

24. Des Meisters Hund

Dschung Ni's Hund war gestorben. Da beauftragte er den Dsï Gung, ihn zu begraben, indem er sprach: »Ich habe gehört: einen alten Vorhang soll man nicht wegwerfen; man kann ihn noch brauchen, ein Pferd darin zu begraben. Ein altes Schirmdach soll man nicht wegwerfen; man kann es noch brauchen, einen Hund darin zu begraben. Ich bin arm und habe kein Schirmdach. Aber wenn du ihn in die Erde legst, nimm hier meine Matte, daß sein Kopf nicht mit der Erde in Berührung kommt.«

44. KAPITEL

KÜ LI GUNG-SI TSCHÏ WEN
Die Fragen des Gung-Si Tschï nach den Einzelsitten

1. Beerdigung zurückgetretener Würdenträger

Gung-Si Tschï fragte den Meister Kung: »Wenn ein Würdenträger wegen einer Verfehlung sein Amt verloren hat, wie wird es dann nach seinem Tode mit seiner Beerdigung gehalten?«

Meister Kung sprach: »Ein Würdenträger, der seine Sache schlecht gemacht hat, so daß er sein Leben lang nicht mehr angestellt wird, wird nach seinem Tode begraben wie ein einfacher Ritter. Ebenso wird es gehalten mit denen, die sich wegen Alters von den Geschäften zurückgezogen haben.«

2. Erbfolge

Als der älteste Sohn des Gung-I Dschung Dsï gestorben war, setzte dieser einen seiner jüngeren Söhne zum Erben ein.

Tan Gung sprach zu Dsï-Fu Bo-Dsï: »Wie ist das nur? Ich habe das früher nie gehört[1].«

Dsï-Fu Bo-Dsï sprach: »Gung-I Dschung Dsï befolgt damit eine Handlungsweise, die auch im Altertum schon vorkam. Vor alters hat der König Wen auch seinen ältesten Sohn Bo I Kau übergangen und den König Wu eingesetzt. Der Freiherr We hat seinen Enkel Dun übergangen und seinen jüngeren Bruder Yen zum Nachfolger eingesetzt.«

Dsï Yu befragte den Meister Kung darüber. Der Meister sprach: »Nein, die Regeln des Hauses Dschou bestimmen, daß der Enkel als Nachfolger eingesetzt wird.«

3. Der Tod der Mutter des Meisters

Als die Mutter von Kungtse gestorben war, wollte er sie mit seinem Vater gemeinsam beerdigen. Er sprach: »Die Alten begruben (die zu verschiedenen Zeiten verstorbenen Angehörigen) nicht gemeinsam, weil sie es nicht über sich brachten, daß der früher Verstorbene wieder zum Vorschein komme. Aber im Buch der Lieder heißt es: ›Im Tode das Grab zusammen teilen.‹ Vom Herzog von Tschou an kam die gemeinsame Bestattung auf. So hat man in We die Sitte, daß man die Särge durch eine Zwischenwand trennt. In Lu hat man die Sitte, sie zu vereinigen. Das ist schöner. Ich richte mich nach der Sitte von Lu.« Darauf beerdigte er die Särge gemeinsam in Fang. Dann sprach er: »Ich habe gehört, daß man im Altertum über den Gräbern keine Hügel aufhäufte. Doch ich bin ein Wanderer auf Erden (wörtlich: ein Mann des Ostens, Westens, Südens und Nordens). Ich muß dafür sorgen, daß ich das Grab wiederfinde.« Darauf errichtete er einen vier Fuß hohen Erdhügel über dem Grab. Kungtse kehrte zuerst nach Hause zurück. Die Schüler folgten später. Es regnete stark. Als sie kamen, fragte Kungtse sie: »Warum kommt ihr so spät?« Sie antworteten: »Das Grab in Fang ist zusammengefallen.« Kungtse blieb sprachlos. Als sie es dreimal wiederholt hatten, da ließ er seinen Tränen freien Lauf und sprach: »Ich wußte es ja, daß man im Altertum die Gräber nicht herrichtete.«

4. Yang Hus Taktlosigkeit

Siehe Wilhelm 1928 S. 6.

5. Nach Yen Huis Tod

Als Yen Hui gestorben war, wollte Fürst Ding sein Beileid bezeugen und sandte deshalb jemand, um sich bei Meister Kung nach den Bräuchen zu erkundigen.
Meister Kung sprach: »Alle Bürger des Landes sind Unter-

tanen. Die Sitte ist, daß der Fürst, wenn er einem Untertanen sein Beileid bezeigt, die Osttreppe hinaufsteigt und gegen den Leichnam gewendet weint.
Für die Erweisungen der fürstlichen Gnade gibt es keine Berechnungen.«

6. Über den Sinn der Totenopfer

Dschung Hiën redete mit Dseng Dsï und sprach: »Die Volksherren von Hia benützten als Grabbeigaben Geistergeräte, um den Leuten zu zeigen, daß die Toten kein Bewußtsein haben. Die Männer von Yin benützten Opfergeräte, um den Leuten dadurch zu zeigen, daß die Toten Bewußtsein haben. Die Männer von Dschou benützen beide Arten von Grabbeigaben, um die Leute im Zweifel zu halten.«
Meister Dseng sprach: »Das ist nicht so! Das ist nicht so! Die Geistergeräte sind Geräte für die abgeschiedenen Geister (Gui), die Opfergeräte sind Geräte für die Menschen. Wie sollten die Männer des Altertums ihre Eltern für tot gehalten haben!«

7. Die Geräte für die Toten

Meister Kung sprach: »Wenn man die Toten so versorgt, als ob sie völlig tot wären, so ist das nicht menschlich, und man darf es nicht tun. Wollte man die Toten so versorgen, als ob sie noch lebten, so ist das nicht weise, und man darf es nicht tun. Darum sind die Grabbeigaben so beschaffen, daß die Bambuskörbe nicht gefüllt werden können, daß die Tongefäße nicht glasiert sind, die Holzgeräte nicht geschnitzt sind, die Zithern und Harfen zwar Saiten haben, aber nicht gestimmt werden, die Flöten und Pfeifen zwar vollständig sind, aber nicht harmonieren. Man hat Glocken und Klingsteine, aber keinen Ständer, sie aufzuhängen. Das nennt man Geistergeräte (Ming Ki, spirituelle Geräte). Auf diese Weise behandelt man die Toten als verklärte Götter.

8. Gefahren des Totenkults

König Hui von Liang sprach: »Ich will gelassen Eure Belehrung annehmen.«
Mong Dsï erwiderte: »Ob man Menschen mordet mit einem Knüppel oder einem Messer: ist da ein Unterschied?«
Der König sprach: »Es ist kein Unterschied.«
»Ob man sie mordet mit einem Messer oder durch Regierungsmaßregeln: ist da ein Unterschied?«
Der König sprach: »Es ist kein Unterschied.«
Da hub Mong Dsï an: »In der Hofküche ist fettes Fleisch und in den Ställen fette Pferde; in den Gesichtern der Leute wohnt die Not, auf dem Anger draußen wohnt der Tod: das heißt, die Tiere anleiten, Menschen zu fressen. Die Tiere fressen einander, und die Menschen verabscheuen sie darum. Wenn nun ein Landesvater also die Regierung führt, daß er nicht vermeidet, die Tiere anzuleiten, Menschen zu fressen: Worin besteht da seine Landesvaterschaft? Meister Kung hat einmal gesagt: ›Wer zuerst bewegliche Menschenbilder fertigte – um sie den Toten mit ins Grab zu geben – gab es für den denn keine Zukunft zu bedenken?‹ Darum, daß er das Ebenbild des Menschen zu diesem Zweck mißbrauchte. Was würde er erst gesagt haben von einem, der seine Leute Not leiden und verhungern läßt!«

9. Nach Yen Huis Tod

Als nach der Beerdigung des Yen Yüan das Jahresopfer dargebracht wurde, übersandte Yen Lu[2] dem Meister Kung etwas von dem Opferfleisch. Meister Kung trat selbst zur Tür hinaus, um es entgegenzunehmen. Dann ging er in sein Zimmer, spielte die Zither, um seine Gefühle zu lösen. Danach aß er es.

10. Des Meisters Opfer für seine Eltern

Als Meister Kung das Herbstopfer für seine Eltern darbrachte, da trug er die Opferspenden hinein in ungezwungener Haltung; seine Schritte waren rauh und nicht feierlich.
Nach dem Opfer fragte Dsï Gung: »Ihr habt vom Opfer gesagt, daß man feierlich und gesammelt sein müsse, Meister. Weshalb wart Ihr bei Eurem eigenen Opfer nicht feierlich und gesammelt?«
Meister Kung sprach: »Feierlich muß man sein, wo es sich um Fernstehendes handelt, gesammelt, um sich auf sich selbst zu besinnen. Wozu sollte ein solches steifes und reserviertes Benehmen dienen, wenn man in lebendiger Beziehung zu den Geistern steht, denen man opfert? Weshalb also sollte man bei einem solchen Opfer für seine lieben Angehörigen strenge Feierlichkeit und steife Sammlung zeigen?
Wenn dagegen bei einem fürstlichen Opfer der Fürst die Speisen dargebracht hat, und die Musik schweigt, wenn man drinnen die Gefäße für das Mahl ordnet, die Sitten und die Musik regelt, die Beamten alle aufstellt: da wird der Edle sich feierlich und gesammelt zeigen.
Ein Wort läßt sich nicht auf alles anwenden. Jedes Ding hat seine besondere Weise.«

11. Dsï Lus Vorkehrungen beim Opfer

Dsï Lu war Hausmeister der Familie Gi. In der Familie Gi war es üblich, daß die Vorbereitungen zum Opfer beim ersten Morgengrauen begannen; der ganze Tag reichte nicht aus zu ihrer Vollendung; man mußte noch bei Kerzenlicht die Sache zu Ende bringen. Daher waren alle, auch wenn sie kräftig gebaut waren und die Sache ernst nahmen, müde und matt. Die Beteiligten stützten sich und lehnten sich an bei der Vollziehung der Opferhandlung, was der Feierlichkeit großen Eintrag tat. Als ein anderes Mal wieder geopfert wurde, war Dsï Lu dabei tätig. Er sorgte dafür,

daß die, die im inneren Heiligtum zu tun hatten, in Verbindung waren mit denen an der Tür, daß die Vorbereitungen für die Halle auf den Treppen getroffen wurden. Bei Anbruch des hellen Tages fing man an, und zur Zeit der Abenddämmerung wurde schon wieder aufgeräumt.
Meister Kung hörte das und sprach: »Wenn man das in Betracht zieht, wie will man behaupten, Dsï Lu verstehe sich nicht auf die Sitte?«

12. *Änderungen der Stadtordnung*

Als der Fürst Dschuang von We[a] in sein Land zurückkehrte, da änderte er alle alten Ordnungen, er versetzte den Ahnentempel und wechselte Audienzhof und Marktplatz.
Gau Dsï-Gau fragte den Meister Kung: »Nach den Regeln des Hauses Dschou bringt man die Nachopfer dar in dem Geisterwinkel. Der Geisterwinkel ist im Westen des Tores des Ahnentempels, während der Audienzhof vor dem Schloß und der Markt dahinter ist. Nun will der Fürst von We alles ändern. Was ist davon zu halten?«
Meister Kung sprach: »Das Nachopfer darzubringen innerhalb des zweiten Tores, den Geisterwinkel nach Osten zu verlegen, den Markt und den Audienzhof nach Westen: das ist alles verkehrt.«

13. *Fasten*

Freiherr Gi Huan Dsï wollte opfern und fastete zur Vorbereitung drei Tage lang. Zwei Tage davon hörte die Musik von Glocken und Pauken nicht auf.
Jan Yu befragte den Meister Kung darüber. Der Meister sprach: »Ein ehrfurchtsvoller Sohn fastet mit Unterbrechungen sieben Tage lang, indem er ernstlich an die Sache denkt, die er vorhat. Drei Tage lang fastet er streng und gesammelt, nur darauf bedacht, daß er auch wirklich ehrfurchtsvoll sei. Dabei zwei Tage lang noch die Pauken spielen lassen: was soll das heißen?«

14. Weibliche Zurückgezogenheit

Die Mutter des Gung-Fu Wen-Bo war die Großtante des Freiherrn Gi Kang Dsï. Wenn Gi Kang Dsï sie besuchte, so stellte er sich stets an der Türe auf, um mit ihr zu reden. Keiner von beiden überschritt die Schwelle. Als Gung-Fu Wen-Bo einst seinem Ahn Dscho ein Opfer darbrachte, half der Freiherr Gi Kang Dsï mit. Beim Reichen der Gefäße nahm sie sie nicht direkt aus der Hand des Gi Kang Dsï, nach dem Abräumen der Opfer aß sie nicht mit ihm zusammen. Ehe die Hausbeamten vollzählig beisammen waren, vollzog sie das Nachopfer nicht. Beim Nachopfer zog sie sich zurück, ehe das Austreiben der Geister fertig war.
Meister Kung hörte es und sprach: »Die züchtige Trennung der Geschlechter ist ein Hauptpunkt der Sitte. Die Frau des Gung-Fu versteht es, sich innerhalb der Grenzen zu halten und sich die Sitte zum Maßstab zu nehmen.«

15. Unpassende Kleidung

Freiherr Gi Kang Dsï trug Hofkleidung, während er in Trauer war. Dseng Dsï fragte den Meister Kung: »Geziemt sich das?«
Meister Kung sprach: »Die Fürsten gehen in der Ledermütze in den Tempel, um den Neumond anzuzeigen. Darauf ziehen sie ihre Hofkleidung an, um die Hofleute zu empfangen. So ist es der Sitte entsprechend.«

ANMERKUNGEN

1. KAPITEL

1. Mittelstadt in Lu, dem Heimatland des Kungdsï, westlich des heutigen Wen-schang, unweit Yen-dschou.
2. vgl. Mongdsï 1 A 3, Wilhelm S. 4, wo ausgeführt ist, daß Leute von 70 Jahren Fleisch zu essen haben sollen.
3. Der Kommentar erklärt: Lu lag im äußersten Osten des Reichs, so daß alle anderen Staaten westlich davon lagen. Möglicherweise ist »die westlichen Gegenden« ein Schreibfehler für »alle vier Gegenden«.
4. Ding, Fürst von Lu, 509-492 v. Chr.
5. Kung war in dieser Stellung sozusagen Vikar des Chefs der Familie Mong, der in Lu die Pfründen des Ministers der öffentlichen Arbeiten innehatte.
6. Nach dem Kommentar: Wald- und Bergland, Flußland, Hügelland, fruchtbare Niederungen und sumpfige Ebenen.
7. Gi Ping Dsï hatte sich beim Fürsten Dschau von Lu wegen einer Streitsache unbeliebt gemacht. Der Fürst wollte ihn bestrafen. Er aber vereinigte die übrigen Adelsgeschlechter um sich und verjagte den Fürsten, der sich nach dem nördlichen Nachbarstaat Tsi flüchtete. Er starb in der Verbannung im Jahr 510. Gi Ping Dsï folgte ihm 505 im Tode nach und sein Sohn Gi Huan Dsï wurde das Haupt der Familie. In Lu bestieg nach dem Tode des Fürsten Dschau Fürst Ding den Thron, der jedoch jene Handlungsweise des mächtigen Vasallen nicht zu verhindern vermochte. Erst Kung vermochte den Sohn des Gi Huan Dsï, das Vergehen seines Vaters gegen die Loyalität wiedergutzumachen.
8. Es handelt sich um den Fürsten Ging von Tsi, der damals im 48. Regierungsjahre stand.
9. Lai war ein »Barbaren«-Staat in Schantung, den sich Tsi einige Zeit vorher eingegliedert hatte.
10. Liang-kiu Gü gehörte zu den unteren Rängen der Großbeamten von Tsi.
11. Es handelt sich in Wirklichkeit nur um drei Städte, nämlich Yün, Huan und Gui Yin. Von diesen drei Städten wird Huan nördlich des Wen-Flusses lokalisiert.
12. Die Größe der Maßeinheit dschï läßt sich nicht mehr genau bestimmen.
13. Dschung Yu ist Dsï Lu, ein Schüler Kungs.
14. Namens Schu-sun Dsche. Er floh mit seinem Komplizen nach dem Mißglücken seiner Revolte zunächst nach Tsi und dann nach Wu, wo er gegen seinen Heimatstaat intrigierte.
15. In Wahrheit wurden die Mauern von Tscheng nicht niedergelegt,

da der Stadthauptmann, Gung-liën Tschu-fu, protestierte unter Hinweis auf die strategische Lage der Stadt gegen Tsi hin und da eine Belagerung der Stadt durch den Fürsten von Lu gegen Ende des Jahres erfolglos blieb.

2. KAPITEL

1. Dschung Yu ist Dsï Lu. Im Schï Gi ist diese Frage nicht von einem bestimmten unter seinen Jüngern gestellt.
2. Schau-dscheng ist ein Amtstitel, etwa Untersekretär, Mau ist sein Name. Wang Tschung im Lun Heng (Forke 1, 362) macht aus diesem Schau-dscheng Mau einen Rivalen Kungs, der ihm dreimal alle seine Jünger außer Yen Hui entführt habe.
3. Der Jünger Duan-mu Tsï (oder Sï)
4. Tang ist der Begründer der Yindynastie. Yin Hië ist eine nicht näher bekannte Persönlichkeit.
5. An Stelle von König Wen wird auch sein Großvater genannt. Pan Dscheng ist auch nicht näher bekannt.
6. Diese beiden waren die Brüder des Herzogs von Dschou, die sich einer Revolte gegen das neugegründete Dschouhaus angeschlossen hatten.
7. Giang Tai Gung war der Begründer des Staates Tsi. Die »stolzen Ritter« waren nach einer im Kommentar zu Sündsï zitierten Hanfedsï-Stelle zwei Brüder mit anarchistischen Grundsätzen.
8. Guan Dschung war der Kanzler des Herzogs Huan von Tsi (7. Jh. v. Chr.).
9. Dsï Tschan war Kanzler des Staates Dscheng, etwa eine Generation älter als Konfuzius.
10. Schï Ging 26, Strauß S. 93
11. Jan Kiu, genannt Dsï Yu oder Jan Yu, war im Dienst der Familie Gi in Lu längere Zeit Beamter.
12. Schu Ging, Kap. Kang Gau, Couvreur S. 238. Der Text ist jedoch abweichend.
13. vgl. Schï Ging 197, Strauß S. 306. Bei Sündsï ist das Zitat vollständiger.

7. KAPITEL

1. Das Brettspiel Bo hatte 36 Wege und zwei Arten zu ziehen, eine direkte und eine indirekte. Die indirekte hieß der schlechte Weg. Es ist auch im Lun Yü 17, 22, hier als ein zulässiger Zeitvertreib, erwähnt.
2. siehe Schï Ging 14, Strauß S. 80.
3. Sin war der letzte der Yin-Herrscher, dessen Grausamkeit und Bedrückung sprichwörtlich geworden sind.
4. Ihre Länder waren so weit entfernt, daß es niemand gab, der beide Sprachen verstand, also mehrfach gedolmetscht werden mußte.

8. KAPITEL

1. Der erste ein vorbildlicher Herrscher des legendären Altertums, der zweite ein allgemein verurteilter Tyrann.

2. Ähnliche Gespräche zwischen Kung und seinen Jüngern finden sich in Lun Yü 5, 25 und 11, 25. Die Wünsche sind allerdings dort zum Teil recht verschieden.

3. Gi Gau oder Dsï Gau war ein Jünger des Kung.

4. Kuai Wai war der älteste Sohn des Herzogs Ling von We, der eines Vergehens wegen nach Dsin geflohen war und nach dem Tode seines Vaters in seinen Heimatstaat einfiel. Der Jünger Dsï Lu, der damals auch Beamter in We war, fand in diesen Unruhen seinen Tod.

5. Die Ereignisse, auf die hier angespielt wird, sind in der Konfuziusbiographie im Schï Gi erzählt. Siehe Wilhelm 1928, S. 6–7. Die Gedankengänge dieses Abschnitts sind natürlich dem frühen Konfuzianismus fremd. Sie sind aus einer Richtung der Legalistenschule übernommen.

6. Dseng Schen, einer der bekanntesten Jünger des Konfuzius.

7. Zur Geschichte Guan Dschungs vergl. Hsü Daoling, Der Herzog Huan von Tsi, Guan Dschung und die Vorherrschaft des Staates Tsi, in Sinica 1928, 134–141; ferner Liä Dsï 6, 3, S. 122–125. Kungfutses hohe Meinung über Guan Dschung ist auch in Lun Yü 14, 17 und 18 belegt.

8. Kungs Verhältnis zu seinem Sohn Bo Yü, dessen Eigenname Li war, scheint nicht besonders herzlich gewesen zu sein, siehe Lun Yü 16, 13 und 17, 10, Wilhelm S. 188 und 194.

9. Schï Ging 94, Strauß S. 173.

10. der Jünger Bu Schang mit Beiname Dsï Hia

11. Ping ist eigentlich die Wasserlinse, was hier nicht gemeint sein kann.

9. KAPITEL

1. Der Begriff schu, hier übersetzt mit Wechselseitigkeit, gehört zu den schwer übertragbaren Worten. In Lun Yü 15, 23, Wilhelm S. 176, ist er definiert: »Was du selbst nicht wünschst, tu nicht an anderen.« In Wilhelm 1925, S. 89 ff. hat mein Vater ihn im Anschluß an Lun Yü 4, 15 als »das Bewußtsein der Gleichheit« übersetzt und des näheren erklärt. Inhaltlich deckt sich der folgende Abschnitt mit dem 6. Abschnitt des Kapitels Dschung Yung im Li Gi, Wilhelm S. 6–7.

2. Bo-Tschang Kiën ist als ein Beamter des Dschou-Hauses oder auch als ein Beamter des Staates Tsi erwähnt. In der einzigen Parallelstelle zu diesem Abschnitt, dem Yen Dsï Tschun Tsiu, ist sein Gegenspieler nicht Kung, sondern Meister Yen Ping Dschung, der bekannte Minister von Tsi, ein Zeitgenosse von Kung, von dem Kung mit Hochachtung gesprochen hat. Siehe Lun Yü 5, 16.

3. Herzog Huan von Lu regierte 710–692.

4. Der Gedanke, durch Minderung festzuhalten, entspricht sowohl dem Buch der Wandlungen, siehe Hexagramm 41, als auch dem Taoteking, siehe Abschnitt 48.

5. Dies ist wohl im Sinne von Taoteking 72 gemeint, wo es vom Berufenen heißt: »Er erkennt sich selbst, aber er will nicht scheinen; er liebt sich selbst, aber er sucht nicht Ehre für sich.« Siehe Wilhelm S. 77.

6. Die Altäre waren das Symbol staatlicher Souveränität.

7. vgl. Lun Yü 2, 17, Wilhelm S. 13–14.
8. vgl. hierzu Lun Yü 9, 12 und die letzte Zeile von Taoteking 70, S. 113.

10. KAPITEL

1. Tschen war der Staat, in dem die Nachkommen der Hiadynastie herrschten. Ein dortiger Beamter hatte den Fürsten ermordet. Der König Dschuang von Tschu entsandte eine Strafexpedition und annektierte den Staat Tschen (im Jahre 598). Der Minister Schen Schu erhob dagegen Einspruch, der König hörte auf ihn und stellte den Staat Tschen wieder her. Siehe Chavannes 4, 176–177.
2. siehe Schi Ging 16, Strauß S. 82. Das Lied bezieht sich auf einen Baum, unter dem der Herzog von Schau sich aufgehalten hat und der darum der Gegenstand großer Liebe und Verehrung geworden ist.
3. Die Schüler mußten die Säume des Gewandes in die Höhe halten beim Hinaufsteigen zur Halle des Lehrers.
4. Im Staate Tsai gab es die besten Orakelschildkröten, daher der Name. Vgl. Lun Yü 5, 17, Wilhelm S. 44, wo über diese Schildkröte gespottet wird.
5. Yü und Jui sollen Gebiete aus dem Ende der Yindynastie gewesen sein. Der Markgraf des Westens ist König Wen, der Vater des Begründers der Dschoudynastie.
6. eingefügt aus Li Gi.
7. Über Liu Hia Hui siehe Mongdsi 2 A 9 und 5 B 1, Wilhelm S. 36 und 113.
8. der im ersten Lied des Schi Ging vorkommt. Es wird von ihm gesagt, daß Männchen und Weibchen nicht im selben Nest wohnen.
9. die im 161. Lied des Schi Ging erwähnt sind.
10. Schi Ging 155, Strauß S. 242.
11. Dieser Abschnitt ist aus Mongdsi 1 B 15, Wilhelm S. 22 übernommen. Er findet sich ähnlich auch im Lü Schi Tschun Tsiu 21, 4, Lü Bu We S. 380. Hou Dsi, Der Herr der Hirse, war der legendäre Ahn des Dschouhauses. Unter einem seiner Nachfolger, dem Herzog Liu, der in den alten Balladen eine große Rolle spielt, ließen sich die Dschou in Bin, dem westlichen Rand des Reiches, nieder. Unter seinem Sohn, posthum der Große König genannt, zogen sie weiter nach Osten in die Nähe des Berges Ki, der von da an eine heilige Stätte der Dschou wurde. Der Große König war der Großvater des Königs Wen.
12. der Sohn des letzten Herrschers des Yin-Reiches, der kurz nach der Eroberung durch die Dschou gegen diese erfolglos rebellierte.
13. Das Pe-Lied, Schi Ging 38, Strauß S. 108, enthält nur den ersten Vers dieses Zitats. Beide finden sich in Schi Ging 78, Strauß S. 156. Dies ist jedoch ein Dscheng-Lied.
14. Schi Ging 53, Strauß S. 125.

11. KAPITEL

1. Die Vorfahren Kungs waren von Sung nach Lu ausgewandert. Die Kung leiteten ihre Familie von dem Fürstengeschlecht von Sung her.

2. Herzog Dai von Sung regierte seit 799 v. Chr., Herzog Wu seit 765 und Herzog Hüan seit 747. Dscheng Kau Fus Demut und die Inschrift ist auch in Dschuang Dsï 27, 16 erwähnt.

3. Lau Dan ist Laotse, der damals Archivar am königlichen Hofe gewesen sein soll.

4. Tschang Hung, auch Tschang Schu (Onkel Tschang) genannt, ist in der älteren Literatur mehrfach als Großbeamter von Dschou erwähnt. Er spielt auch in der späteren taoistischen Legende eine Rolle.

5. die Stätten, an denen den höchsten Gottheiten vom Dschoukönig geopfert wurde.

6. vgl. den 2. Abschnitt.

7. Die Ritenordnung in sakralen und profanen Dingen wurde dem Herzog von Dschou, dem jüngeren Bruder des Begründers der Dschoudynastie, zugeschrieben.

8. Der letzte Satz fehlt in einigen Ausgaben. Die Abschiedsworte von Laotse finden sich fast wörtlich in der Konfuziusbiographie im Schï Gi, siehe Wilhelm 1928, S. 7. In der taoistischen Literatur sind Unterhaltungen zwischen Kung und Laotse, in denen Kung oft den kürzeren zieht, ein vielangewandtes Propagandamittel. Mehrere solche Unterredungen finden sich im Buch Dschuangdsï. Vgl. auch die Laotsebiographie im Schï Gi, übersetzt von R. Wilhelm in Sinica 1928, S. 26-27.

9. Über das Lichtschloß Ming Tang vgl. das Kapitel Ming Tang We des Li Gi, Legge 2 S. 29-39. Es wurde für sakrale Zeremonien sowohl wie für Audienzen benutzt.

10. Dieser Ausspruch Kungs findet sich ähnlich mehrfach in der älteren Literatur, u. a. im Da Dai Li Gi, Wilhelm, Buch der Sitte S. 229-230.

11. d. h. im Osten. Damals war links der weniger geehrte Platz.

12. Schï Ging 195, Strauß S. 320.

13. Dieses Gespräch klingt sehr taoistisch und erinnert an ähnliche fiktive Gespräche im Buch Dschuangdsï.

13. KAPITEL

1. Das Treffen zwischen Ling von We und Kung ist in Lun Yü 15, 1 belegt. In Lun Yü 14, 20 findet sich eine ähnliche Beurteilung des Herzogs.

2. Schï Yu, der Historiograph Yu, ist mehrfach in der älteren Literatur als Beamter von We erwähnt, siehe z. B. Lü Schï Tschun Tsiu 20, 4, Lü Bu We S. 357.

3. Bau-schu ist Bau-schu Ya, Minister des Herzogs Huan von Tsi, der Guan Dschung empfahl.

4. Dsï Pi, Meister Pi, ist Han Hu, Kanzler in Dscheng, der den Dsï Tschan beförderte.

5. Sï oder Tsï ist der Rufname des Dsï Gung.

6. Absichtlich ist hier nicht Tang der Vollender erwähnt, sondern »die ganze Welt«, so daß das Gericht nicht als die Tat eines einzelnen Menschen, sondern als Naturnotwendigkeit erscheint.

7. Schï Ging 192, Strauß S. 310. Die 6. Strophe ist die weiter unten

zitierte. Das Lied wurde als die Klage eines verstoßenen Beamten zur Zeit des Königs Yu aufgefaßt.

8. Guan Lung Pang soll den letzten König der Hia ermahnt haben, sich zu bessern.

9. Der Prinz Bi Gan hatte durch seine Vorhaltungen den Zorn des letzten Königs der Schang erregt.

10. Dschung-Hang war eines der großen Geschlechter von Dsin; Wen-dsï von Dschung-Hang erhob sich im Jahre 493 gegen seinen Herrn, hatte jedoch Mißerfolg.

11. Tung-ti Bo-hua ist Yang Sche Hi. Über ihn vergl. Buch der Sitte S. 315, wo mit ähnlichen Worten über ihn geurteilt wird.

12. 660-621. Herzog Mu war derjenige, der Tsin zu einem Großstaat entwickelt hat.

13. i. e. Bo Li Hi, der Kanzler des Herzogs Mu. Der Legende nach hat er sich um fünf Widderfelle selbst in die Gefangenschaft verkauft, um dadurch dem Herzog Mu nahezukommen. Mongdsï widerspricht der Glaubhaftigkeit dieser Legende, siehe 5 A 9, Wilhelm S. 110-111. Im Lü Schï Tschun Tsiu 14, 6, Lü Bu We S. 195, gilt sie jedoch schon als feststehend.

14. Schï Ging 251, Strauß S. 423.

14. KAPITEL

1. Ging ist ein anderer Name für Tschu. Sche war der Familienbesitz einer Ministerfamilie in Tschu, deren Haupt an sich der Fürstentitel nicht zukam.

2. Schï Ging 254, 5; Strauß S. 430

3. Schï Ging 198, 3; Strauß S. 327

4. Schï Ging 204, 2; Strauß S. 339

5. siehe Kap. 13, Anm. 10

6. Dsï Si war der Beiname des Prinzen Schen, eines jüngeren Bruders des Königs Ping von Tschu, 528-515.

7. Über den Regenvogel Schang Yang und die mit ihm verbundenen Volkssitten siehe Granet 1926: 552-554. Auch der Feuervogel Bi Fang war einbeinig.

8. Über Fu (oder Mi) Dsï Dsiën vgl. Lun Yü 5, 2. Sein Eigenname war Bu Tsi. Siehe auch Haloun in Asia Major 8.

9. Daß Handeln »zeitgemäß« sein muß, war schon ein zur Dschouzeit bekannter Grundsatz, der in der früheren Hanzeit weitgehende Beachtung fand. Konfuzius selbst wurde der »unzeitgemäße« Heilige genannt und sein weltlicher Mißerfolg eben dieser Tatsache zugeschrieben.

10. der Rufname des Dsï Lu.

15. KAPITEL

1. In dieser Form nicht im Schï Ging. Ähnliche Verse finden sich im Lied 256, 12.

2. In diesen Worten liegt ein indirekter Vorwurf für den Fürsten Ging, der ebenfalls dem Luxus ergeben war.

3. einer der Genossen des Tyrannen Gië der Hiadynastie.
4. Dseng Schen war unter Kungs Jüngern als derjenige bekannt, der die Kindesehrfurcht am meisten pflegte. Das Hiau Ging ist ihm zugeschrieben. Vgl. auch Buch der Sitte S. 101ff.
5. Über Schï Yu, den Geschichtsschreiber, vgl. Lun Yü 15, 6.
6. Es ist im Text eine kleine Unklarheit, da es sich streng genommen nicht um Worte, sondern um das Beispiel des Meisters handelt. Es ist so zu verstehen, daß es Lehren des Meisters sind, die er selbst verwirklicht hat.
7. nämlich Yen Hui und Schï Yu.
8. Es handelt sich in dem Gleichnis um eine kostbare Medizin.
9. Das Wasser dringt ein.

18. KAPITEL

1. Dies ist Mong I Dsï, Minister in Lu.
2. vgl. Lun Yü 4, 15 und Gia Yü 9, 1, wo der Begriff mit Wechselseitigkeit übersetzt ist.
3. ein Mitglied des hohen Adels in Lu.

19. KAPITEL

1. vgl. 10, 5
2. Verwirrung im Lande ist hier mit dem Lärm der Zikaden verglichen, über dem man sein eigenes Wort nicht hört. Darum sind zur Schaffung von Ordnung zunächst scharfe Mittel nötig, damit sie sich erst einmal durchsetzt.
3. Schï Ging 254, 6, Strauß S. 430
4. Dies ist Tan-Tai Mië-Ming, siehe Lun Yü 6, 12.
5. Über den Jünger Dsai Yü (Wo) vgl. Lun Yü 11, 2, Anm. 2, 5, ferner Lun Yü 5, 9.
6. der Neffe Kungs, siehe Abschnitt 4.

22. KAPITEL

1. Der eingeklammerte Satz ist eine Glosse, die mit dem Zusammenhang in Widerspruch steht. Er findet sich bei Sündsï und Han Schï Wai Dschuan nicht.

27. KAPITEL

1. Anspielung auf die Sage von Schun, der vom Feld weg an den Hof von Yau berufen wurde.
2. Schï Ging 282; Strauß S. 483. Vgl. Lun Yü 3, 2 über den Mißbrauch dieser Ode.
3. Schï Ging 266; Strauß S. 467.
4. Der Einbein Kui war der sagenhafte Erfinder der Musik, siehe Liä Dsï S. 2, 18; Lü Schï Tschun Tsiu, Lü Bu We S. 400.
5. Schï Ging 251; Strauß S. 423.
6. Das chinesische Wort für Musik und Freude ist dasselbe.
7. Schï Ging 271; Strauß S. 472.

8. Schï Ging 26, 3; Strauß S. 93.
9. Schï Ging 35, 4; Strauß S. 105.
10. Schï Ging 304, 3; Strauß S. 515.

28. KAPITEL

1. Schï Ging 220, 1; Strauß S. 365.
2. Das Dscha-Opfer fand im 12. Monat statt. Es war ein Dankopfer für alle Götter, die dem Feldbau geholfen haben. Vergl. Buch der Sitte S. 256.

30. KAPITEL

1. wörtlich: daß seine bei den Opfern gebrauchten Körbe nicht in guter Verfassung seien.
2. wörtlich: daß seine Tür- und Bettvorhänge nicht in Ordnung seien.

31. KAPITEL

1. der Jünger Jan Yung.
2. die beiden legendären Tyrannen am Ende der Hia- und der Schangdynastie.
3. die beiden auf den Begründer der Dschoudynastie, Wu, folgenden Könige.
4. Vor dem Schloß waren links neun Kreuzdornbäume, der Platz der hohen Räte, rechts neun Kreuzdornbäume, der Platz der Lehnsfürsten, und im Süden drei Sophorabäume, der Platz der drei höchsten Würdenträger.
5. Kungs Ansicht über schlaue Reden ergibt sich u. a. aus Lun Yü 1, 3 und 15, 26.
6. Dies richtet sich gegen eine Schule der sogenannten Rechtslehrer, deren Reformvorschläge auf theoretischen Spekulationen und nicht auf tatsächlichen Verhältnissen beruhten.
7. vgl. hierzu Lun Yü 15, 10 und 17, 18.
8. Der Kommentar erklärt: Fertige Kleider, die feilgeboten werden, sind entweder zu luxuriös oder unsolide. Fertiges Essen auf den Straßen zu kaufen und öffentlich zu verzehren widerspricht dem Schamgefühl.

33. KAPITEL

1. Nur Eltern, Lehrer und nahe Freunde haben das Recht, den Rufnamen auszusprechen.

36. KAPITEL

1. Nephritanhänger werden als Schmuck am Gürtel getragen.
2. Die Sage erzählt, daß sich über den Stellen im Kunlun-Gebirge, wo sich Nephrit findet, ein weißer, regenbogenförmiger Nebel zeigt.
3. Aus Nephrit wurden Szepter, gui, in zwei Hälften hergestellt, die als Symbole der Herrschaft an die Fürsten verliehen wurden. Die eine Hälfte, dschang, wurde zur Beglaubigung am Königshof aufbewahrt.

4. Schī Ging 128, 1; Strauß S. 210.
5. Schī Ging 259, 1; Strauß S. 446.
6. Schī Ging 262, 6; Strauß S. 456.
7. Schī Ging ebd.
8. Der Rufname des Dsī Dschang.
9. Der Ehrenplatz im Frieden ist rechts, im Kriege links.

37. KAPITEL

1. die verbieten, ungebetenen Rat zu erteilen.
2. der bekannte Philosoph Gung-Sun Lung.
3. ein Günstling des Königs von Wu.
4. Über die Taktlosigkeit dieses Mannes vgl. Lun Yü 14, 46.
5. Schī Ging 35, 4; Strauß S. 105.

38. KAPITEL

1. Yen Hui war Kungs Lieblingsjünger. Er ist im Lun Yü sehr häufig erwähnt, siehe z. B. Lun Yü 11, 8 und 9 über Kungs Klage bei seinem Tod.
2. Das Schī Gi liest, wohl besser, 15 Jahre.
3. Lun Yü 6, 8.
4. vgl. Lun Yü 6, 4.
5. siehe über ihn Lun Yü, Ausgabe Jena 1912, S. 108, Anm. Nr. 5.
6. Lun Yü 11, 21, auch Lun Yü 6, 10.
7. vgl. hierzu Lun Yü, Ausgabe Jena 1912, S. 136, Anm.
8. Über die bis hierher genannten zehn Jünger vgl. Lun Yü 11, 2.
9. vgl. Lun Yü 11, 17 und 24.
10. Über ihn und den vorigen vgl. Lun Yü 5, 1.
11. Lun Yü 11, 25.
12. Lun Yü 5, 5.
13. Schī Ging 218, 5; Strauß S. 362.
14. Lun Yü 9, 17.
15. Über Huan Tui vgl. Lun Yü 7, 22.
16. Schī Ging 232, 3; Strauß S. 383.
17. vgl. Gia Yü 43, 18, wo der Vorfall ausführlicher erzählt ist.
18. ein Enkel des Kung.

39. KAPITEL

1. Der Herrscher I war der vorletzte Herrscher der Yindynastie, traditionelle Daten: 1191–1154. Seine Tochter wurde mit dem Dschou-Haus verheiratet und ist die Mutter des Königs Wen. Aus Legitimitätsgründen war der Freiherr Ki zur Thronfolge nicht berufen, da er nicht von der Kaiserin abstammte.
2. der Begründer der Yindynastie. Die Dschou haben es sich zum Grundsatz gemacht, bei der Gründung ihrer Dynastie auch die Nachfahren alter Königsgeschlechter zu belehnen, um die Ahnenopfer für die Heroen der Vorzeit aufrechtzuerhalten.

3. Diese drei Dschou-Prinzen schlossen sich dem Aufstand des Wu-Geng an, offenbar aus Neid auf ihren Bruder Dan, den Herzog von Dschou, der für den minderjährigen König Tscheng die Regierung führte.
4. Nach Dso Dschuan war Hua Du Minister von Sung unter dem Herzog Schang. Er begegnete einst der schönen Frau des Kung-Fu Gia, verliebte sich in sie, tötete den Kung-Fu Gia und nahm sie zur Frau. Da der Herzog darüber ergrimmte, tötete Hua Du auch ihn. Die Schwierigkeiten zwischen den Familien Hua und Kung scheinen auf diesen Vorfall – wenn er historisch ist – zurückzugehen.
5. ähnlich auch in der Konfuziusbiographie im Schï Gi. Dort heißt es allerdings, daß der Meister in »wilder Ehe« gezeugt worden sei. Die Kommentare bemühen sich zu erklären, daß der Ausdruck »wilde Ehe« hier eine in hohem Alter geschlossene Ehe bedeute. Kungs Name Kiu wird im Schï Gi von seiner Kopfform abgeleitet.
6. Lun Yü 7, 7.

41. KAPITEL

1. Söhne des Mong Hi Dsï. Vgl. auch Gia Yü 11, 1.
2. Schï Ging 161, 2; Strauß S. 253.
3. Schï Ging 244, 8; Strauß S. 409.
4. der sein Verwandter war.
5. Schï Ging 33, 1; Strauß S. 102.
6. Name des Geschichtsschreibers von Dsin.
7. Gung-Sun Kiau, ein Mann, den Kung oft hoch gepriesen hat.
8. Dsin war der starke Nachbarstaat des kleinen Dscheng. Er hatte eine Art Hegemonie im Reiche inne.
9. Tschen war ein Vasallenstaat von Tschu.
10. Er hatte der Familie Schu-Sun gehörige Ortschaften einem Angestellten der Familie Gi überlassen, damit dieser Straflosigkeit für ihn erwirke.
11. ein Geschichtsschreiber, den Kung auch in Lun Yü 16, 1 zitiert.
12. Schï Ging 256, 2; Strauß S. 435.
13. legendärer Minister des Großen Yü, des Begründers der Hiadynastie.
14. Hier fand eine Reichsversammlung statt. Die Leute von Dsin hatten Waldfrevel in We begangen. Auch in diesem Falle war Schu Yü bestochen worden.
15. Freiherr Gi von Lu war in Dsin gefangengenommen worden. Die Leute von Dsin waren bereit, ihn zurückzuschicken, allein er verlangte vorher Genugtuung. Schu Yü vermochte ihn so einzuschüchtern, daß er sich gerne zurückschicken ließ.
16. ein Beamter von Dscheng.
17. Schï Ging 172, 1; Strauß S. 276.
18. Schï Ging 253, 1; Strauß S. 427.
19. Fortsetzung desselben Liedes.
20. Fortsetzung desselben Liedes.

21. Schī Ging 304, 4; Strauß S. 516.
22. Schī Ging 235, 6.
23. eines der frühesten Gesetzbücher in China, das sich durch seine Strenge auszeichnete. Dsi Tschan hatte einige Jahre vorher auch einen Kodex erlassen.
24. der halbmythische Kaiser Yau.
25. Der Mann ist Gau Yau, ein anderer der mythischen Gestalten des Altertums.
26. Urenkel des Bau Schu Ya. In seiner Zeit herrschten unter dem Herzog Ling von Tsi sittenlose Verhältnisse. Bei dem Versuche einzuschreiten, zog er sich den Haß der Herzogin zu, deren Verleumdungen er zum Opfer fiel.
27. Nach chinesischer Vorstellung dreht die Sonnenblume ihren Kopf nach der Sonne, damit ihr Fuß Schatten hat.

42. KAPITEL

1. Dies ein Beispiel für die von Dung Dschu Schu beförderte und in der Hanzeit allgemein angenommene Interpretation des Tschun Tsiu. Ihr zufolge hätte Kung die Chronik seines Heimatstaates so umredigiert, daß in seiner Formulierung Lob und Tadel historischer Ereignisse und historischer Persönlichkeiten für alle Zeiten der Nachwelt zur Autorität geworden wären. Geschichtsschreibung wäre danach für ihn Sinngebung der Geschichte und nicht Aufzeichnung historischer Tatsachen. Diese Auffassung des Tschun Tsiu findet sich schon bei Mong Dsï belegt. — Die erwähnte Reichsversammlung fand im Jahre 632 v. Chr. statt.
2. siehe hierzu Lun Yü 5, 9.
3. siehe hierzu Lun Yü 10, 12.
4. ein Vorrecht des Fürsten. Zur Sache vgl. Lun Yü 3, 22.
5. Schī Ging 35, 4; Strauß S. 105.
6. Kanzler in We und Freund Kungs.
7. Sin-Sï ist der 18. Tag des sechzigtägigen Zyklus, Jen-Wu der 19.
8. wörtlich: Prinzessin von Wu aus dem Geschlecht Dsï. Das Fürstenhaus von Wu und das Fürstenhaus von Lu hatten denselben Familiennamen, Heiraten zwischen ihnen hätten also ausgeschlossen sein sollen. Um den Verstoß zu vertuschen, wurde die Gattin des Herzogs Dschau so genannt. Traueranzeigen wagte man aber trotzdem nicht zu verschicken. Zur Sache siehe Lun Yü 7, 30.
9. im 25. Monat der Trauer, kurz vor dem Schlußopfer. Nach einem weiteren Monat wäre die Trauerzeit zu Ende gewesen.

43. KAPITEL

1. Lau Dan ist identisch mit Laotse. Vgl. zu dem Umstand, daß er hier als Quelle von Kungs Wissen über Einzelsitten zitiert ist, die Vorbemerkung zum Kapitel Dseng Dsï Wen, Buch der Sitte S. 306.
2. Bo-Kin, der Sohn des Herzogs von Dschou, war in Trauer um seine Mutter, als die Ostbarbaren sich Übergriffe erlaubten. Da er der Mark-

graf dieser Gegend war, konnte er sich der Pflicht, gegen sie einzuschreiten, nicht entziehen.
3. Sohn des Fürsten Ling von We, der landesflüchtig war.

44. KAPITEL

1. Nach streng patriarchalischen Regeln hätte sein Sohn und nicht sein Bruder eingesetzt werden müssen.
2. der Vater des Verstorbenen.
3. Er hatte, ehe er an den Thron kam, in der Verbannung gelebt.

ANHANG

KUNGFUTSE ÜBER DEN TOD

Es entspricht konfuzianischem Denken, daß das Glück, wenn überhaupt, nur auf Erden und nicht im Himmel zu finden sei. Ein Diesseitsglaube, der sich nur schwer davon überzeugen läßt, daß es *drüben* besser sein soll als auf Erden.
Dsi Gung erhält auf seine Frage nach dem Bewußtsein der Toten von Meister Kung zur Antwort: »Dein Wunsch zu wissen, ob die Toten Bewußtsein haben oder nicht, ist zunächst keine dringende Sache. Später wirst du es von selber wissen« (vgl. S. 44).
Als Kungfutse stirbt, hat eben dieser Schüler Dsi Gung die Lektion begriffen. Dem Tod läßt sich gelassener begegnen. Meister Kung hat ihn erahnt, hat sich auf das Ereignis vorbereitet; nun, da er tot ist, wird er von den Jüngern betrauert, ohne daß sie in Sack und Asche gehen.
Der Wortlaut dieses 40., des Sterbekapitels (vgl. S. 160), sei hiermit nachgeholt:
Eines Morgens stand Meister Kung früh auf. Er legte die Hände auf den Rücken, zog seinen Stab hinter sich her und ging vor der Tür auf und ab. Dabei sang er:

> »Der große Berg wird stürzen,
> Der Dachbalken wird zerbrechen,
> Und der Philosoph wird welken!«

Nachdem er so gesungen, ging er hinein und setzte sich unter die Tür. Dsi Gung hörte es und sprach: »Wenn der Große Berg stürzt, wohin kann ich dann meine Augen aufheben? Wenn der Dachbalken zerbricht, woran kann ich mich da halten? Wenn der Philosoph verwelkt, worauf kann ich mich da verlassen? Ich fürchte, der Meister wird krank werden.« Darauf eilte er zu ihm hinein.
Der Meister sprach: »Warum kommst du so spät, Dsi? Die Volksherrscher von Hia bahrten ihre Toten oben an der Osttreppe auf, gleichsam als Herren des Hauses. Die Leute von Yin bahrten sie zwischen den beiden Säulen auf, zwi-

schen Hausherrn und Gästen. Die Leute von Dschou bahren sie oberhalb der Westtreppe auf und behandeln sie damit als Gäste. Ich bin ein Nachkomme des Hauses Yin. Ich hatte in der vergangenen Nacht einen Traum: da saß ich zwischen den beiden Säulen. Ein weiser König steht nicht auf. Und wer wird auf der Welt meine Lehren befolgen! Ich muß wohl sterben.« Darauf legte er sich zu Bett, und nach sieben Tagen verschied er.
Als Meister Kung gestorben war, da waren seine Jünger im Zweifel, welche Trauerkleider sie tragen sollten. Dsi Gung sprach: »Einst, als der Meister um Yen Yüan trauerte, da trauerte er wie um einen Sohn, aber trug kein Trauergewand. Als er um Dsi Lu trauerte, tat er desgleichen. So wollen auch wir um den Meister trauern wie um einen Vater, aber ohne Trauergewand.«

Im Frühsommer des Jahres 479 v. Chr. ging des Meisters irdisches Leben zu Ende; man begrub ihn auf dem Familienfriedhof in K'üfou. Neun Jahre später wurde im fernen Athen der Grieche Sokrates geboren, der achtzig Jahre nach Konfuzius starb. Sokrates' Gelassenheit vor dem Tode bezog sich auf ein nicht zu erschütterndes *daimonion*, seine innere Stimme, die ihm sagte, was er zu tun und zu lassen habe. Daß Sokrates die Einzelperson – das Selbst des Menschen – für mündig erklärte, sollte die Grundlage der bisherigen Staatsordnung ins Wanken bringen. Für die Bewußtseinsgeschichte des Menschen haben Konfuzius und Sokrates exemplarische Bedeutung.
Elias Canetti umreißt das geistige Profil des Chinesen folgendermaßen:
»Ich kenne keinen Weisen, der den Tod so ernst nahm wie Konfuzius. Auf Fragen nach dem Tod verweigert er die Antwort. ›Wenn man noch nicht das Leben kennt, wie sollte man den Tod kennen.‹ Ein Satz, der angemessener wäre, ist über diesen Gegenstand nie ausgesprochen worden. Er weiß sehr wohl, daß alle solche Fragen einer Zeit *nach* dem Tode gelten. Jede Antwort darauf setzt sich mit einem Sprung über den Tod hinweg, und er selber wie

seine Unbegreiflichkeit werden dadurch eskamotiert. Wenn *nachher* etwas ist, so wie *vorher* etwas war, verliert der Tod als solcher sein Gewicht. Zu diesem unwürdigsten aller Taschenspielerstücke gibt Konfuzius sich nicht her. Er sagt nicht, daß nachher nichts ist, er kann es nicht wissen. Aber man hat den Eindruck, daß ihm gar nicht daran läge, es in Erfahrung zu bringen, selbst wenn das möglich wäre. Aller Wert wird damit auf das Leben selbst verlegt, was man dem Leben an Ernst und Glanz genommen hat, indem man einen guten, vielleicht den besten Teil seiner Kraft *hinter* den Tod verlegte, wird ihm wieder zurückerstattet. So bleibt das Leben ganz, was es ist, und auch der Tod bleibt intakt, sie sind nicht austauschbar, nicht vergleichbar, sie mischen sich nicht, sie bleiben verschieden« (Die gespaltene Zukunft, 1972).

Zum besseren Verständnis von Canettis Ausführungen seien fünf Textstellen aus Kungfutses »Gesprächen« (Lun Yü) angeführt. Sie machen zugleich deutlich, daß die anschaulichen »Schulgespräche« und die aufs äußerste komprimierten Sätze der »Gespräche« einander ergänzen.

Das Beste in der Welt
Der Meister sprach: »In der Frühe die Wahrheit vernehmen und des Abends sterben: das ist schlimm.«

Die schwere Last und der weite Weg
Meister Dsong sprach: »Ein Lernender kann nicht sein ohne großes Herz und starken Willen; denn seine Last ist schwer, sein Weg ist weit. Die Sittlichkeit, die ist seine Last: ist sie nicht schwer? Im Tode erst ist er am Ziel: ist das nicht weit?«

Tod und Leben
Gi Lu fragte über das Wesen des Dienstes der Geister. Der Meister sprach: »Wenn man noch nicht den Menschen dienen kann, wie sollte man den Geistern dienen können!«
(Dsi Lu fuhr fort): »Darf ich wagen, nach dem (Wesen) des Todes zu fragen?« (Der Meister) sprach: »Wenn man noch nicht das Leben kennt, wie sollte man den Tod kennen?«

Das Leben ist der Güter Höchstes nicht
Der Meister sprach: »Ein willensstarker Mann von sittlichen Grundsätzen strebt nicht nach Leben auf Kosten seiner Sittlichkeit. Ja, es gab solche, die ihren Leib in den Tod gaben, um ihre Sittlichkeit zu vollenden.«

Sittlichkeit als Lebenselement
Der Meister sprach: »Sittlichkeit ist noch mehr für die Menschen als Wasser und Feuer. Ins Feuer und Wasser habe ich schon Menschen treten sehen und daran sterben. Noch nie habe ich einen gesehen, der in die Sittlichkeit trat und daran starb.«

Quellennachweis: Diederichs Gelbe Reihe, Bd. 22 Kungfutse, Gespräche (1979), S. 60, 93, 115, 155 und 161

BIBLIOGRAPHIE

a) Quellennachweis

Richard Wilhelm, Kung-Tse. Leben und Werk. Stuttgart 1925 (=Frommanns Klassiker der Philosophie, Bd. 25)

Richard Wilhelm, K'ungtse und der Konfuzianismus. Berlin und Leipzig 1928 (=Sammlung Göschen, Bd. 979) – zitiert als »Wilhelm 1928«

Kungfutse, Gespräche (Lun Yü). Aus dem Chinesischen verdeutscht und erläutert von Richard Wilhelm. Jena 1910. Erweiterte Neuausgabe Düsseldorf/Köln 1979 (=Diederichs Gelbe Reihe, Bd. 22)

Li Gi, Das Buch der Sitte des älteren und jüngeren Dai. Aufzeichnungen über Kultur und Religion des alten China. Aus dem Chinesischen verdeutscht und erläutert von Richard Wilhelm. Jena 1930 – zitiert als »Buch der Sitte« –. Neuausgabe (mit veränderter Seitenzählung) u. d. T. »Li Gi – Das Buch der Riten, Sitten und Gebräuche« Düsseldorf/Köln 1981 (=Diederichs Gelbe Reihe, Bd. 31)

Mong Dsi (Mong Ko). Aus dem Chinesischen verdeutscht und erläutert von Richard Wilhelm. Jena 1916

Dschuang Dsi, Das wahre Buch vom südlichen Blütenland. Aus dem Chinesischen verdeutscht und erläutert von Richard Wilhelm. Jena 1912. Neuausgabe Düsseldorf/Köln 1977 (=Diederichs Gelbe Reihe, Bd. 14)

Frühling und Herbst des Lü Bu We. Aus dem Chinesischen übersetzt und erläutert von Richard Wilhelm. Jena 1928. Neuausgabe mit Einleitung von Wolfgang Bauer Düsseldorf/Köln 1979 (=Diederichs Gelbe Reihe, Bd. 25)

Hiau Ging. Das Buch der Ehrfurcht. Aus dem Chinesischen übersetzt von Richard Wilhelm. Peking 1940

I Ging. Das Buch der Wandlungen. Aus dem Chinesischen verdeutscht und erläutert von Richard Wilhelm. 2 Bde. Jena 1924. Neuausgabe in einem Band Düsseldorf/Köln 1981. – Teilausgabe u. d. T. »I Ging – Text und Materialien« Düsseldorf/Köln 1973 (=Diederichs Gelbe Reihe, Bd. 1)

Laotse, Taoteking. Das Buch des Alten vom Sinn und Leben. Aus dem Chinesischen verdeutscht und erläutert. Jena 1910. Erweiterte Neuausgabe Düsseldorf/Köln 1978 (=Diederichs Gelbe Reihe, Bd. 19)

Liä Dsi, Das wahre Buch vom quellenden Urgrund. Aus dem Chinesischen verdeutscht und erläutert von Richard Wilhelm. Jena 1912. Neuausgabe Düsseldorf/Köln 1980 (=Diederichs Gelbe Reihe, Bd. 28)

b) Literaturhinweise

Theodor Bönner, Alte asiatische Gedankenreise. Berlin 1912
Edouard Chavannes, Les Mémoires Historiques de Se-ma Ts'ien. 5 Bde. Paris 1895–1905
S. Couvreur, Li Ki. 2 Bde. Ho Kien Fu 1913
–, Tch'ouen Ts'iou et Tso Tchouan. 3 Bde. Ho Kien Fu 1914
H. G. Creel, Confucius, the man and the myth. New York 1949
Homer H. Dubs, The works of Hsüntze. London 1928
Alfred Forke, Lun-Heng, Philosophical essays of Wang Ch'ung. Bd. 1. Leipzig 1907
O. Franke, Studien zur Geschichte des konfuzianischen Dogmas. Hamburg 1920
Annemarie von Gabain, Ein Fürstenspiegel: Das Sin-yü des Lu Kia, in: Ostasiatische Studien 1930
Marcel Granet, Danses et légendes de la Chine ancienne. 2 Bde. Paris 1926
Gustav Haloun, Früh-konfuzianische Fragmente in: Asia Major 8 (1932) 437–509; 9 (1933) 467–502; 10 (1935) 247–250
James Robert Hightower, Han Shih Wai Chuan. Cambridge, Mass. 1952
R. P. Kramers, K'ung Tzu Chia Yü, the school sayings of Confucius. Leiden 1950
James Legge, The Chinese Classics. Vol. 5 pt I and II: The Ch'un Ts'ew, with the Tso Chuen. Hong Kong and London 1872
–, The Sacred Books of China pt III and IV: The Li Ki. Oxford 1885
P. Mason-Oursel, Yin Wen-tseu, in: T'oung Pao 15 (1914) 557–622
Evan Morgan, Tao, the great luminant. Shanghai 1934
Victor von Strauß, Schi-king, das kanonische Liederbuch der Chinesen. Heidelberg 1880
Hellmut Wilhelm, Schriften und Fragmente zur Entwicklung der staatsrechtlichen Theorie in der Chou-Zeit, in: Monumenta Serica 12 (1947) 41–96

NAMENREGISTER

Ai (Herzog von Lu) 25-31, 52, 56, 68, 72, 95, 103, 173, 178, 179

Bau (Nachkomme von Bau Schu Ya) 141
Bau Kiën (Urenkel von Bau Schu Ya) 176
Bau Schu Ya (Minister in Tsi) 68
Bi (Stadt in Lu) 19
Bi Gan (Prinz) 69, 103
Bi Lu (Revier in Dsin) 172
Biën (Stadt in Lu) 149, 190
Biën (Hut) 133
Bin (Stammland der Dschou) 59
Bo-Gau (Bekannter Kungs 191
Bo Hia (Großvater Kungs) 158
Bo I Kau (Älterer Sohn von König Wen) 205
Bo Ki (Sohn von Yin Gi Fu) 151
Bo Kiën = Gië (Jünger) 155
Bo-Kin (Sohn des Herzogs Dschou) 195
Bo Li Hi (Mann der fünf Widder, Kanzler) 72
Bo Niu s. Jan Geng
Bo Tschang Kiën (Beamter) 46
Bo Yü = Kung Li (Kungs Sohn) 40, 159
Bu Schang = Dsï Hia (Jünger) 43, 84, 86, 91, 149, 194, 195, 196, 197
Bu Schu Scheng = Dsï Gü (Jünger) 165

Da Giang = Tai Giang (Frau des Großen Königs Dan Fu) 59
Da Liën (Mann aus dem Osten) 198
Dai (Herzog von Sung) 61
Dan Fu (Fu) = Tai Wang (Großer König) 59, 138
Di He = Si Dschï (Jünger) 155
Ding (Fürst von Lu, 509-495 v. Chr.) 16-19, 121, 161, 182, 206

Dsai-Fu He = Dsï He (Jünger) 155
Dsai Yü = Dsai Wo = Dsï Wo (Jünger) 101, 104, 148
Dsang Wen Dschung (Minister in Lu) 54, 96, 184
Dsang Wu Dschung = Dsang-Sun Ho (Enkel des Dsang Wen Dschung) 54, 61, 96, 184
Dscha (Opfer) 120
Dschang (Fluß in Tschu) 173
Dschang-Fu (Hut) 133
Dschau (Fürst von Lu, 540-508 v. Chr.) 16, 159, 161, 189
Dschau (König von Tschu zu Kungs Zeit) 172
Dschau (Lied von -) 165
Dschau Dun = Dschau Süan Dsï (Minister in Dsin) 162
Dschau Giën Dsï (Minister in Dsin) 172
Dschau Go (alte Hauptstadt von Yin) 157
Dschau Tschuan (Fürstenmörder in Dsin) 162
Dsche (Fürst von We) 149
Dschen-Yu (Musik) 113
Dscheng (Staat) 43, 68, 163, 168, 169
Dscheng Hüan (Konfuzianischer Gelehrter A. D. 127-200) 9
Dscheng Kau Fu (Vorfahr Kungs) 61, 158
Dscho (Ahn des Gung-Fu Wen-Bo) 211
Dschou (Herrscherhaus) 46, 59, 61, 63, 121, 133, 160, 164, 165, 169, 178, 195, 198, 204, 205, 210
Dschou (Herzog von -, Dschou Gung) 22, 36, 63, 71, 75, 132, 157, 174, 177
Dschou (Land) 83

Dschou Jen (Geschichtsschreiber des Altertums) 166, 185
Dschou-Sin (Tyrann) 29, 63, 69, 83, 103, 126, 156
Dschu (Kleinstaat bei Lu) 130, 184, 188
Dschuan-Sun Schï = Schï = Dsï Dschang (Jünger) 110, 138, 141, 150, 174, 189
Dschuang (König von Tschu) 52
Dschuang von We s. Kuai Wai
Dschung Du (Mittelstadt in Lu) 16
Dschung Gung s. Jan Yung
Dschung-Hang (Geschlecht von Dsin) 70, 77
Dschung Ni (Beiname Kungs) 159
Dschung-Schu Yü-Hi = Kung Wen (Beamter in We) 174
Dschung Sï = Yen Sië (zweiter Herzog von Sung) 157
Dschung-Sun Ho-Gi = Mong I Dsï (Sohn des Mong Hi Dsï, Minister in Lu) 97, 161
Dschung Yu = Dsï Lu = Gi Lu (Jünger) 19, 21, 32, 37, 40, 41, 45, 48, 49, 50, 51, 53, 56, 57, 58, 70, 71, 81, 87, 98, 99, 100, 106, 107, 117, 134, 140, 141, 146, 149, 175, 184, 186, 190, 192, 199, 200, 203, 209
Dseng Diën = Dsï Si (Jünger) 152
Dseng Schen = Schen = Dseng Dsï = Dsï Yü (Jünger) 36, 56, 88, 90, 91, 106, 150, 152, 201, 211
Dseng Si (Vater des Dseng Schen) 88
Dsï Dschang s. Dschuan-Sun Schï
Dsï-Fu Bo-Dsï = Dsï-Fu Ging = Dsï-Fu Ho (Graf in Lu) 205
Dsï Gau s. Gau Tschai
Dsï Go = Jan Dschou (Minister in Tschu) 164
Dsi Gung s. Duan Mu Tsï

Dsï Han (Aufseher in Sung) 185, 204
Dsï Hia s. Bu Schang
Dsï Lu = Gi Lu s. Dschung Yu
Dsï Hua s. Gung Si Tschï
Dsï Pi = Han Hu (Kanzler in Dscheng) 68
Dsï Pu (Mann aus Tscheng) 202
Dsï Si (Prinz Schen) 77
Dsï Tai Schu (Nachfolger des Dsï Tschan als Kanzler von Dscheng) 169
Dsï Tschan s. Gung Sun Kiau
Dsï Wu Süan (Beamter in Lu) 18
Dsï Yu s. Yen Yen
Dsï Yü (Geschichtsschreiber von Tsi) 159
Dsï Yüan s. Yen Hui
Dsin (Staat) 70, 142, 149, 162, 163, 166, 168, 171, 172, 181, 185
Dso Ying = Dsï Hing (Jünger) 155
Dsou (Stadt in Lu) 158
Dsü (Fluß in Tschu) 173
Dsung Lu (Aufrührer) 154, 201
Dsung Ming (Beamter in Dscheng) 168
Duan Mu Tsï = Dsï Gung = Sï (Jünger) 21, 32, 37, 44, 48, 49, 50, 67, 74, 78, 80, 85, 91, 99, 103, 108, 110, 120, 135, 141, 148, 160, 164, 181, 183, 192, 198, 200, 209
Dun (Enkel des Freiherrn von We) 205
Dung Dschung Schu (Konfuzianischer Philosoph, 2. Jh. v. Chr.) 10, 66
Dung Hu (Geschichtsschreiber von Dsin) 163
Dung-Men Siang-Dschung = Dschung Sui (Prinz von Lu) 187

Fan Sü = Dsï Tschï = Fan Tschï (Jünger) 151, 176
Fan Süan Dsï (Minister in Dsin) 172

Fang (Ort in Lu) 159
Fang Schu (Ahn Kungs) 158
Fang Sï (Herzog Li von Sung) 157
Fu Bu Tsi = Fu Dsï Dsiën (Jünger) 79, 102, 151
Fu Fu Ho (Ahn Kungs) 61, 157, 159
Fu I (Aufrührer unter Huan von Tsi) 22

Gan Hi (Ort) 165
Gan Mau (Lied) 60
Gau (Adelsgeschlecht in Tsi) 151
Gau Dsung = Wu Ding (König der Yindynastie) 150, 174
Gau I (Ahn Kungs) 158
Gau Ting (Mann aus Tsi) 94
Gau Tschai = Dsï Gau (Jünger) 151, 203, 210
Gau Yau (Minister des Großen Yü: »der Mann«) 167, 173
Geng-Dsung (Stadt) 166
Gi (Freiherr Gi von Lu) 167, 174, 177, 180, 189, 196
Gi (Sohn des Dschung Sï) 157
Gi, Gi-Sun (Adelsfamilie in Lu) 19, 23, 35, 148, 151, 176, 182, 193, 209
Gi Dscha (Prinz von Wu) 162, 191
Gi Gau = Dsï Gau (Jünger) 34
Gi Huan Dsï (Haupt der Familie Gi) 17, 23, 187, 193, 203, 208
Gi Kang Dsï (Sohn des Gi Huan Dsï) 101, 176, 182, 187, 211
Gi Lu s. Yen Lu
Gi Ping Dsï (Haupt der Familie Gi) 16, 35
Gia Gu (Stadt in Tsi) 17
Gia I (Philosoph und Staatsmann, 200-168 v. Chr.) 11, 66
Gia Sin (Beamter in Dsin) 171
Giang (Yangtse-) 50, 173
Gië (Tyrann Ende der Hiazeit) 33, 63, 68, 83, 87, 126

Giën (Fürst von Tsi) 173
Giën-Guan (Mädchenname von Kungs Frau Schang-Guan) 159
Gin Fu (Vater des Tsin Tschang) 153
Ging (Gebiet) 75
Ging (Prinz von-) = Gië Dsï Schan 89
Ging (Herzog von Tsi) 71, 75, 79, 83, 91, 182
Ging-Dsï (Erziehungsminister in We) 186
Ging Giang (Gattin des Gung Fu Mu Bo) 189, 202
Giu (Prinz von Tsi) 37
Gou Dsiën (König von Yüo) 144
Gou Dsing Giang (Jünger) 156
Gu Sou (Vater des Schun) 89
Guan (Bruder des Herzogs von Dschou und des Königs Wu) 22, 157
Guan Dschung (Kanzler des Herzogs Huan von Tsi, 7. Jh. v. Chr.) 22, 37, 68, 183, 197
Guan Lung Pang (Minister bei Gië) 69
Gü Bo Yü (Kanzler in We) 186
Gü Mou = Wang-Sun Gia (Minister in We) 67
Gui Sun = Dsï Liën (Jünger) 156
Gung (König von Tschu) 53
Gung (Herzog Min von Sung) 157
Gung Dsu Dsï = Dsï Dschï (Jünger) 155
Gung-Fu Mu-Bo (Baron von Lu) 189
Gung-Fu Wen-Bo (Sohn des Gung-Fu Mu-Bo) 175, 202, 211
Gung Giën = Dsï Dschung (Jünger) 156
Gung Hia Schou = Dsï Scheng (Jünger) 156
Gung-I Dschung Dsï (Adliger in Lu) 205

Gung Liang Ju = Dsï Dscheng (Jünger) 153
Gung Ming I (Schüler des Dsï Dschang) 189
Gung-schan Fu-jau (Stadthauptmann von Bi) 19
Gung Schen (Mann in Lu) 20
Gung-Schu Wu-Jen (Prinz von Lu) 188
Gung-Si Ai = Gi Tschen (Jünger) 152
Gung-Si Diën = Dsï Schang (Jünger) 155
Gung Si Tschï = Dsï Hua (Jünger) 151, 205
Gung-Si Yü = Dsï Schang (Jünger) 155
Gung-So (Mann aus Lu) 54
Gung Sun Kiau = Dsï Tschan (Kanzler in Dscheng) 22, 68, 78, 163, 168, 169, 177
Gung-Sun Lung = Dsï Schï (Jünger) 141, 155
Gung-Wang Dschï-Kiu (Jünger) 118
Gung Ye Tschang = Dsï Tschang (Jünger) 152
Guo Siang (Ort) 117

Han (Dynastie) 140, 156
Han (Fluß) 173
Han Süan-Dsï (Kanzler in Dsin) 167
Hi (Herzog Siang von Sung) 157
Hi Dschen = Dsï Gië (Jünger) 155
Hia (Dynastie) 68, 87, 131, 167, 173, 178, 195
Hia-Fu Fu-Gi (Tempelbeamter in Lu) 184
Hiau (Herzog von Lu, 797–767 v. Chr.) 199
Hiau Gi (Königssohn) 150
Hiën (Herzog von We) 162

Hiën Tan = Dsï Siang (Jünger) 155
Hiën Tscheng = Dsï Heng (Jünger) 156
Hing Hou (Mann aus Dsin) 166
Ho-Liang (Fluß) 42
Hou Dsi (Herr der Hirse, Ahn des Hauses Dschou) 59, 63, 122
Hu Tai (Ort) 184
Hua (Familie in Sung) 158
Huan (Berg in Lu) 96
Huan (Fürst von Lu) 47, 197
Huan Tui (Bruder des Sï-Ma Geng) 153, 181
Huang-ho (Gelber Fluß) 173, 181
Huo (Bruder des Herzogs von Dschou und des Königs Wu) 157
Hung Yau (Beamter des Königs Wen) 36

I (Revier in Dsin) 172
I Siang (Geschichtsschreiber von Tschu) 164
I Ye (Beamter in Tschen) 103
I Yin (Minister des Tai Gia) 174

Jan Geng = Bo Niu (Jünger) 147
Jan Gi = Dsï Tschan (Jünger) 155
Jan Ju = Dsï Yü (Jünger) 154
Jan Kiu = Jan Yu = Dsï Yu (Jünger) 23, 124, 134, 148, 176, 181, 184, 210
Jan Yung = Dschung Gung (Jünger) 126, 147, 148
Jang Sï Tschï = Dsï Tsung (Jünger) 155
Jen Bu Tsi = Dsï Süan (Jünger) 155
Ju Dsï Jung (Sohn des Dsang Wu Dschung) 54
Jui (Gebiet) 55

Kang (dritter König des Dschouhauses) 126

Ki, Freiherr Ki von We (s. We Dsï Ki)
Ki (Adelsgeschlecht in Dsin) 171
Ki (Heimat von Kaiser Yau) 173
Ki (Berg in Westchina, heilige Stätte der Dschou) 59
Kin Lau = Kin Dschang = Dsï Kai (Jünger) 154, 201
King Dsu (Ritter in We) 67
Kiu (Vorname Kungs) 159
Kiu Wu Dsï (Mann in Tsi) 39
Kuai-Gi (Berg) 144
Kuai Wai (Fürst Dschuang von We) 34, 149, 203, 210
Kui, Einbein (sagenhafter Erfinder der Musik) 113
Kun Wu = Kun Wu Guo (Genosse des Tyrannen Gië) 87
Kung Fu = Dsï Mië (Jünger) 165
Kung-Fu Gia (Ahn Kungs) 158
Kung Li s. Bo Yü, Kungs Sohn
Kung Mië (Neffe Kungs) 102, 105
Kung Süan (Enkel Kungs) 155

Lai (»Barbaren«-Staat in Schantung) 17
Lan (Feldherr von We) 149
Lau Dan = Lau Dsï (Laotse) 26, 60, 65, 195
Li (Herzog von Sung, Bruder des Fu Fu Ho) 61, 157
Li (König aus dem Hause Dschou) 84
Liang (Berg in Westchina) 59
Liang Dschan = Schu Yü (Jünger) 154
Liang-kiu Gü (Beamter in Tsi) 18
Liën Gië = Dsï Tsau (Jünger) 155
Lin Dsï (Ort in Tsi) 148
Lin Guo (Ritter in We) 67
Ling (König von Tschu) 164
Ling (Fürst von Dsin) 162
Ling (Herzog von We) 66, 73, 153
Ling (Herzog von Tschen) 103
Liu (Herzog des Hauses Dschou) 59
Liu Hia Hui (Beamter in Lu) 58
Liu Hiang (Autor des Schuo Yüan, 1. Jh. v. Chr.) 10, 16, 31
Lu (Heimatstaat Kungs) 16–20, 21–23, 33, 42, 43, 44, 47, 48, 52, 54, 57, 61, 71, 74, 78, 101, 102, 104, 106, 121, 141, 147, 148, 149, 151, 152, 153, 154, 155, 158, 159, 166, 167, 173, 178, 183, 184, 188, 189, 190, 193, 195, 199, 203
Lu Gia (Philosoph und Staatsmann, 3. und 2. Jh. v. Chr.) 11, 15

Mau Tschang (Schï Ging-Kommentator 2. Jh. v. Chr.) 10
Meng-sun (Adelsgeschlecht in Lu) 19
Meng Wu Bo (Würdenträger in Lu) 155
Min (Berg) 50
Min Sun = Min Dsï = Min Dsï Kiën (Jünger) 85, 147
Mong Dschï (Prinz von We) 201
Mong Hi Dsï (Vater des Dschung-Sun Ho-Gi) 161
Mong Hiën Dsï (Hoher Rat in Lu) 190
Mong I Dsï = Dschung-Sun Ho-Gi (Minister in Lu) 130
Mong Pi = Bo Ni (Bruder Kungs) 158
Mou Fu (Fürst von Tsai) 165
Mu (König des Dschou-Hauses) 165
Mu (Herzog von Tsin) 72
Mu Gin Fu (Ahn Kungs) 158

Nan Dsï (Fürstin von We) 153
Nan-Gung Ging-Schu = Nan-Gung Schuo (Aristokrat in Lu) 35, 60, 159, 161, 181, 189

Nan-Gung Tau = Nan Yung (Jünger) 152
Ni Kiu (Berg) 159
Niu (unehelicher Sohn des Schu-Sun Bau) 166

Pan Dscheng (Schurke unter König Wen) 22
Pe (Landschaft) 60
Pi = Tai Dsai Pi (Großherr von Wu) 144
Ping (Herzog von Dsin) 168
Ping Kiu (Ort in Dsin) 167, 168
Pu (Stadt in Lu) 37, 45, 81

Schan Fu (Stadt in Lu) 79, 151
Schang s. Bu Schang
Schang Dse = Dsï Siu (Jünger) 155
Schang Gü = Dsï Mu (Jünger) 152, 154
Schang Yang (Aufseher in Tschu) 185
Schang Yang (Regenvogel) 79
Schau-dscheng Mau (Aufrührer in Lu) 21
Schau Hu = Dschau Hu (Vasall des Prinzen Giu von Tsi) 38
Schau Liën (Mann aus Osten) 198
Schau Schï (Adelsgeschlecht in Lu) 197
Sche (Lehensstaat von Tschu) 75
Schen (Herzog Ding von Sung) 157
Schen s. Dseng Schen
Schen (Markgraf des Südens z. Z. Königs Süan von Dschou) 138
Schen Dsi = Dsï Dschou (Jünger) 156
Schen Gü-sü (Offizier in Lu) 20
Schen Hui (Verschwender in Lu) 20
Schen Schu (Minister in Tschu) 52
Schen Sü = Wu Dsï Sü (Treuer Minister in Wu) 144

Schen Yu (Schafhändler in Lu) 20
Schï s. Dschuan-Sun Schï
Schï Dsï Scheng (Ahn Kungs) 158
Schï Dsï Schu = Dsï Ming (Jünger) 156
Schï Dschï Tschang = Dsï Tschang (Jünger) 156
Schï Ho (Aufrührer in Dscheng) 22
Schï Tschu = Dsï Li (Jünger) 155
Schi Yu = Yu (Geschichtsschreiber von We) 67, 90
Schou (Hut) 133
Schu (Sohn des We Hiën Dsï) 171
Schu-Dschung Hui = Dsï Ki (Jünger) 155
Schu Hiang (Bruder des Richters Schu Yü) 167
Schu Liang Ho (Vater Kungs) 153, 158
Schu-sun (Adelsfamilie in Lu) 19
Schu-Sun Dschau (Sohn des Schu-Sun Bau) 166
Schu-sun Dsche (Empörer in Lu) 19, 210
Schu-Sun Mu-Dsï = Schu-Sun Bau (Adliger in Lu) 166
Schu-Sun Wu-Schu (Adliger in Lu) 98, 200
Schu Yü = Yang Sche Fu (Beamter in Dsin) 166, 167
Schu Yü = Liang Dschan (Jünger) 154
Schun (Herrscher des Altertums) 26, 52, 63, 80, 89, 134, 160, 178
Sï (Fluß in Lu) 142
Sï (Tsï) = Dsï Gung s. Duan Mu Tsï
Sï-Ma Dsï-Ki (Beamter in Tschu) 77
Sï-Ma Geng = Dsï Niu (Jünger) 153
Siang (Fürst von Tsi) 37
Sin s. Dschou-Sin

Sin (der achte Tag im Zehnerzyklus) 121
Sin Dschu (Ort in We) 174
Sin Yang (Stadt in Lu) 80
Sü (Hut) 133
Sü Diën (sonst unbek. Jünger) 118
Süan (Fürst von Lu, 607–589 v. Chr.) 187
Süan (Herzog von Sung) 61
Sun Huan Dsï = Sun Liau Fu (Feldherr von We) 174
Sün King = Sün dsï (Konfuzianischer Philosoph Ende der Dschouzeit) 11
Sun Wen (Würdenträger in We) 162
Sung (Heimatstaat von Kungs Vorfahren) 61, 69, 73, 151, 153, 156, 181, 185
Sung-Fu Dschou (Ahn Kungs) 157/58
Süo Bang = Dsï Tsung (Jünger) 155

Tai Diën (Beamter unter König Wen) 36
Tai Gia (Enkel des Vollenders Tang) 174
Tai Gung (Giang Tai Gung, der Große Herzog) 22
Tai Jen (Mutter von König Wen) 36
Tai Mou (König, Yindynastie) 30
Tai-schan (Berg) 159
Tai Sï (Gattin von König Wen) 36
Tan (Afterlehen von Lu) 41
Tan Gung (Weiser in Lu) 205
Tan-Tai Dsï Yü = Tan-Tai Mië-Ming (Jünger) 104, 151
Tang (Begründer der Yindynastie) 22, 83, 116, 157, 174, 178
Tang Schu (Fürst von Dsin) 172
Tau Tang oder Tang (Kaiser Yau) 173

Tiën Tschang (Aufrührer in Tsi) 141, 148
Tsai (Staat) 105, 152, 165; (Name für Orakelschildkröte) 54
Tsai = Tsai-Schu (Bruder von Dschou Gung und von König Wu) 22, 157
Tsai Dsi 113
Tsang Wu (Ort) 88
Tsau Hü (Jünger) 155
Tschang Hung = Tschang Schu (Großbeamter von Dschou) 62
Tschen (Staat) 43, 52, 103, 105, 150, 153, 155, 163
Tschen Heng = Tiën Tschang (Aufrührer) 173
Tschen Kang = Dsï Kang (Jünger) 155
Tschen Ki-Dsi (Prinz von Tschu) 185
Tscheng (Ort, Nähe Taischan) 202
Tscheng (zweiter König von Dschou) 63, 126, 131, 157, 174
Tscheng, Meister = Tscheng Ben Dsï (Staatsmann in Dsin) 41
Tschu (Staat) 34, 41, 43, 52, 53, 77, 163, 164, 172, 185
Tsi (Stadt in We) 162
Tsi (Staat, 7. Jh. v. Chr.) 17, 38, 68, 71,74, 78, 83, 91, 141, 148, 151, 152, 154, 159, 166, 168, 173, 174, 176, 182, 188, 191, 201
Tsi Bau (Minister in We) 201
Tsi Diau Kai = Dsï Jo (Jünger) 152
Tsi Diau Ping (Beamter in Lu) 54
Tsi Diau Tschï = Dsï Liën (Jünger) 156
Tsi Diau Tsung = Dsï Wen (Jünger) 156
Tsin (Staat) 72, 149
Tsin Dsu = Dsï Nan (Jünger) 155
Tsin Fe = Dsï Dschï (Jünger) 156
Tsin Tschang = Bu Dsï (Jünger) 153
Tsing Miau (Ode) 113

Tung Dschung Schu (Schriftsteller, Hanzeit) 140
Tung-ti Bo-hua = Yang Sche Hi (Minister in Dsin) 70

Wang Gi = Gi (Vater von König Wen) 36
Wang I (Knabe aus Lu) 188
Wang-Su (Gelehrter und Staatsmann, 3. Jh. n. Chr.) 8–12
We (Staat) 34, 42, 66, 73, 95, 141, 149, 152, 153, 154, 155, 162, 167, 174, 182, 186, 191, 193, 201, 203, 210
We (Lehen des Freiherrn Ki)156,157
We Dschung (der jüngere We) 157
We Dsï Ki = Ki (Freiherr We) 156, 205
We Hiën Dsï (Regierender Freiherr in Dsin) 171
We-Mau (Hut) 133
Wen (Fürst von We) 150
Wen (Fluß) 18
Wen (König) 22, 36, 84, 120, 158, 160, 205
Wen (Herzog von Dsin) 172, 181
Wen Dschung (Minister des Gou Dsiën von Yüo) 145
Wu (Kaiser, Handynastie) 11
Wu (Herzog von Sung) 61
Wu (Staat) 141, 162, 185, 191
Wu (König) 36, 83, 84, 120, 131, 138, 157, 160, 174, 178, 205
Wu-Dschui (Hut) 133
Wu-dsï (Großvater von Gi Huan Dsï) 20
Wu Geng (Sohn von Dschou-Sin) 60, 157
Wu-Ma Ki = Dsï Ki (Jünger) 153
Wu Mong Dsï (Gemahlin des Fürsten Dschau von Lu) 189
Wu Tscheng (Stadt in Lu) 149, 150, 151

Yang Hiung (Philosoph und Dichter, 53 v. Chr. – 18 n. Chr.) 11
Yang Hu (Minister der Familie Gi) 205
Yang Sche (Familie in Dsin) 171
Yau (Herrscher des Altertums) 33, 63, 80, 87, 160
Yau (Volks-Stamm) 88
Yen (Familienname von Kungs Mutter) 33
Yen (Beamter in Tsi) 141
Yen Dscheng Dsai (Mädchenname von Kungs Mutter) 158
Yen Dschï Pu = Dsï Schu (Jünger) 156
Yen Dsï s. Yen Ping Dschung
Yen Gi = Dsï Sï (Jünger) 156
Yen Hing = Dsï Liu (Jünger) 154
Yen Huan Dsï (Vater des Yen Ping Dschung) 201
Yen Hui = Yen Yüan = Dsï Yüan (Kungs Lieblings-Jünger) 32, 49, 69, 90, 95–99, 147, 152, 206, 208
Yen Ko = Dsï Kiau (Jünger) 153, 188
Yen Kuai = Dsï Scheng (Jünger) 156
Yen-Ling (Ort in Wu) 191
Yen Lu = Gi Lu (Jünger, Vater des Yen Hui) 152, 208
Yen Ping Dschung = Yen Ying = Yen Dsï (Kanzler von Tsi) 71, 78, 91, 183/84, 198, 201
Yen Siang = Dsï Siang (Jünger) 156
Yen (Sië, Bruder des We Dsï Ki) 205
Yen Yen = Yen Yu = Dsï Yu (Jünger) 25, 43, 110, 149, 177, 182, 187, 189, 190, 199, 202, 205
Yen Ying s. Yen Ping Dschung
Yen Yu s. Yen Yen

Yen Yuan s. Yen Hui
Ying (Fürst von Dschu) 130
Yin (Dynastie) 29, 59, 133, 135, 157, 178, 187, 195, 198, 204
Yin Gi Fu (Beamter des Königs Süan von Dschou) 150
Yin Hië (Schurke, Yindynastie) 22
Ying-Bo (Ort am Taischan) 191
Yu (Jünger) s. Dschung Yu; (Geschichtsschreiber) s. Schī Yu
Yu Jo (Jünger) 151, 193,
Yü (der Große) 178
Yü (Gebiet) 55

Yüan (Sohn des Dseng Schen) 150
Yüan Hiën = Dsī Sī (Jünger aus Sung) 148, 151
Yüan Jang (Bekannter Kungs) 146
Yüan Kang = Dsī Dsi (Jünger) 156
Yung (Oberpriester) 132
Yung Ki = Dsī Ki (Jünger) 156
Yung Liang (Eunuch) 153
Yüo (Staat) 143
Yüo Hin = Dsī Scheng (Jünger) 165
Yüo Ki (Offizier in Lu) 20
Yung (-Ode) 113
Yung Dsī (Mann aus Dsin) 166

Lehren der Chinesen

Kungfutse · Gespräche (Lun Yü)
Hrsg. Richard Wilhelm. DG 22. 224 Seiten mit 5 Abb.
Über zwei Jahrtausende ist die Lehre des Konfuzius das ethische Fundament der Chinesen.

Laotse · Tao te king
Das Buch vom Sinn und Leben.
Hrsg. Richard Wilhelm. Mit Kommentar. DG 19. 232 Seiten mit 5 Abb.
Die tiefsten Einsichten der Chinesen, die Weisheit vieler Generationen seiner größten Lehrer, sind hier konzentriert.

Li Gi · Das Buch der Riten, Sitten und Gebräuche
Hrsg. Richard Wilhelm. DG 31. 352 Seiten
Eines der fünf großen Weisheitsbücher des alten China, das den Alltag regelt und auch die Kunst der Staatsführung.

Dschuang Dsi · Das wahre Buch vom südlichen Blütenland
Hrsg. Richard Wilhelm. DG 14. 332 Seiten mit 5 Abb.
Eines der großen Meisterwerke der chinesischen Philosophie, wichtigste und umfangreichste Quelle des Taoismus.

Liä Dsi · Das wahre Buch vom quellenden Urgrund
Hrsg. Richard Wilhelm. DG 28. 256 Seiten mit 8 Abb.
Weisheit der Philosophen und Weisheit der Straße, wie sie uns unmittelbar anspricht. Taoistische Texte von hohem Reiz.

Frühling und Herbst des Lü Bu We
Hrsg. Richard Wilhelm. Einführung Wolfgang Bauer.
DG 25. XXIV, 544 Seiten
Die früheste Gesamtdarstellung des chinesischen Wissens, verfaßt vom Kanzler des ersten Kaisers von China.

Diederichs Gelbe Reihe